Verfassungsrechtliche Grundlagen der Gemeindeverwaltung in Chile

SCHRIFTEN
zum internationalen und zum öffentlichen
RECHT
Herausgegeben von Gilbert Gornig

Band 90

PETER LANG
Frankfurt am Main · Berlin · Bern · Bruxelles · New York · Oxford · Wien

Marcelo Antonio Villagrán Abarzúa

Verfassungsrechtliche Grundlagen der Gemeindeverwaltung in Chile

Auch ein Beitrag zur Dezentralisierung und Dekonzentration

PETER LANG
Internationaler Verlag der Wissenschaften

Bibliografische Information der Deutschen Nationalbibliothek
Die Deutsche Nationalbibliothek verzeichnet diese Publikation in der Deutschen Nationalbibliografie; detaillierte bibliografische Daten sind im Internet über http://dnb.d-nb.de abrufbar.

Zugl.: Marburg, Univ., Diss., 2010

Gedruckt auf alterungsbeständigem,
säurefreiem Papier.

D 4
ISSN 0943-173X
ISBN 978-3-631-61349-8

www.peterlang.de

Meiner Familie

Vorwort

Die vorliegende Arbeit wurde im Sommersemester 2010 vom Fachbereich Rechtswissenschaften der Philipps-Universität Marburg als Dissertation angenommen. Das Manuskript wurde in Juni 2010 abgeschlossen.

Mein vorrangiger, herzlicher und großer Dank gilt meinem Doktorvater, Herrn Professor Dr. Dr. h. c. mult. Gilbert Gornig, für seine immer anspornende Betreuung und zahlreiche Hilfe. Er war ein vorbildlicher Betreuer und seine Hilfsbereitschaft war entscheidend zur Fertigstellung dieser Arbeit. Mein großer Dank geht ebenso an meinen Zweitgutachter, Herrn Professor Dr. Hans-Detlef Horn.

Jonas Frobel, Marcus Heinemann, Carolin Kaiser, Diana Mai, Heike Speier und Katharina Vernier danke ich herzlich für das mühsame, sorgfältige und wertvolle Korrekturlesen und die Verbesserung der Arbeit.

Für die Anregung des gewählten Themas sowie für die hilfreichen und konstruktiven Gespräche und Empfehlungen schulde ich Herrn Professor Dr. Teodoro Ribera Neumann (Universidad Autónoma de Chile) ein dickes Dankeschön.

Mein besonderer Dank geht ebenso an Professoren und Mitarbeitern der Philipps-Universität Marburg, die immer hilfsbereit und freundlich zu mir waren.

An dieser Stelle möchte ich mich zunächst bei der Hanns-Seidel-Stiftung, insbesondere bei Herrn Professor Hans-Peter Niedermeier und Dr. Michael Czepalla für das Stipendium, das mir ermöglicht hat, die Dissertation in Deutschland fertig zu stellen und die freundliche Unterstützung bedanken. Neben dem materiellen Beitrag konnte ich durch die vielfältigen interdisziplinären Seminare der Stiftung meinen Horizont erweitern und verschiedene Stipendiaten aus der ganzen Welt kennen lernen. Des Weiteren möchte ich meinen Dank an die chilenische Regierung, vertreten durch ihre entsprechenden Behörden, aussprechen, die mich bei der Fertigstellung der Arbeit unterstützt hat.

Schließlich danke ich zutiefst meiner Familie in Chile sowie meiner Frau Manuela Díaz Blasberg für ihr Vertrauen und ständige liebevolle Unterstützung.

Inhaltsverzeichnis

Abkürzungsverzeichnis

Abs.	Absatz
Art.	Artikel
Aufl.	Auflage
BayVerf	Bayerischer Verfassung
Bd.	Band.
BGB	Bürgerliches Gesetzbuch
BVerfG	Deutsches Bundesverfassungsgericht
BVerfGE	Entscheidungen des deutschen Bundesverfassungsgerichts (Amtliche Sammlung)
BVerfGG	Bundesverfassungsgerichtsgesetz
bzw.	beziehungsweise
CODECO	Consejo de Desarrollo Comunal
CONAF	Corporación Nacional Forestal
CONARA	Comisión Nacional de la Reforma Administrativa
COREDES	Consejos Regionales de Desarrollo
CPU	Corporación de Promoción Universitaria
DDR	Deutsche Demokratische Republik
D.F.L.	Decreto con Fuerza de Ley
DGO	Deutsche Gemeindeordnung
d. h.	das heißt
D. L.	Decreto Ley
etc.	et cetera (und weitere)
f.	und folgende (Seite)
ff.	und folgende (Seiten)
FNDR	Fondo Nacional de Desarrollo Regional
GG	Grundgesetz
Hrsg.	Herausgeber

i.d.F.	in der Fassung vom
i. V. m.	in Verbindung mit
KFZ-Steuer	Kraftfahrzeugsteuer
N°	Nummer
n. Chr.	nach Christus
Nr.	Nummer
NSDAP	Nationalsozialistische Deutsche Arbeiterpartei
PrGO	Preußische Gemeindeordnung
RAE	Real Academia Española
Rdnr.	Randnummer
S.	Seite
SED	Sozialistische Einheitspartei Deutschlands
SEGPRES	Secretaría General de la Presidencia
SENAME	Servicio Nacional de Menores
SENCE	Servicio Nacional de Capacitación y Empleo
SEREMI	Secretarías Regionales Ministeriales
SERNATUR	Servicio Nacional de Turismo
SERPLAC	Secretarías Regionales de Planificación y Coordinación
Soc.	Sociedad
sog.	sogenannt
US	United States
v. Chr.	vor Christus
vgl.	vergleiche
WRV	Weimarer Reichsverfassung
z. B.	zum Beispiel
zit.	zitiert

A. Einleitung

Das chilenische Kommunalsystem steht seit Jahren im Mittelpunkt der Kritik. Die Gemeindeverwaltungen sind seit langem nicht mehr in der Lage, dem großen Bedarf der Gemeinschaft gerecht zu werden. Deshalb versucht die Zentralgewalt sich in die lokalen Angelegenheiten einzumischen, so dass alle Versuche zur Gewährleistung einer vollständigen Autonomie der Gemeindeverwaltungen gescheitert sind. Es herrscht gleichwohl Einstimmigkeit, sowohl auf nationaler als auch auf internationaler Ebene, über die wichtige Rolle der Gemeindeverwaltung in einer Gesellschaft.

Trotz der wachsenden Bedeutung von supranationalen Organisationen sind die Achtung und der Schutz der Gemeindeverwaltungen nach wie vor eines der wichtigsten Ziele der Industrieländer. Die Europäische Charta der kommunalen Selbstverwaltung legt sogar fest, dass Schutz und Stärkung der Kommunalverwaltung und Förderung ihrer Selbstverwaltung als wichtigster Beitrag zum Aufbau eines geeinten Europas erachtet wird. Die Gemeindeverwaltungen sind unverzichtbare Institutionen zur Organisation eines Landes. Sie bilden die Verwaltungsebene in unmittelbarer Nähe zu den Bürgern. Aus diesem Grund stellen sie einen wichtigen Faktor für den Aufbau und die Stärkung der Demokratie dar.

Die Arbeit zielt insbesondere darauf ab, die Rolle der Kommunalverwaltung in Chile aufzuzeigen, um den Weg zur Durchsetzung der kommunalen Selbstverwaltung vorzubereiten. Eine echte kommunale Selbstverwaltung trägt zur Festigung der Demokratie und zu einer effizienten Verwaltungsorganisation des Staates bei. Unter diesem Gesichtspunkt muss ein Land seine eigene Organisation verstehen und untersuchen, um dann eine zielorientierte und passende Reform zu formulieren. Es soll nicht alles geändert werden, sondern nur, was die Funktionsfähigkeit der Gemeindeverwaltungen wirklich verbessern kann.

Auf den folgenden Seiten wird das chilenische Kommunalrecht aus historisch-rechtlicher Sicht beleuchtet, um dann einen Einblick in seine Entwicklung und seinen aktuellen Zustand zu geben. Die Untersuchung beginnt im zweiten Kapitel mit einer Analyse des Wesens der Kommune. Dann folgt im dritten Kapitel eine umfassende Studie über die historische Entwicklung des chilenischen Kommunalrechts beginnend mit seinen Wurzeln in Europa. Das vierte Kapitel betrachtet Chile vor der letzten Reform im Jahre 2005 und das fünfte Kapitel behandelt die jüngsten Reformen des chilenischen Rechtssystems bezüglich der Kommunen. Das sechste Kapitel untersucht im Detail den aktuellen Zustand der Kommunalverwaltung in Chile. Es beginnt mit einer Beschreibung der Verfassungsprinzipien des chilenischen Kommunalrechts. Dann folgt ein allgemeiner Überblick über die staatliche Organisation Chiles, besonders über den Dezentralisierungsprozess des Landes, welcher als Leitgrundsatz der chilenischen Staatsorganisation konzipiert wurde. Des Weiteren untersucht das sechste Kapitel die Kommunalordnung des Staates und anschließend die Gewährleistung der kommunalen Selbstverwaltung, um sich weiter mit der Zusammensetzung der Gemeindeverwaltungen und ihrer Verwaltungsorganisation zu beschäftigen. Dieses Kapitel bezieht sich zuletzt auf die Beteiligung der Gesellschaft auf kommunaler Ebene, die Aufgaben und Befugnisse der Gemeindeverwaltungen, die Befugnisse der Gemeindeverwaltungen nach den vom Staat übertragenen Zuständigkeiten und ihre kommunalen Einnahmen.

Fraglich ist, ob die Gemeindeverwaltungen in Chile nach der Verfassung als Selbstverwaltungskörperschaften oder als ausführende Organe des Staates ohne Entscheidungskompetenzen konzipiert wurden. In diesem Zusammenhang ist zu klären, wie der verfassungsrechtlich verankerte Begriff der kommunalen Selbstverwaltung zu interpretieren ist und ob er wirklich verpflichtet, die Unabhängigkeit der Gemeindeverwaltungen in einfachen Gesetzen und letztlich in der Praxis umzusetzen. Dabei muss auch zur Sprache kommen, ob aufgrund mangelnder Umsetzung der Verfassung durch Gesetze, eventuell infolge Fehlens eines entsprechenden politischen Willens, Zweifel an der Effizienz des chilenischen Verfassungsrechts bestehen. Zudem ist zu analysieren, ob die die Kommunalorganisation betreffenden Bestimmungen der Verfassung überhaupt rechtlich und politisch realisierbar sind. Die geschichtliche Entwicklung des chilenischen Kommunalrechts sowie eine kritische Analyse der derzeitigen Rechtsordnung, werden die aufgestellten Thesen beleuchten.

Die Untersuchung des gesamten Systems des chilenischen Kommunalrechts wird in wesentlichen Aspekten mit der deutschen Kommunalordnung verglichen. Die Bedeutung des deutschen Kommunalrechts von seiner Geschichte und Entwicklung bis hin zum aktuellen Zustand spielt eine wesentliche Rolle in dieser Arbeit, vor allem aufgrund seiner Garantie der kommunalen Selbstverwaltung, die höchste Anerkennung auf verfassungsrechtlicher Ebene genießt. Ihre Wirkung und Bestimmung werden im Laufe dieser Arbeit Erwähnung finden. Es wird verdeutlicht, dass keine direkte Umsetzung dieser Normen möglich ist, ohne die kulturelle Realität des Landes zu berücksichtigen.

Das Kommunalsystem bietet den Bürgern hochwertige Dienstleistungen an. Deshalb ist es wichtig, die Organisation der Gemeindeverwaltung sowohl in der Verfassung als auch in den Gesetzen zu untersuchen, um zu verstehen, wie das Kommunalsystem funktioniert. Die verfassungsrechtlichen Grundlagen der Kommunalverwaltung werden zeigen, inwiefern der chilenische Verfassunggeber effektive Normen für die Organisation und Tätigkeit der Gemeindeverwaltungen geschaffen hat.

B. Gemeindeverwaltung als Institution

I. Allgemeiner Überblick über das Kommunalrecht

Vor der Analyse der Herkunft der Kommunalorganisation und ihrer historischen Entwicklung werden die Gestaltung und die Begriffe der Gemeindeverwaltung erläutert. So ist es möglich, Bedeutung und Umfang der Gemeindeverwaltungen in der Staatsverwaltung zu definieren.

Martin Burgi erläutert, „was aus der Perspektive des Staatsorganisationsrechts, der Grundrechte und auch des Allgemeinen Verwaltungsrechts schlicht als „Staat" tituliert worden ist, stellt sich bei näherer Betrachtung und im Alltag der Bevölkerung als politisches Gestalten und Handeln von Kommunen dar."[1] Die Kommunen verdienen daher besondere Behandlung, zumal sie sich von allen übrigen staatlichen Stellen unterscheiden.

Das Kommunalrecht enthält alle die Kommune betreffenden öffentlichrechtlichen Vorschriften und regelt Maßnahmen über die Kommunen und andere kommunale Körperschaften in Bezug auf ihre Rechtsstellung, Organisation, Aufgaben und Handlungsformen.[2]

Das Kommunalrecht ist sehr breit und vorwiegend staatlich gesetzt. Dazu gehören die nach außen wirkenden Rechtvorschriften und die innere Verfassung der Gemeindeverwaltung, wie die Bestellung ihrer Organe, ihre Willensbildung, ihr Verhältnis zum Staat, die Rechte und Pflichten ihrer Mitglieder sowie der Umfang und die Formen der Ausübung öffentlicher Gewalt und sonstiger Betätigung. Das Gemeinderecht gehört dem öffentlichen Recht an und hat seinen Standort im Verwaltungsrecht.[3]

Der Bereich der Gemeindeverwaltung ist umfangreich, so dass eine besondere Disziplin neben den Staatswissenschaften entstanden ist, die sog. Kommunalwissenschaft. Diese Disziplin kümmert sich um das Kommunalrecht, die allgemeine Kommunallehre, die Kommunalpolitik und alles was mit dem Kommunalleben zu tun hat. Es gibt so viele Aufgaben der Gemeindeverwaltung, dass die Ausstrahlungen des Kommunalwesens auf die verschiedensten Wissenschaften schwierig zu erfassen sind.

Man kann zwischen einer strukturellen und einer sozialen Stellung der Kommunalorganisation unterscheiden. Unter der strukturellen Stellung versteht

---

1 Burgi, Kommunalrecht, S. 2.

2 In Chile gibt es ein einheitliches Kommunalrecht, anders als in der Bundesrepublik Deutschland, wo jedes Bundesland seine eigenen landesrechtlichen Regelungen besitzt.

3 Gönnenwein, Gemeinderecht, S. 8.

man die Gemeindeverwaltung als Teil der komplexen Struktur des Staates. Die Gemeindeverwaltung ist dem Staat untergeordnet und hilft ihm auf kommunaler Ebene bei der Verwaltung des Landes. Unter der sozialen Stellung versteht man die Gemeindeverwaltung als unabhängige Körperschaft, die von der Basis der Gesellschaft aufgrund bestimmter Anforderungen der Individuen entwickelt wurde. Die Gemeindeverwaltung ist in dieser Hinsicht als autonome Körperschaft vom Staat anerkannt und vertritt die Bürger. Aus diesem Grund bekommt sie verschiedene Befugnisse und Aufgaben, um die Angelegenheiten der örtlichen Gemeinschaft selbst zu erledigen.[4]

In Bezug auf die Herkunft der Gemeindeorganisation wird ebenfalls differenziert. Eine soziologische Stellungnahme erklärt, dass die Gemeindeverwaltung zum Naturrecht gehört. Sie sei aus eigenem Antrieb von Natur aus entstanden, als die Menschen sich für die Befriedigung gemeinsamer Bedürfnisse versammelt hätten. Der Staat habe diese Institution der Gesellschaft nur anerkannt. Nach einer gesetzesorientierten Stellungnahme hingegen wurden die Gemeindeverwaltungen vom Staat geschaffen. Der Staat habe die Gesetze für die Gründung von Gemeindeverwaltungen erlassen. Er dürfe deshalb je nach Bedarf Befugnisse und Aufgaben zuteilen und sie wieder entziehen. Während die soziologische Stellungnahme in Ländern wie Deutschland oder England die Kommunalordnungen beeinflusste, entstammt die gesetzliche Stellungnahme aus dem Frankreich nach der Revolution von 1789.[5]

II. Spanische Bergriffe Comuna, Municipio und Municipalidad

Um Missverständnissen vorzubeugen, werden die Begriffe *comuna* (Kommune), *municipio* (Gemeinde) und *municipalidad* (Gemeindeverwaltung) erläutert.

1. Kommune und Gemeindeverwaltung

„Kommune" (comuna) und „Gemeindeverwaltung" (municipalidad) sind zwei völlig verschiedene Begriffe. Unter „Kommune" versteht man das Gebiet und unter „Gemeindeverwaltung" die Körperschaft, die auf diesem Gebiet zuständig ist.[6] So ist es möglich, dass eine Kommune nicht das ganze Gebiet einer Gemeindeverwaltung umfasst und dass eine Gemeindeverwaltung für die Leitung

4 Guzmán A., Eugenio: El Gobierno Local: Fundamentos Conceptuales, S. 9-13.
5 Mehr dazu Hernández, Derecho Municipal. Parte General, S. 174-176.
6 Valdebenito Infante, Evolución Jurídica del Régimen Municipal en Chile (1541-1971), S. 75.

mehrerer Kommunen zuständig ist.[7] Die Verbindung von zwei oder mehreren Kommunen (agrupación de comunas) kann zeitlich unbegrenzt sein, wie in diesem erwähnten Fall. Sie kann aber auch befristet sein, bis eine neue Gemeindeverwaltung geschaffen wird. Die neue Behörde braucht eine gewisse Zeit für die Aufnahme ihrer Arbeit, so dass diese Kommune für eine kurze Zeit unter der Leitung der alten Gemeindeverwaltung verbleibt.

Der Begriff Kommune bezieht sich direkt auf das Gebiet und setzt in der Regel die Grenzen für die Tätigkeit der Gemeindeverwaltung fest. Die Kommune ist also ein begrenzter Raum. Sie ist ein wichtiger Faktor zur Einräumung von Befugnissen und ihre Entstehung und Abschaffung liegen in der Zuständigkeit des Gesetzgebers.

2. Gemeinde und Gemeindeverwaltung

Auch der Unterschied zwischen „Gemeinde" (municipio) und „Gemeindeverwaltung„ (municipalidad) sei erläutert. Obwohl beide Begriffe in der Regel synonym gebraucht werden, unterscheiden sie sich stark voneinander. Man versteht unter „Gemeinde" einerseits die gesamte Bevölkerung eines Gemeinde- oder Kommunalgebiets, die die Gemeindeverwaltung wählt. Andererseits versteht man unter „Gemeindeverwaltung" die Vertreter oder Beauftragten der Gemeinde, die in ihrem Namen die lokalen oder kommunalen Angelegenheiten verwalten.[8] Die Gemeinde ist der Grund für die Existenz einer Gemeindeverwaltung. Sie ist die Bevölkerung oder soziale Gruppe, die sich in einem bestimmten Gebiet eingerichtet hat. Nach der Familie ist die Gemeinde der erste gesellschaftliche Zusammenschluss. Die Gemeindeverwaltung ist also mit ihren Organen für die Verwaltung der lokalen Interessen der Gemeinde verantwortlich und befriedigt ihre sozialen Bedürfnisse. Aus diesem Grund wird sie als eine Körperschaft des öffentlichen Rechts bestehend aus gewählten Mitgliedern der Gemeinschaft verstanden. Sie ist zuständig für die Betreuung der gemeinsamen Interessen der Bevölkerung.

---

7 In Chile gibt es derzeit 346 Kommunen, die von 345 Gemeindeverwaltungen geführt werden. Die Kommune *Antártica Chilena* gehört nämlich zu der Gemeindeverwaltung von Kap Horn (Cabo de Hornos). Im Jahre 1968 gab es 304 Kommunen in Chile, die zu 276 Gemeindeverwaltungen gehörten. Im Jahre 1971 gab es 308 Kommunen und 280 Gemeindeverwaltungen. Auf diese Weise wurde die Gemeindeverwaltung von Santiago von den Kommunen Santa Lucía, Santa Ana, Portales, Estación, Cañadilla, Recoleta, Maestranza, Universidad, San Lázaro und Parque Cousiño eingegliedert. Mehr dazu Valdebenito Infante, Evolución Jurídica del Régimen Municipal en Chile (1541-1971), S. 76.

8 Valdebenito Infante, Evolución Jurídica del Régimen Municipal en Chile (1541-1971), S. 11.

Die königlich-spanische Akademie *(Real Academia Española*, abgekürzt *RAE)* definiert „Gemeinde“ als „gesamte Bevölkerung eines eigenen Amtsbereiches, der von einer Gemeindeverwaltung regiert ist.“[9] Die „Gemeindeverwaltung“ wird von der Akademie als eine „Körperschaft, die aus einem Bürgermeister und mehreren Ratsmitgliedern zur Verwaltung der Interessen einer Gemeinde besteht“, definiert.[10]

3. Zusammenfassung

Zusammenfassend kann man sagen, dass die Begriffe „Kommune“ (comuna) für das Gebiet, „Gemeinde“ (municipio) für die Bevölkerung und „Gemeindeverwaltung“ (municipalidad) für die Verwaltungskörperschaft stehen. Auf diese Weise ist die Zuständigkeit der kommunalen Behörde (Gemeindeverwaltung) auf ein bestimmtes Gebiet (Kommune) begrenzt, das aus einer sozialen Gruppe oder Bevölkerung (Gemeinde) besteht.

III. Begriff der Gemeindeverwaltung

Der Begriff der Gemeindeverwaltung ist in jedem Staat unterschiedlich, aber es lassen sie Gemeinsamkeiten finden. Er entstand in Rom und nahm im Laufe der Jahre eine historische, politische und rechtliche Entwicklung, die ihm seine Identität und seine heutige Struktur gab. Eine Gemeindeverwaltung entsteht, sobald sich unter den Bewohnern einer Stadt der Geist der Gemeinsamkeit entwickelt, der durch die Idee der Selbstverwaltung verwirklicht wird. Die Bevölkerung bekommt damit das politische Privileg, in ihrem lokalen Bereich Religion, Gesetze und Regierung selbst zu bestimmen.[11]

Für jeden Staat spielt die konkrete Bedeutung der Gemeindeverwaltung eine besondere Rolle, hinzu kommen noch die besonderen Bedingungen des aktuellen politischen Prozesses und der Begriff der politischen Einheit. Die bestimmten Umstände eines Landes inspirieren dann ihre Gesetzgeber zur Schaffung eines eigenen Begriffs der Gemeindeverwaltung.

Die Gemeindeverwaltung bezeichnet eine politische Entität, die mit einer entsprechenden höheren Macht bekleidet ist. Für die Gründung einer Gemeindeverwaltung ist ein gewisses Maß an Selbstverwaltung notwendig, jedoch bedeutet dies nicht die politische Unabhängigkeit, sondern die Mitwirkung des Bürgers bei der Erfüllung öffentlicher Aufgaben.

---

9 Wörterbuch der Königlichen Spanischen Akademie für Sprache, Online-Wörterbuch, 22. Aufl., Madrid, España.

10 Wörterbuch der Königlichen Spanischen Akademie für Sprache, Online-Wörterbuch, 22. Aufl., Madrid, España.

11 Posada, El Régimen Municipal de la Ciudad Moderna, S. 30.

In Artikel 1 des spanischen Gesetzes Nr. 7/1985 vom 2. April 1985, der die Ermächtigungsnorm zum Erlass der Gemeindeordnung in Spanien darstellt, heißt es, dass die Gemeindeverwaltungen die grundlegenden Einrichtungen der territorialen Staatsorganisation und direkter Weg für die Bürgerbeteiligung an öffentlichen Angelegenheiten sind, die die eigenen Interessen der entsprechenden Gemeinschaften institutionalisieren. Wichtig laut dieser Definition ist die Betrachtung der Gemeindeverwaltung als unmittelbarer Akteur der Bürgerbeteiligung, was ihre Rolle bei der Stärkung der Demokratie innerhalb eines Staates verdeutlicht.

Wie in Spanien und Frankreich stellt die Gemeindeverwaltung in Chile eine administrative Ordnung des Staates und keine funktionelle Organisation dar. Sie entstand nicht allein in einem natürlichen Prozess zur Befriedigung der Bedürfnisse der Gemeinschaft. In der chilenischen Rechtsordnung unterscheidet sich die Gemeindeverwaltung vom historischen Begriff der Stadtverwaltung, der mit besonderen funktionalen- und sozialgeographischen natürlichen Merkmalen verbunden ist.

Die deutsche Gemeindeverwaltung ist hingegen ein selbstverwaltender Verein, der die Eigenschaft einer Körperschaft des öffentlichen Rechts besitzt und als solcher der öffentlichen Verwaltung zugehörig ist. Sie basiert auf der Mitgliedschaft ihr zugehöriger Menschen und ist vom Staat anerkannt und beauftragt, Aufgaben der örtlichen Gemeinschaft selbstständig, eigenverantwortlich und wie ein Staat zu erledigen.[12]

12 Gönnenwein, Gemeinderecht, S. 1 f.

C. Geschichtliche Entwicklung der Gemeindeverwaltung

I. Entstehung des Kommunalwesens

Als grundlegende Organisation der Gesellschaft ist ein genauer Zeitpunkt der Entstehung der Gemeindeverwaltung schwer auszumachen. Es ist jedoch möglich, in der Geschichte der Menschheit nach politischen Institutionen zu suchen, in deren Kern man die Merkmale der Gemeindeverwaltungen finden kann.[13]

In der Zeit des römischen Reiches[14] gab es eine Form politischer Organisation, die der der Gemeindeverwaltung ähnelt. Die Bewohner der eroberten Städte konnten trotz ihrer fehlenden politischen Unabhängigkeit eine eigene Organisation schaffen. Sie mussten nur klar und deutlich die römische Herrschaft anerkennen.[15] Sobald ein Gebiet in das Imperium eintrat, wurde durch eine Part-

---

13 Trotz ihrer Struktur und Aufgaben stehen die Polis oder die antiken griechischen Stadtstaaten außerhalb des Begriffs der Gemeindeverwaltung, weil sie in keine höhere politische Einheit eingegliedert waren. Dies jedoch zeichnet grundsätzlich eine Gemeindeverwaltung aus und unterscheidet sie vom Staat. Hernández, Derecho Municipal. Parte General, S. 286.

14 Eine der herausragenden Merkmale der römischen Gemeindeorganisation, die als Basis der Entwicklung der Kommunalwissenschaft fungierte, ist das Zusammenleben und die klare Abgrenzung zwischen kommunaler Selbstverwaltung und der Herrschaft der Zentralregierung. Die Römer waren Vorreiter bei der Schaffung eines Systems, das Identität, Geschichte, lokale Gebräuche und Traditionen, die vollständig in der Bevölkerung etabliert und verankert waren, respektierte, ohne die Stabilität und die Macht des Reiches zu gefährden. Das so genannte politische Gleichgewicht der römischen Herrschaft war entscheidend für das Wachstum und die Stärkung des Reiches und ermöglichte Harmonie trotz der immensen Größe. Einerseits nahmen sie Rücksicht auf die lokalen Interessen, andererseits bestand politische Abhängigkeit, welche für die institutionelle Stabilität wesentlich war. Daher entstand die Kommunalwissenschaft in Rom, weil dort zum ersten Mal die Dualität bzw. das politische Gleichgewicht, das die Gemeindeverwaltungen bis heute auszeichnet, entwickelt wurde. Hierzu Faya Viesca, Visión Histórica del Municipio como Institución Política, S. 79 f.

15 Es gab zwei Möglichkeiten, neue Gebiete dem Römischen Reich einzuverleiben. Durch Kapitulation oder durch Bündnis. Bei einer Kapitulation war Rom verantwortlich für die Entsendung eines Offiziers, namens *praefectus*, der für die Regierung der Stadt zuständig war. Wurde jedoch ein Bündnis namens *socii* oder *foederati* angerufen, überließ Rom der Stadt die Erhaltung ihrer eigenen Regierung. Die Stadt musste sich nur einigen Anweisungen oder Befehlen Roms unterordnen, Rechnung gegenüber dem römischen Statthalter der Provinz ablegen und Steuern zahlen, die *munus* oder *Munera* genannt wurden. Diese Begriffe bedeuten Belastung, wovon *municipia* abgeleitet ist, die als Name für diese Städte gegeben wurde und *municipes*, um ihre Bewohner zu benennen.

nerschaft auf diesem Gebiet ein *municipium* eingerichtet. Das *municipium* wurde in Rom als eine Stadt betrachtet und als Subjekt des Privatrechts mit der Befugnis zur Erwerbung von Gütern und Rechten sowie zur Übernahme von Pflichten definiert. Zu ihren wichtigsten Aufgaben gehörten die Ausfertigung von Gesetzen, die Sicherheit und öffentliche Hygiene, die Überwachung von Belustigungen und öffentlichen Spielen sowie die Finanzkontrolle durch ein System der Steuererhebung.[16]

Die Gemeindeverwaltungen durften ihre Befugnisse nur in einem bestimmten Amtsbezirk ausüben und organisierten ihre Selbstverwaltung. Die Bevölkerung konnte ihre Behörde selbst wählen. Diese öffentliche Einrichtung hatte eine eigene Struktur und Vermögen und befasste sich mit lokalen Dienstleistungen. Ihre Grundbestandteile sind folgende: das Gebiet, die Bevölkerung durch die Vertretung ihrer Generalversammlung, eine Organisation oder ein Beratungsorgan *(curia* oder Versammlung der Großen der Stadt) und der Kult der Götter.[17] Die Verbindung dieser verschiedenen Elemente wurde in jeder römischen Provinz anders vorgenommen, aber sie waren immer präsent. Die Städte besaßen die Freiheit zur Gestaltung ihrer Organisation, was die Entstehung einer unabhängigen Körperschaft mit eigener Rechtspersönlichkeit ermöglichte.[18]

Eine Definition ergibt sich aus den Merkmalen der Gemeindeverwaltungen in den römischen Provinzen. Die Gemeindeverwaltung war ein Ort, eingerichtet auf eigenem Gebiet, mit eigener Organisation, über die aber die umfassende und römische Herrschaft wachte.[19] So konnte Rom das gewünschte politische Gleichgewicht herstellen, d. h., die Entwicklung des lokalen Lebens ohne Risiko für die Herrschaft und die Hegemonie des Reiches sicherstellen.[20] Es war dann möglich, die Interessen zwischen Unterordnung und mehr oder weniger starker politischer Selbstverwaltung der Gemeinschaft abzuwägen. Auf diese

---

Dieses Regime stammt vermutlich aus dem Jahr 181 v. Chr. und wurde zum ersten Mal an die *tusculanos* angewendet. Hernández, Derecho Municipal. Parte General, S. 91 f.

16 Bajos, Municipio Autónomo: Antesala del Federalismo, S. 16.

17 Posada, El Régimen Municipal de la Ciudad Moderna, S. 40.

18 In Rom entwickelte sich der Begriff der kommunalen Körperschaft, der eine eigene Rechtspersönlichkeit für die Gemeindeverwaltungen zur Folge hat. Diese rechtliche Konstruktion bedeutet, dass in jeder Dorfgemeinschaft eine künstliche Persönlichkeit in Form einer Körperschaft gegründet wird, deren Mitglieder die Einwohner des Ortes sind. Sie erhält die Fähigkeit Eigentum zu besitzen und muss mit Gerechtigkeit handeln, was ein großer Fortschritt in der Kommunalwissenschaft war. Posada, El Régimen Municipal de la Ciudad Moderna, S. 41.

19 Posada, El Régimen Municipal de la Ciudad Moderna, S. 41.

20 Genauso wie in den antiken griechischen Stadtstaaten war in Rom die Stadt ein Synonym für Freiheit. Man konnte sich damals nicht vorstellen, dass man die lokalen Angelegenheiten von außen beeinflussen könnte. Faya Viesca, Visión Histórica del Municipio como Institución Política, S. 78.

Weise erlaubte Rom einigen Städten die Ausübung der Selbstverwaltung. Sie war die Basis für die Organisation der Provinzen, so dass jede Stadt ihre eigenen Richter und eine Generalversammlung benennen konnte. Die Merkmale des römischen Kommunalsystems sind das erste Kapitel in der Kommunalgeschichte. Die Kraft der römischen Macht wuchs aufgrund der umfangreichen lokalen Freiheiten. Das Reich erlebte seine prosperierende Zeit unter einem System der Selbstverwaltung. Solange die kommunale Freiheit respektiert wurde, blühte das Römische Reich auf; erst als der Despotismus die Gemeindeverwaltungen zu beherrschen begann, läutete dieser auch den tödlichen Niedergang der großen Reichsstruktur ein.[21]

Der Untergang des Weströmischen Reiches aufgrund der feindlichen Einfälle der Germanen bewirkte eine radikale Umgestaltung der römischen Gemeindeverwaltung, vor allem im Hinblick auf ihren städtischen Charakter.[22] Die Germanen lebten mehr auf dem Land als in großen Städten, so dass die Gemeindeverwaltungen ihre Bedeutung verloren. Im Mittelalter festigte sich der feudale Charakter der Gemeindeverwaltung. Der Burgherr verlieh an bestimmte Gruppen der Gesellschaft nach der Zahlung von Steuern die Befugnis, sich selbst zu verwalten. So entstanden Gemeinschaften oder lokale Verbände, die durch ihre Vielfalt und die Besonderheit ihrer Organisation gekennzeichnet waren.[23]

Die lokalen Gemeinschaften sorgten für die Befriedigung ihrer gemeinsamen Bedürfnisse, insbesondere für Sicherheit und Ordnung. Die Sicherheitspolitik war eine wichtige Aufgabe dieser Zeit aufgrund des großen Unsicherheits-

---

21 Posada, El Régimen Municipal de la Ciudad Moderna, S. 40.

22 Die Lehre ist sich nicht einig darüber, ob die Institution der römischen Gemeindeverwaltung nach der Invasion der barbarischen Völker ausgelöscht war oder überlebte. In der Tat verloren die Gemeindeverwaltungen ihre Bedeutung in den letzten Jahren der römischen Herrschaft. Diese Lage verbesserte sich mit den Jahren, weil die Kommunen bei den barbarischen Völkern wieder an Bedeutung zunahmen. Das neue Kommunalsystem besaß einige Merkmale des römischen Systems, die von den neuen Herrschern genutzt wurden. Sie vermischten das alte Kommunalsystem mit ihren Traditionen, um eine eigene Identität für die Kommunalorganisation zu schaffen, was natürlich nicht heißt, dass das römische Kommunalrecht das neue System nicht beeinflusst hat. Mehr dazu Posada, El Régimen Municipal de la Ciudad Moderna, S. 43-45. In Italien, Frankreich und Deutschland kann man einige Städte finden, in denen das römische Kommunalsystem seine historische Kontinuität beibehalten hat. Der grandiose Ruf und der Glanz der römischen oder griechischen Städte verschwanden allerdings mit dem Untergang des Römischen Reiches. Im späten Mittelalter gewannen die Städte wieder ihre Funktion als grundlegende Organisation der Gemeinschaft. Faya Viesca, Visión Histórica del Municipio como Institución Política, S. 81 f.

23 Im Mittelalter bekam jede Stadt ihre eigenen Sonderrechte und bildete ihre eigene Physiognomie nach verschiedenen Faktoren wie Geografie, Größe des Gebietes, wirtschaftliche Relevanz und Schwäche oder Stärke der zentralen Macht.

gefühls der Bevölkerung. Die Probleme im Alltag und die Isolierung der Bevölkerung hatten zur Folge, dass ein kommunales Gemeinschaftsgefühl innerhalb der Siedlungen entstand. Die Gemeinschaft konnte damit ihre Arbeit zur Erreichung eines gemeinsamen und wohlhabenden Lebens besser koordinieren. So entstand der Begriff der Gemeindeverwaltung im Mittelalter, anders und weniger entwickelt als der römische Begriff der Gemeindeverwaltung, aber mit ähnlichen Merkmalen. Es handelt sich hier um einen Bund, in dem alle seine Mitglieder unter Eid zur Bewahrung des gemeinsamen Friedens, zur Verteidigung der gemeinsamen Freiheiten und zum Gehorsam gegenüber den Beamten verpflichtet waren.[24]

Die Gemeinschaften bestimmten ihre eigenen Regeln und zwischen Beamten und Bürgern herrschte ein Verhältnis unter Gleichen, anders als das feudale Verhältnis zwischen Lehnsherrn und Vasallen, bei dem der minderwertige Vasall Treue gegenüber seinem Herrn schwor. Die Gemeindeverwaltungen strukturierten sich durch Versammlungen, die verschiedene kommunale Ämter wählten, wie den *major villae* oder Bürgermeister. So entstand Schritt für Schritt das Gewohnheitsrecht der Gemeindeverwaltungen, das künftigen Gemeindeorganisationen als Rechtsquelle diente. Diese Entwicklung war nicht nur für Europa, sondern auch für die ganze Welt prägend.[25]

Die Gemeindeverwaltungen zeichneten sich damals durch großzügige kommunale Selbstverwaltung aus. Sie erkannten jedoch immer ihre Stellung unter einer höheren politischen Ordnung an, die als *conditio sine qua non* ihrer Existenz galt. Die ausgewogene Beziehung der Macht wurde in den so genannten „Foralrechten" (fueros municipales) förmlich geregelt. Ein „Foralrecht" ist eine Art Pakt zwischen dem Herrn und der Gemeinschaft, wie die aktuellen Gemeindeordnungen, die die Privilegien, Gebietszuteilungen, Nutzungsrechte, Selbstverwaltungsrechte, Zollfreiheiten und die bürgerlichen Freiheiten festlegten. Sie waren lokale Rechtsordnungen, die die wesentlichen politischen und rechtlichen Fragen klärten, insbesondere die Beziehung zwischen den Städten und der höheren Macht. Dieses Recht vergrößerte den Einfluss der Städte und schmälerte den Umfang der königlichen Einmischung. Das „Foralrecht" war in jeder Stadt unterschiedlich, so dass jeder Ort sein eigenes Recht bekam. Dies verdeutlicht die vielfältige Gestaltung der Gemeindeordnungen dieser Zeit.[26]

Die Gemeindeorganisation verfestigte sich in der Zeit der Kreuzzüge ins Heilige Land vom 10. bis 11. Jahrhundert n. Chr.[27] Die Adligen gaben wegen

---

24 Guzmán A., El Gobierno Local: Fundamentos Conceptuales, S. 5.

25 Ponce Jorquera, Gobierno y Autonomía Municipal, S. 13.

26 Faya Viesca, Visión Histórica del Municipio como Institución Política, S. 82.

27 Die Gemeindeverwaltungen hatten ihre Glanzzeit im Mittelalter bis zur Geburt und Konsolidierung des modernen Staates. In dieser Zeit genossen sie den höchsten Grad an Selbstverwaltung und politischer Dezentralisierung, welcher die Freiheit des Handels-

ihrer religiösen Inbrunst und Frömmigkeit viel Geld für Expeditionen aus, so dass sie manchmal auch ihre Güter und Privilegien verkauften. Die Städte hatten viel Geld aufgrund der erheblichen Einnahmen des Handels und sie kauften von den Herren ihre Freiheit. So bekamen sie eine selbstverwaltete Organisation, so dass die Unterdrückung der Bevölkerung durch die Adligen endete. Die neue Ordnung gewährleistete die Freiheit und Gleichheit für die Bewohner der Städte und eine sichere Umgebung für die Entwicklung des Handelsverkehrs. Diese neue Organisation der Städte führte zu einem Wachstum der Industrie und der Kunst, deren Erfolg Glanz und Entwicklung brachte.

In diesem Zusammenhang entstand der Begriff „Einwohner“, der sich aus der Zugehörigkeit der Bevölkerung zu einer Gemeindeverwaltung herleitet. Die Zugehörigkeit führt zu gegenseitigen Rechten und Pflichten und zur Stärkung des Systems, welches eine große Belastung für die Monarchie darstellte. Die Könige kämpften, um dieser Entwicklung entgegen zu wirken. Sie mussten jedoch hin und wieder die Ansprüche der Städte respektieren. Dies geschah in Italien in der Vereinbarung von Konstanz im Jahre 1183, in der der König die Privilegien der Städte bestätigen musste.[28] Zu dieser Zeit erreichten die Gemeindeverwaltungen ihre Selbständigkeit, welche sie noch heute auszeichnet. So entstanden verschiedene Organe und Systeme der Verwaltung, Polizei und Justiz.

Die Entwicklung der Gemeindeverwaltung war eng mit der Entwicklung der Städte verbunden, die aufgrund des zunehmenden Handelsverkehrs und des blühenden Handwerks schnell wuchsen. Die Städte waren ein Synonym für Freiheit, denn sie verliehen dieses Privileg an diejenigen, die länger als ein Jahr in ihrem Gebiet blieben.[29] Der Begriff Gemeindeverwaltung umfasst eine große und abgegrenzte Siedlung auf einem Gebiet mit vereinheitlichten staatsrechtlichen bzw. kommunalrechtlichen Zügen, mit einer eigenen Verwaltungs- und Versorgungsstruktur und dem Recht auf Selbstverwaltung.

Die Stärkung der Territorialstaaten im 17. und 18. Jahrhundert vollzog sich gleichzeitig mit dem Niedergang der Macht der Gemeindeverwaltungen. Sie wurden unter der Kontrolle und Abhängigkeit vom Monarchen in einen Teil der staatlichen Verwaltung umgewandelt. Viele der Privilegien, die das Kommunalsystem während des Mittelalters kennzeichneten, fanden ihr Ende unter der Herrschaft eines absoluten Monarchen. Die Gemeindeverwaltungen wurden untergeordnet, um die Einheit und Einheitlichkeit des Reiches zu bewahren.

---

verkehrs gewährleistete. Viele Städte besaßen sogar eigene Gesetze (fuero), die das Verhältnis zwischen den Herren und den Einwohnern der Stadt regelten. Hernández, Derecho Municipal. Parte General, S. 286 f.

28 Ponce Jorquera, Gobierno y Autonomía Municipal, S. 15.

29 Scholler, Grundzüge des Kommunalrechts in der Bundesrepublik Deutschland, S. 1.

Ein anderer Grund für den Rückgang der mittelalterlichen Gemeindeverwaltung war die zunehmende Komplexität des kommunalen Lebens. Dieses erschwerte die Ausübung der direkten Demokratie. Deshalb wurde die Kommunalverwaltung an die öffentlichen Verwaltungsorgane des Zentralstaates übergeben.[30]

Mit der Zeit verstärkten sich der Einfluss auf und die Kontrolle über die kommunale Ebene durch die Zentralregierung. Die Territorialstaaten wurden nicht nur stärker, sondern es wurden auch internationale Supraorganisationen gebildet, die der Dezentralisierung der Staaten entgegenwirken. Höhere Ebenen der Verwaltung übernahmen viele Befugnisse der Gemeindeverwaltungen, um eine globale Lösung für kontinentale, staatliche und regionale Probleme festzulegen. Die Gemeindeverwaltungen verloren damit viele Befugnisse. Dies wirkte der kommunalen Selbstverwaltung entgegen. Deshalb werden die Gemeindeverwaltungen in einigen Fällen nur als Vollstrecker der nationalen und internationalen Politik betrachtet.

II. Geschichtliche Entwicklung des Kommunalwesens in Deutschland

Die Kommunen und die kommunale Selbstverwaltung in Deutschland haben ihre eigene Tradition. Es waren die germanischen dörflichen Siedlungsgemeinschaften, die diese Tradition zur Regelung des Zusammenlebens und zur Abwehr von Feinden entwickelt hatten. Die Genossenschaften organisierten Vollversammlungen, die über die wichtigsten Angelegenheiten entschieden.[31]

Zur Römerzeit hatten die deutschen Genossenschaften auch ein ausgeprägtes römisches Selbstverwaltungssystem, das mit dem Untergang des Römischen Reiches ein vorläufiges Ende fand. Die ersten römischen Städte waren Köln, Trier und Bingen.[32]

Im Mittelalter übten die Städte unterschiedliche Formen der kommunalen Selbstverwaltung aus. Einige hatten unbedeutende Privilegien und andere eine umfassende Selbstverwaltung, wie die Hansestädte.[33] Aber alle Städte waren unter oligarchischer oder fürstlicher Herrschaft, so dass sich keine einheitliche Struktur kommunaler Selbstverwaltung herausbilden konnte.[34] Mit dem Ende

30 Posada, El Régimen Municipal de la Ciudad Moderna, S. 47.

31 Gönnenwein, Gemeinderecht, S. 10.

32 Mehr dazu Gern, Deutsches Kommunalrecht, Rdnr. 3.

33 Mehr dazu Vogelgesang/Lübking/Jahn, Kommunale Selbstverwaltung, Rdnr. 20-23.

34 Mehr dazu Gönnenwein, Gemeinderecht, S. 10 f.; Scholler, Grundzüge des Kommunalrechts in der Bundesrepublik Deutschland, S. 2.

des Dreißigjährigen Krieges und der Durchsetzung absolutistischer Herrschaft verloren Städte und Dörfer die bis dahin eingeräumten Rechte.[35]

Erst mit Beginn des 19. Jahrhunderts wurde das moderne Konzept der kommunalen Selbstverwaltung verwirklicht, als der preußische Staatsminister Freiherr vom und zum Stein die „Reform von oben“ veranlasste. Am 19. November 1808 wurde die preußische Städteordnung erlassen, die „auf eine größere Beteiligung der Bevölkerung an der öffentlichen Verwaltung ihrer Gemeinden, um die Distanz zwischen Bürger und Staat zu verringern und so letztlich den Staat zu stärken“, zielte.[36] So erhielten die Städte das Recht, ihre Angelegenheiten in eigener Verantwortung und im eigenen Namen zu erledigen. So entstand der Begriff der modernen Selbstverwaltung, obwohl dieses Wort noch nicht verwendet wurde. Ein besonderes Merkmal dieser Ordnung war die Unterscheidung zwischen eigenen und übertragenden Aufgaben, die bis heute existiert.[37]

---

35 Gern, Deutsches Kommunalrecht, Rdnr. 4; Vogelgesang/Lübking/Jahn, Kommunale Selbstverwaltung, Rdnr. 24.

36 Burgi, Kommunalrecht, S. 21; vgl. Claß, Die gelenkte Selbstverwaltung: Das Verhältnis des Deutschen Reiches zur materiellen (echten) Selbstverwaltung, S. 5 f. Bei der neuen Städteordnung des Reichsfreiherrn vom und zum Stein handelt es sich um ein Reformwerk von historischem Rang, dessen Kennzeichen darin besteht, dass es mit der obrigkeitlich-autoritären Tradition der öffentlichen Verwaltung des Absolutismus rigoros brach. Im Rahmen einer fest gefügten übergreifenden Staatsordnung wurde eine dezentrale Verwaltungseinheit geschaffen, so dass bestimmte gesellschaftliche Gruppen die Möglichkeit bekamen, ihre eigenen öffentlichen Angelegenheiten unabhängig von staatlicher Einwirkung zu erledigen. Hendler, Grundbegriffe der Selbstverwaltung, S. 5 f. Das Reformwerk wurde als die große Aufgabe des Neuaufbaus des preußischen Staates angesehen. Freiherr vom und zum Stein richtete die kommunale Selbstverwaltung wieder in Deutschland ein, weil er dachte, dass der Staat von unten nach oben aufgebaut sein müsse. Mehr dazu Gönnenwein, Gemeinderecht, S. 12 f.

37 Die Betonung des Prinzips der Selbstverwaltung innerhalb der Steinschen Reform hatte nicht die Gewährleistung größerer Freiheiten oder die Umformung der absoluten Macht in eine konstitutionelle Monarchie zum Ziel, auch nicht eine Verwirklichung der Dezentralisierung. Es ging primär darum, die Möglichkeiten städtisch-eigenständiger Verwaltung für eine moderne, effektive Staatsleitung insgesamt nutzbar zu machen. Um dieses Ziel zu erreichen, war eine allgemeine Liberalisierung und Heranführung der Bevölkerung an die öffentlichen Aufgaben nötig. Dazu sollte die Übertragung von Ehrenämtern die Kosten senken und mit der individuellen Beteiligung an der städtischen Verwaltung sollte auch die überflüssige und als hemmend empfundene Staatsbürokratie vermindert werden. Mehr dazu Weber, Selbstverwaltung und Demokratie in den Gemeinden nach der Gebietsreform, S. 164 f.; Gern, Deutsches Kommunalrecht, Rdnr. 5; Vogelgesang/Lübking/Jahn, Kommunale Selbstverwaltung, Rdnr. 25.

Ein Rückschritt im Hinblick auf die Selbstverwaltungsrechte war im Jahre 1831 die „Revidierte Preußische Städteordnung“, die die Einmischungsmöglichkeiten des Staates deutlich ausgeweitet hatte.[38]

In der Zeit bis zur Märzrevolution im Jahre 1848 verbreiteten sich in Deutschland die Grundsätze des Liberalismus und dazu auch die kommunale Selbstverwaltung. Sie wurde sogar in der Paulskirchenverfassung von 1849 in § 184 als Grundrecht gewährleistet.[39] Preußen erließ auch im Jahre 1850 eine Gemeindeordnung (PrGO), der ein einheitliches liberales Gemeinderecht folgte. § 6 PrGO enthielt zum ersten Mal den Begriff „Selbstverwaltung“. Der Versuch der Einrichtung eines einheitlichen Gemeinderechts war im Jahre 1853 durch die Aufhebung der PrGO gescheitert. Die neue Städteordnung für die sechs östlichen Provinzen Deutschlands von 1853 orientierte sich an der „Revidierten Städteordnung“ von 1831, welche in ihren wesentlichen Grundzügen bis 1933 blieb. Die Reichsverfassung von 1871 enthielt hingegen keine Regelung der kommunalen Selbstverwaltung.[40]

Die Verfassung der Weimarer Republik (WRV) vom 11. August 1919 konstituierte Deutschland in einen dezentralen Einheitsstaat, der in Selbstverwaltungskörperschaften gegliedert wurde. So gewährleistete Artikel 127 WRV das „Recht der Selbstverwaltung innerhalb der Schranken des Gesetzes“. Der Staatsgerichtshof für das Deutsche Reich qualifizierte das Recht der Selbstverwaltung als institutionelle Garantie, obwohl diese Vorschrift im Grundrechtsteil der Verfassung verortet war.[41] Dies bedeutete, dass der Gesetzgeber den Aufgabenbereich der Kommunen nicht so einschränken konnte, dass den Kommunen keine Befugnisse zur Regelung der eigenen Angelegenheiten mehr blieben. Subjektive Rechte wurden den Kommunen nicht zuerkannt. Zum ersten Mal wurde für Gemeindewahlen das allgemeine, gleiche, freie, unmittelbare und geheime Wahlrecht für alle reichsdeutschen Männer und Frauen eingeführt und das bislang in Preußen geltende Dreiklassenwahlrecht ersetzt, wodurch das Kommunalwesen einen demokratischen Hintergrund bekam. Die Weltwirt-

38 Burgi, Kommunalrecht, S. 20; Gern, Deutsches Kommunalrecht, Rdnr. 6; Vogelgesang/Lübking/Jahn, Kommunale Selbstverwaltung, Rdnr. 27.

39 Mehr dazu Weber, Selbstverwaltung und Demokratie in den Gemeinden nach der Gebietsreform, S. 170 f.

40 Burgi, Kommunalrecht, S. 22.

41 Das kommunale Selbstverwaltungsrecht steht im Grundrechtskatalog in Artikel 127 WRV, der zum ersten Mal in einem Verfassungstext den Gemeindeverwaltungen und Gemeindeverbänden das Recht der Selbstverwaltung innerhalb der Schranken der Gesetze gewährleistet hat. Artikel 127 WRV stellt eine institutionelle Garantie dar, d. h. eine Gewährleistung des Rechtsinstituts der Selbstverwaltung gegen die Verletzung ihres wesentlichen Bestandes. In dieser Verfassung erscheint auch zum ersten Mal das Wort „Selbstverwaltung“ in einem Verfassungstext. Vgl. Scholler, Grundzüge des Kommunalrechts in der Bundesrepublik Deutschland, S. 9.

schaftskrise von 1929 belastete die Kommunen bis an die Grenzen ihrer Leistungsfähigkeit, so dass eine Eigenverantwortlichkeit der Kommunen unrealisierbar wurde. In Folge dessen musste der Staat die Gemeindevertretungen stärker überwachen.[42]

In der Zeit des Nationalsozialismus wurden im Jahre 1933 die gewählten Vertreter der Gemeindeverwaltungen durch linientreue Mitglieder der Nationalsozialistischen Deutschen Arbeiterpartei (NSDAP) ausgetauscht. Im Jahre 1935 wurde die neue Deutsche Gemeindeordnung (DGO) erlassen, die eine Vereinheitlichung des Gemeinderechts vorsah. Obwohl die DGO sich in der Präambel auf das Werk des Freiherrn vom Stein bezog, setzte sie in der Praxis die Selbstverwaltung außer Kraft, denn der Staat bekam umfassendere staatliche Aufsichtsbefugnisse.[43]

Nach dem Krieg organisierten die alliierten Siegermächte die Kommunen in vier Besatzungszonen. Die DGO galt noch einige Jahre, bis jedes Land seine neue Gemeindeordnung erließ.[44] In der US-amerikanischen, britischen und französischen Zone wurden neue Verfassungen der Länder und ein Grundgesetz erlassen, in welchem die kommunale Selbstverwaltung gewährleistet wurde. Artikel 11 IV der Bayerischen Verfassung (BayVerf) formuliert deutlich: „Die Selbstverwaltung der Gemeinden dient dem Aufbau der Demokratie von unten nach oben".

Die Durchsetzung der Selbstverwaltungsgarantie in Artikel 28 II Grundgesetz wurde im Jahre 1951 durch § 91 des Gesetzes über das Bundesverfassungsgericht (BVerfGG) und im Jahre 1969 mit Einführung der sog. Kommunalverfassungsbeschwerde in Artikel 93 I Nr. 4 b GG ermöglicht. Somit erreichten die Alliierten in der Bundesrepublik Deutschland die Ziele der Dezentralisierung der politischen Strukturen und der Entwicklung der örtlichen Selbstverwaltung, die auf der Postdamen Konferenz im Jahre 1945 gesteckt wurden. Andererseits erließ die sowjetische Besatzungszone im Jahre 1946 die Demokratische Gemeindeordnung, die trotz der Garantie der Selbstverwaltung die Gemeindeverwaltungen durch die Vormachtstellung der Sozialistischen Ein-

---

42 Burgi, Kommunalrecht, S. 24 f.; mehr dazu Scholler, Grundzüge des Kommunalrechts in der Bundesrepublik Deutschland, S. 11.

43 Burgi, Kommunalrecht, S. 25; mehr dazu Stober, Kommunalrecht in der Bundesrepublik Deutschland, S. 2; Scholler, Grundzüge des Kommunalrechts in der Bundesrepublik Deutschland, S. 11. Mit der DGO vom 30. Januar 1935 gab es zum ersten Mal ein einheitliches materielles und formelles Gemeinderecht für das ganze Deutsche Reich. Gönnenwein, Gemeinderecht S. 23 f.

44 Der Wiederaufbau Deutschlands wurde auf der untersten Ebene begonnen, wie die Besatzungsmächte auf den Konferenzen von Jalta und Potsdam entschieden. Durch die Dezentralisierung des deutschen Staatswesens und die Erstarkung der kommunalen Selbstverwaltung versuchten sie, Deutschland wiederaufzubauen. Mehr dazu Groh, Neuanfänge der kommunalen Selbstverwaltung nach 1945, S. 136.

heitspartei Deutschlands (SED) in den Hintergrund gedrängt hatte. Später trat das Prinzip des demokratischen Zentralismus in Kraft und somit blieben die Kommunen ohne eigenen Wirkungskreis und ohne Rechtsfähigkeit unter den Exekutivbehörden. Die kommunale Selbstverwaltung wurde in der Deutschen Demokratischen Republik (DDR) kurz vor der Wiedervereinigung Deutschlands mit der am 17. Mai 1990 in Kraft getretenen Kommunalverfassung der DDR wieder eingeführt. Diese Regelung galt nur bis zur Verabschiedung der Kommunalgesetze der entstehenden neuen Bundesländer, welche sich an den Vorbildern der jeweiligen westdeutschen Partnerländer orientierten.[45]

III. Geschichtliche Entwicklung der Gemeindeverwaltung in Spanien bis zur Entdeckung Amerikas (1492)

Spanien ist ein Land, das sich von Anfang an durch übermäßigen Regionalismus auszeichnete. Die Kommunalordnung des Römischen Reiches, die zum großen Teil für die Vereinigung der Halbinsel[46] verantwortlich ist, verbreitete sich in Spanien ohne Probleme. Ihre Spuren blieben sogar nach der Ankunft der Westgoten[47] und der Niederlage der Römer sichtbar.[48]

---

45 Burgi, Kommunalrecht, S. 27 f. Zu den gesellschaftlichen Veränderungen nach der DDR hat die kommunale Selbstverwaltung eine tragende Funktion bekommen, um einen demokratischen Staat zu entwickeln. Sie war eine wesentliche Form der Verwirklichung der Souveränität des Volkes. Vgl. Petzold, Der Übergang zur kommunalen Selbstverwaltung: Bestandteil des demokratischen Erneuerungsprozesses in der DDR, S. 29.

46 Die römischen Provinzen verwalten sich selbst auf der spanischen Halbinsel und organisierten sich nach ihrem eigenen Kommunalsystem. Sie behielten die Selbstverwaltung für die Organisation der lokalen Politik, wobei die Intervention des römischen Gouverneurs der Provinz jedoch immer präsent war. Die Stadtverwaltung wurde an die Vertreter der Gemeinschaft gegeben und nur in den Fällen einer bemerkenswert schlechten Führung besetzte der Kaiser die Stadtverwaltung durch einen Beamten seines Vertrauens, den sog. *curator civitatis*. Vgl. Valdeavellano, Curso de Historia de las Instituciones Españolas. De los orígenes al final de la Edad Media, S. 149 f. y S. 152 f.

47 Die Westgoten kamen auf die Halbinsel zusammen mit einer Reihe von anderen barbarischen Völkern, die der römischen Welt fremd waren, wie die Schwaben, Vandalen und Alanen. Die meisten waren germanische Völker, die einen großen Einfluss auf die Umwandlung der römischen Institutionen ab dem 4. Jahrhundert n. Chr. nahmen. Der König der Westgoten, Eurich, stellte die Beziehungen mit den Römern nach dem Untergang des Weströmischen Reiches im Jahre 476 n. Chr. her. Er gründete einen neuen Staat, in dem zwei Völker verschiedener Herkunft gemeinsam lebten: die Römer und die Germanen. Die Mischung dieser beiden Kulturen führte zur Entstehung einer neuen Idee der Politik, die die westgotische Monarchie mit dem römischen Einfluss schuf. So entstand ein neuer absolutistischer Staat mit einem starken König an der Spitze. Die absolute

Genau wie im Rest Europas verloren zum Ende des Weströmischen Reiches die Städte auf der Iberischen Halbinsel ihre wichtige Rolle. So endete eine Periode der Geschichte, in der die Gemeindeverwaltungen das Herz der Entwicklung und die Wachstumszentren waren. Das Feudalsystem breitete sich schnell aus. Die Städte waren lediglich Wohnorte ohne ihre charakteristische Kommunalorganisation. Während dieser Zeit behielten die Lehnsherren eine absolute Kontrolle über die Gesellschaft, so dass sie ihr ihren Willen aufzwingen konnten.

Viele der römischen Institutionen, die in Europa für Jahrhunderte prägend waren, sind aufgrund der Migration der städtischen Bevölkerung auf das Land auf der Iberischen Halbinsel verschwunden. Deshalb gibt es eine große Debatte in der Lehre, die klären will, ob die römischen Institutionen gestorben sind oder überlebt haben.[49] Dies kann ihren Einfluss auf das Wiederaufleben der Städte

---

Macht des Monarchen reduzierte sich teilweise nach der Bekehrung des Gotenkönigs Recared. Die Westgoten traten im Jahre 587 n. Chr. zum Katholizismus über, um die Unterstützung der katholischen römischen Bevölkerung zu bekommen. Für die Kirche kam die Macht von Gott und Er gab sie an die Institution des Königs weiter. Die Macht des Königs war durch Gerechtigkeit und Rechtschaffenheit begrenzt und musste nur für das Wohl der Gemeinde und das öffentliche Interesse ausgeübt werden. Dieser Einfluss in der Entstehung des spanisch-gotischen Landes erbrachte eine politische Vorstellung weit entfernt vom Despotismus aufgrund von den moralischen Zwängen der Kirche. Mehr dazu Valdeavellano, Curso de Historia de las Instituciones Españolas. De los orígenes al final de la Edad Media, S. 185 f.

48 Um die Gemeindeverwaltungen auf der Iberischen Halbinsel besser beleuchten zu können, werden die Gemeindeverwaltungen in Kastilien und Leon in den Mittelpunkt gestellt. Sie erreichten ihren Höhepunkt in Bezug auf ihre kommunale Selbstverwaltung und demokratische Grundlage vom 12. bis zum Beginn des 14. Jahrhunderts. Sie sind teilweise das Ergebnis des Einflusses des alten römischen Begriffs der Gemeindeverwaltung – die spanische Bezeichnung für Rat *concejo* stammt von *concilum* ab – und der Institutionen der germanischen Westgoten, wie die Gerichtsversammlung und die *conventus publicus vicinorum* beweist. Aus dieser Zeit stammt eine der wichtigsten Institutionen der lateinamerikanischen Geschichte, die offene Gemeindeversammlung. Sie war eine offene Sitzung des Rates mit der Gemeinde, die sich sonntags zur Lösung der Probleme der Gemeinschaft traf. Mehr dazu Hernández, Derecho Municipal. Parte General, S. 95 f. Die *conventus publicus vicinorum* war eine echte germanische Institution und bestand aus einem Rat oder einer Versammlung aller freien Männer jeder Stadt oder jedes Landkreises, um an bestimmten Angelegenheiten der Verwaltung der Kommune mitzuwirken. Quinzio Figueiredo, La Municipalidad: Su perspectiva histórica constitucional, S. 456 f.

49 Mehr dazu Valdeavellano, Curso de Historia de las Instituciones Españolas. De los orígenes al final de la Edad Media, S. 531 f.; vgl. Valdebenito Infante, Evolución Jurídica del Régimen Municipal en Chile (1541-1971), S. 25; vgl. Quinzio Figueiredo, La

und Gemeindeverwaltungen im späteren Mittelalter klären. Obwohl die römischen Institutionen wie die *curia* oder der *defensor* vollständig ersetzt wurden, spielen Tradition und Einfluss der Römer in der westlichen Zivilisation immer noch eine große Rolle. Sie haben im Laufe der Jahre in größerem oder geringerem Ausmaß den Wiederaufbau der Städte beeinflusst. Der römische Einfluss ist deutlicher in anderen Regionen Europas, wie zum Beispiel in Deutschland, Italien oder Frankreich, wo viele Institutionen unverändert geblieben sind. Dass in Spanien die römischen Institutionen ersetzt wurden, bedeutet jedoch nicht, dass sie die neuentstandenen Institutionen nicht beeinflusst hätten.

Während des 11. und 12. Jahrhunderts im späteren Mittelalter spielten die Städte wie in der Vergangenheit wieder eine wichtige Rolle[50], was zum großen Teil dem Aufschwung der Wirtschaft zu verdanken war. Viele alte Städte wurden wieder bevölkert und neue Städte wurden gegründet. Sie sind die direkten Vorgänger des modernen Konzepts „Gemeindeverwaltung“ und „Stadt“.

Die mittelalterliche Stadt war das wesentliche Fundament für die Schaffung der Staaten und die Sicherheit ihrer Bürger. Die Quellen der modernen Freiheiten oder die großen Grundsätze der Gegenwart, d. h. die Freiheit des Menschen, des Eigentums und der Arbeit, die Unverletzlichkeit der Wohnung, die Einheit der Gerichtsbarkeit und die Gleichheit der bürgerlichen und politischen Rechte hatten ihre erste praktische Anwendung in einem Bereich, der durch die Mauern der Stadt begrenzt war.[51]

Bereits im 12. Jahrhundert, vor allem im Königreich von Kastilien und Leon, erreichte die Gemeindeverwaltung eine umfassende Organisation. Sie wurde als eine Gebietskörperschaft des öffentlichen Rechts mit eigener Zuständigkeit und Selbstverwaltung betrachtet. Die Gemeindeverwaltung bestand aus dem Gemeinderat und wurde von ihren eigenen Richtern und Beamten regiert

---

Municipalidad: Su perspectiva histórica constitucional, S. 5; vgl. Marazuela Bermejo, El Principio de Autonomía Local en el Ordenamiento Español, S. 347.

50 Es gibt zwei wichtige Faktoren zur Wiederbelebung der Bedeutung der Städte. Erstens den Prozess der Wiedereroberung Spaniens und ihres Phänomens der Wiederbevölkerung. Die spanischen Siedlungen forderten die Gewährung von Grundstücken und Rechten, die durch Chartas (*fueros* oder *cartas puebla*) förmlich geregelt wurden. Und zweitens die bedeutende soziale und wirtschaftliche Tätigkeit. Dies ist ein Phänomen, das sich in fast allen westeuropäischen Ländern entwickelte. Sie war die Ursache für das Erwachen, die Entwicklung und das Wachstum der Städte und die Schaffung der kommunalen Selbstverwaltung. Die kommunale Selbstverwaltung war die einzige Institution, die in der Lage zur Gewährleistung des erforderlichen wirtschaftlichen Aufschwungs war. Marazuela Bermejo, El Principio de Autonomía Local en el Ordenamiento Español, S. 347 f.

51 Valdeavellano, Curso de Historia de las Instituciones Españolas. De los orígenes al final de la Edad Media, S. 531.

und verwaltet. Deshalb bekamen die Gemeindeverwaltungen in Spanien eine große Bedeutung im späteren Mittelalter, so dass sie aufgrund ihrer Zuständigkeit und Macht über die Stadt als eine Herrschaft betrachtet wurden.[52]

Die Zeit der Wiedereroberung von Spanien gegen die muslimische Herrschaft, die sieben Jahrhunderte dauerte, stellt den Zenit der Gemeindeverwaltungen auf der Halbinsel bezüglich ihrer Rechte dar. Während das Königreich von Spanien Gebiete zurückeroberte, erlaubte es die Gründung von starken lokalen Regierungen zur Konsolidierung der Präsenz Spaniens in der Region, welche jeden Versuch eines arabischen Aufstands im Keim ersticken sollte. Eine wichtige Rolle spielten die Gemeinderäte, die das wichtigste Organ der Gemeindeverwaltung bildeten. Sie waren Volksversammlungen und boten den Bürgern eine wichtige Beteiligungsmöglichkeit an.[53]

Ein von der Monarchie am meisten verwendetes Mittel zur Förderung der spanischen Präsenz in der Region war die Erteilung von Gründungsbriefen *(fueros* oder *cartas puebla).* Sie garantierten den Einwohnern dieser Gebiete eine bessere Lage als in anderen Regionen des Reiches und wurden vom König zur Feststellung der Rechte der Bewohner des wiedereroberten Gebietes ausgegeben. Darüber hinaus wurden als Belohnung für die Dienste bei der Wiedereroberung Spaniens große Flächen verschenkt und ehrenamtliche oder lukrative öffentlichen Funktionen in der Regierung der Städte übertragen, womit die Existenz von kleinen Städten mit einer großen Selbstverwaltung gefördert wurde.

Die Stadtverfassungen (fueros municipales) waren öffentliche Urkunden, die von den Königen und Fürsten an die Bewohner der Stadt ausgegeben wurden. Sie bestanden aus einer Reihe von Privilegien zur Führung der eigenen lokalen Angelegenheiten und gewährleisteten die Selbstverwaltung. Sie stellten echte politische Satzungen dar, die die Regierung und Gerichtsverwaltung einer Stadt bestimmten. Sie regelten die Rechte und Pflichten der Beziehungen zwischen den Gründern und den Bewohnern der Stadt und gewährleisteten nicht nur Freiheiten, Privilegien und steuerliche Befreiungen, sondern enthielten auch Regelungen zur Ausübung der Gerichtsbarkeit und das gesamte Lokalrecht.[54]

Die politisch-administrative Organisation der Mehrheit der hispanischen Gemeindeverwaltungen konzentrierte sich in einem kollegialen Gremium namens Gemeinderat. Der Rat stand unter der Leitung eines lokalen Richters (juez), der in einigen Orten wie Aragon und Navarra mit den Namen von

52 Valdeavellano, Curso de Historia de las Instituciones Españolas. De los orígenes al final de la Edad Media, S. 542. Unabhängig von der Region gibt es in Spanien verschiedene Arten von Gemeindeverwaltungen. Selbst in den Staaten der Wiedereroberung gab es Unterschiede.

53 Ponce Jorquera, Gobierno y Autonomía Municipal, S. 16 f.

54 Hernández, Derecho Municipal. Parte General, S. 97.

Zalmedina, *Justicia* und *Alcalde* angesprochen wurde. In Kastilien und Leon wurden Gerichtsbeamte mit dem Titel *Alcaldes* ernannt, die dem Richter untergeordnet waren. Zusammen bildeten sie ein Kammergericht oder eine *curia*. Diese Befugnis mussten sie in einigen Fällen mit anderen vom Monarchen ernannten Richtern auch bekannt als *alcaldes del Rey* aufteilen. Die Befugnisse der Richter und der Bürgermeister bestanden im Wesentlichen nur aus rechtlichen Angelegenheiten. Dennoch bekamen sie auch Aufgaben im Bereich der Verwaltung, der Wirtschaft und sogar der Sicherheit der Stadt. Eine wichtige Rolle spielten auch die *jurados* oder *fieles*. Sie waren Beauftragte des Rates, die die Interessen des Mitgliederrates an verschiedenen Stellen vertraten. Die *juez*, die *alcaldes* und die *jurados* wurden vom Rat jährlich aus der Stadtbevölkerung gewählt, was ein Beleg für die Autonomie der Verwaltung lokaler Angelegenheiten dieser Zeit ist.[55]

Mit der Konsolidierung des Königreiches von Spanien begannen die Umstrukturierung der Verwaltung und die Organisation des Staates. Die spanische Krone errichtete einige Institutionen, die eine bessere Kontrolle über das Gebiet erlaubten. Somit entwickelten sich die ersten von einem Staatsbeamten des Königreiches geleiteten Versammlungen zur Lösung von Rechtsstreitigkeiten.

In den nächsten Jahren wuchs die Anzahl der Mitglieder der Kommunalversammlung, so dass ihre Funktionalität mehr und mehr verloren ging. Daher wurde eine lokale und repräsentative Regierung vom König ernannt. Die Nachbarn behielten jedoch das Recht zur Ernennung einer oder mehrerer Bürgermeister und Ratsmitglieder, die zusammen mit den vom König ernannten Ratsmitgliedern die spanische Gemeindeverwaltung bildeten. Diese Gemeindeverwaltung oder *cabildo cerrado* konnte sogar in besonderen Fällen die ganze Gemeinschaft einberufen, die sich in öffentlichen Versammlungen, namens *cabildo abierto*, für die Diskussion von wichtigen Angelegenheiten traf. Diese gewohnheitsrechtliche Institution gewährleistete die öffentliche Beteiligung der Gemeinschaft an den wichtigen lokalen Entscheidungen, was zeigt, dass die Teilnahme aller Stadtbewohner in dieser Zeit immer noch von Bedeutung war.

Das Wachstum der Städte, der Anstieg ihrer Bevölkerung, die zunehmende Komplexität der kommunalen Aufgaben und der Wiederaufstieg der Macht der Monarchie wirkten der Bedeutung der Generalversammlung der Kommune entgegen. Sie war die Speerspitze der kommunalen Selbstverwaltung und ermöglichte die unmittelbare Mitwirkung aller Mitglieder der Gemeinschaft.

Der Niedergang der kommunalen Selbstverwaltung begann in Spanien im 14. Jahrhundert.[56] Mit der Eroberung von Granada im Jahre 1492 entfiel zudem einer der wichtigsten Gründe für die Bewahrung der lokalen Selbstverwaltung,

55 Valdeavellano, Curso de Historia de las Instituciones Españolas. De los orígenes al final de la Edad Media, S. 544 f.

56 Hernández, Derecho Municipal. Parte General, S. 96.

die Königliche Unterstützung. Die Monarchen wollten dieses selbstverwaltete System nicht mehr behalten, weil ein hohes Maß an Autonomie eine Gefahr für die Einheit des Reiches darstellte.

Um die Anarchie auf lokaler Ebene zu vermeiden, entschied der König sich für ein strengeres System mit großer Mitwirkung des Staates. Es gab für die Monarchen keine Gründe mehr, die Selbstverwaltung und die Freiheiten der Städte beizubehalten. Der König war in dieser Zeit sehr mächtig und hatte zahlreiche Einkommen aufgrund der Eroberung Amerikas, so dass er die Kosten des Verwaltens und Regierens seines Reiches nicht scheute. Die mittelalterlichen Städte, die als Folge der Wiedereroberung Spaniens während der Epoche der Katholischen Könige und der Entdeckung Amerikas gegründet wurden, verloren ihre Autonomie und behielten nur die Schatten ihrer früheren wichtigen Rolle.[57]

Da die direkte Demokratie auf kommunaler Ebene nicht mehr möglich war, die das Kommunalsystem auszeichnete und konsolidierte, entstanden neue Institutionen. Der Rat – damals als *cabildo* bekannt – übernahm die Vertretung und Aufgaben der ehemaligen Gemeindeverwaltungen. Die Regierung der Gemeinschaft wurde damit von einer aristokratischen Minderheit ausgeübt, welche als einzige in der Lage war, diese Ämter auszuüben. So entstanden in Spanien die Grundlagen der aktuellen kommunalen Körperschaften, die in Spanien als *Rat* oder in Kastilien und Leon als *regimiento* und *ayuntamiento* bezeichnet wurden. Dieser letzte Name, der dem aktuellen Namen der Gemeindeverwaltung sehr ähnlich ist, war am Anfang die Bezeichnung einer Versammlung zwischen den Richtern, den Beamten und der Nachbarschaft. Dann wurde dieses Wort nur zur Bezeichnung der Körperschaft oder *cabildo* verwendet. Deshalb wurden die Ratsmitglieder auch *regidores* genannt.[58]

Die Abschaffung der Generalversammlung ermutigte den König, die Macht zu zentralisieren und sich in die Angelegenheiten der Gemeindeverwaltungen einzumischen.[59] Viele Gemeindeverwaltungen bildeten Bruderschaften, um die Macht des Monarchen auszugleichen, wie die Allgemeine Bruderschaft von Kastilien oder das Bündnis der wichtigsten Städte von Kastilien. Diese Proteste

---

57 Valdebenito Infante, Evolución Jurídica del Régimen Municipal en Chile (1541-1971), S. 27.

58 Valdeavellano, Curso de Historia de las Instituciones Españolas. De los orígenes al final de la Edad Media, S. 547 f.

59 Es gab eine große Reform in der Verwaltung Spaniens seit dem 14. Jahrhundert, die den Aufschwung und die kommunale Selbstverwaltung der zweiten Hälfte des Mittelalters abschaffte. Der König Alfons XI. (1312-1350) führte eine zentrale Politik, welche man in den Erlassen des Königs oder Verordnungen (cartas reales) für die Neuordnung der Städte des Jahres 1345 bestätigt sehen kann. Siehe Valdeavellano, Curso de Historia de las Instituciones Españolas. De los orígenes al final de la Edad Media, S. 549.

waren eine Warnung für die Monarchie, die den Einfluss der Gemeindeverwaltungen als ernsthafte Bedrohung ihrer Macht ansah. Sie fanden jedoch wenig Anklang.[60]

Viele Umstände halfen den Monarchen ihre Ziele umzusetzen. Die Missbräuche der Gemeindeverwaltungen, die mangelhafte Kontrolle ihrer Arbeit, die anhaltenden Unruhen und Machtkämpfe innerhalb der Gemeindeverwaltungen, in denen viele Familien für die Monopolisierung der Macht kämpften, der Abbau ihrer Aufgaben und die oft ineffiziente Verwaltung waren Gründe, die die Zentralisierung der Macht des Königreiches vorantrieben. Um ihre Ziele zu erreichen, bauten die Monarchen ein gemeinsames System der Stadtverwaltung auf und regulierten die Zusammensetzung und Funktion von Städten und Dörfern. Dies ermöglichte es dem König, die Kontrolle über das Land zu bewahren. Auf diese Weise schuf er eine gemäßigte, gerechte und untergeordnete Organisation von Gemeindeverwaltungen, um sie an der politischen Organisation des Reiches teilhaben zu lassen.

Der König sandte seine Beauftragten und Richter in die Gemeindeverwaltungen, um deren Leistung zu kontrollieren. In den Provinzen, in denen es immer noch Gemeindeversammlungen gab, wurde das System von *regimiento* abgeschafft sowie dem Rat die Befugnis zur Ernennung ihrer Führungspersönlichkeiten allmählich entzogen. Sie wurden ab dann direkt oder indirekt vom König gewählt, so dass die Kontrolle der Gemeindeverwaltungen in den Händen der Monarchie blieb. Trotz dieser Einschränkungen blieb im Unterbewusstsein der Bürger die Institution der offenen Gemeindeversammlung oder *cabildo abierto* erhalten, die in wichtige, aber außergewöhnlichen Angelegenheiten der Gemeinschaft einberufen wurde. In den Gemeindeverwaltungen auf dem Land wurde diese Institution offiziell nie abgeschafft.[61]

---

60 Im Mittelalter wurde der Macht des Königs durch die Macht der Fürsten entgegengewirkt. Der König fand nur in den Städten und im Bürgertum wichtige Verbündete zur Wiedererlangung seiner Macht. Er verbesserte damit seine Einkommen und gewann wieder den Respekt der Fürsten zur Unterwerfung seines Reiches. Nach der Stärkung der Macht des Königs war es notwendig, die umgekehrte Operation durchzuführen. Die Städte hatten viele Befugnisse und konnten aufgrund der kommunalen Selbstverwaltung oft gegen den Willen des Monarchen handeln. Das ist der Grund, warum die Monarchen sich kontinuierlich in die Gemeindeverwaltungen einmischen und warum sie eine intensive Überwachung ihrer Tätigkeiten durchführten. Der erste König, der die Arroganz der Städte mit fester Hand gestoppt hatte, war Alfons XI. Marazuela Bermejo, El Principio de Autonomía Local en el Ordenamiento Español, S. 349.

61 Valdeavellano, Curso de Historia de las Instituciones Españolas. De los orígenes al final de la Edad Media, S. 548 f.

Im 15. Jahrhundert konsolidierte sich die spanische Monarchie unter der Herrschaft der katholischen Könige.[62] Sie erreichten nicht nur die Wiedereroberung der Halbinsel verbunden mit der Beseitigung der arabischen Bedrohung aus Europa, sondern vergrößerten auch deutlich die Gebiete des Reiches. Sie einten die zwei großen Reiche der Iberischen Halbinsel, nämlich Kastilien und Leon, mit Aragon. Unter ihrer Macht entdeckte Columbus am 12. Oktober 1492 einen neuen Kontinent, der Amerika genannt wurde. Das Phänomen der Expansion wurde von der Habsburger Dynastie weitergeführt, so dass sie die Herrschaft über eines der größten und mächtigsten Reiche der Geschichte hatten.

Die Verwaltung des Reiches wurde aufgrund dieser neuen Lage umgebaut und die großen Verlierer waren die Gemeindeverwaltungen, die Schritt für Schritt ihre Freiheiten und Privilegien verloren. Die autoritäre und zentralisierte Politik der Monarchie und ständige Einmischungen in die lokalen Angelegenheiten zerstörten die Freiheiten der Städte und schufen ein vollständig zentralisiertes System. Bereits im Jahre 1455 erklärten die Ständeversammlungen von Cordoba (cortes de Cordoba) den katholischen Königen ihre Unzufriedenheit mit dieser neuen Politik. Es gab sogar einige Aufstände, aber sie wurden sofort von der Monarchie niedergeschlagen. Weder die Beschwerden der Bürger noch die wenigen isolierten und moderaten Gesten der Könige zur Wahrnehmung der Forderungen der Gemeinden verhinderten die Zentralisierung des Staates. So entstanden zwei der großen Probleme der aktuellen iberoamerikanischen Gesellschaft, nämlich das Desinteresse und die Passivität der Bevölkerung gegenüber den inneren Angelegenheiten des Staates.[63]

IV. Gemeindeverwaltung während der Herrschaft der Habsburger (1514-1700)

Die Habsburger-Herrschaft begann in Spanien im Jahre 1516 und endete mit dem Tod Karl II. im Jahre 1700. Dieser Zeitraum ist zweifellos der erfolgreichste in der Geschichte Spaniens, das sich das Land als Großmacht konsolidierte. Die ersten Jahre waren die besten dieser Herrschaft, als Philipps Sohn Karl I. (er wurde im Jahre 1519 zum deutschen Kaiser als Karl V. gekrönt) das Königreich Spanien erbte. Er war der mächtigste Habsburger aller Zeiten, Herr über ein Reich, in dem die Sonne nie unterging. Nach der Abdankung Karl I. im Jahre 1556 wurde das Reich geteilt. Karls Sohn Philipp II. übernahm Spanien, die

62 Sie herrschten zwischen den Jahren 1474 und 1516, schufen die Gestaltung des absoluten spanischen Staates und sind verantwortlich für die politische Einigung der Iberischen Halbinsel. Mehr dazu Bravo Lira, Historia de las Instituciones Políticas de Chile e Hispanoamérica, S. 40 f.

63 Marazuela Bermejo, El Principio de Autonomía Local en el Ordenamiento Español, S. 350 f.

amerikanischen Kolonien, Burgund, die Niederlande, Sizilien, Sardinien, Mailand und Neapel und begründete die spanische Linie, die im Jahre 1700 ausstarb. Die spanische Gesellschaft wurde von der Religion sehr beeinflusst und für den Staat galt als oberste Priorität die Verbreitung des katholischen Glaubens, was besonders wichtig bei der Eroberung Amerikas war. Die Kraft und Führungsstärke, die die Könige des 16. Jahrhunderts auszeichneten, verschwanden in den nächsten Generationen von Philip III., Philipp IV. bis Karl II. Die Monarchie legte die politische Macht in die Hände Privater und konnte die Krise ihrer Zeit nicht überwinden. Die verschiedenen Kriege in Europa und die Kosten der Eroberung Amerikas waren die Gründe für den Niedergang der Dynastie.

Die Eroberung des amerikanischen Kontinents zeichnete die Zeit der Habsburger-Herrschaft aus. Die Spanier vollbrachten große Taten zur Erweiterung des Königsreiches und der Verbreitung des Glaubens. Es wurden viele Städte gegründet, die mehr Militärlager als Städte waren. Von diesen Zufluchtsorten aus begannen die Spanier die Eroberung und die Kämpfe gegen die einheimische Bevölkerung. Viele Städte wurden von den Indianern zerstört und geplündert und mehrmals wieder aufgebaut, so dass ihr Wachstum immer durch die Angriffe der Indianer gehemmt war.

Die Habsburger kümmerten sich um die Konsolidierung der spanischen Eroberungen in Amerika, insbesondere um die Verbreitung ihrer Kultur und Religion auf dem Kontinent, die Gründung von Städten und die Schaffung einer Reihe von rechtlichen Institutionen zur Legitimation ihrer Herrschaft. So begann die Geschichte des öffentlichen Rechts in Amerika oft mit der Gründung eines Gemeinderats, einer der größten Klassiker der mittelalterlichen Zeit auf der Iberischen Halbinsel. Spanien begann, seine großen und weit auseinanderliegenden Gebiete in Amerika so zu organisieren, dass sie sich zu einem echten Königreich mit Ordnung und Einheit entwickelten. So wurde es möglich, dass die verschiedenen Völker Lateinamerikas bis heute eine gemeinsame Sprache, Kultur, Geschichte und einen gemeinsamen Glauben haben. Bemerkenswert ist die spanische Gesetzgebung in Bezug auf die indianische Bevölkerung. Sie kümmerte sich um den Schutz der Indianer vor jeder Art von Missbrauch, um ihre Integration und Evangelisation. Die Monarchie erklärte die Indianer für grundsätzlich freie Untertanen der Krone, so dass sie gegenüber der restlichen Bevölkerung gleichberechtigt waren. Aber aufgrund ihrer kulturellen Unterlegenheit wurden sie als eingeschränkt rechtsfähig eingestuft, um ihre Interessen besonders zu schützen.

Karl I. gründete im Jahre 1524 den Indianerrat (Real y Supremo Consejo de Indias). Der Rat war oberste Kolonialbehörde und wichtiges Verwaltungsorgan des spanischen Kolonialreichs. Der König wollte ein spezielles Organ zur Organisation der Verwaltung in Amerika schaffen, das für Stabilität und Sicherheit in den neuen Gebieten sorgen sollte. Der König schuf auch die Figur des Vizekönigs, der auf dem Gebiet seiner Zuständigkeit und im Namen des Monarchen die dynamischen Kräfte des Landes stimulieren sollte. Er musste die Einhaltung der Gesetze überwachen und Randale vermeiden. Die Vizekönigreiche erleichterten die Kontrolle des Monarchen über die neuen Gebiete, unter ihrer Führung waren viele Gouverneure tätig. Die ersten und wichtigsten Vizekönigreiche waren das Vizekönigreich von Mexiko, das im Jahre 1534 gegründet wurde, und das Vizekönigreich von Peru, das im Jahre 1542 entstand.

Dieser mäßige Absolutismus der Habsburger-Herrschaft in Amerika führte zur Gründung einer unabhängigen Aristokratie, die sich ihrer Rechte wohl bewusst war. Sie hatten die wichtigsten Ämter in den Gemeinderäten und konnten sich damit in die allgemeinen Angelegenheiten der örtlichen Gemeinschaften sowohl in Themen der Regierung als auch in Themen der Stadtverwaltung einmischen.[64]

Andere Staatsorgane waren in Amerika dem Indianerrat untergeordnet. Sie berieten den König hinsichtlich seines Eigentums in Amerika. Sie gruppierten sich nach dem Gebiet und der Zuständigkeit in vier Bereiche: Regierung, Gerichtsbarkeit, Krieg und Finanzen. Zur ersten Gruppe gehörten die Regierungen (gobernaciones), die unter der Führung eines Gouverneurs standen. Abhängig von dieser Regierung und Leiter eines Stadtbezirks (partidos) war ein königlicher Bevollmächtigter (corregidor) mit weitgehenden Befugnissen. Die Gerichtsbarkeit war Befugnis der Königlichen Audienz. Es gab aber nicht so viele Audienzen. Die Königliche Audienz war das höchste Justizorgan und Berufungsgericht des Reiches. Neben der Gerichtsbarkeit vertraten die Königlichen Audienzen den König in Amerika gegenüber anderen Behörden. Unter ihrer Führung standen die ordentlichen Gerichte erster Instanz. In den Städten waren dies die Bürgermeister und in den Stadtbezirken die *justicia mayor*. Für militärische Zwecke teilte sich das Gebiet in *capitanías generales* unter der Führung eines Generalkapitäns (capitán general) und für die Stadtbezirke wurden Kriegskapitäne (capitanes de guerra) ernannt. Schließlich wurden für die Verwaltung der Finanzen königliche Kassen (cajas reales) geschaffen. Sie vertraten die wirtschaftlichen Interessen des Monarchen in der neuen Welt und waren mit vier königlichen Beamten besetzt. Für einkommensintensive Bereiche wie beispielsweise Bergwerke, unterhielt der König eigene Kassen (cajas foráneas).[65]

64 Heise González, Historia Constitucional de Chile, S. 17.

65 Bravo Lira, Historia de las Instituciones Políticas de Chile e Hispanoamérica, S. 65 f.

V. Gemeindeverwaltung unter der Herrschaft der Bourbonen (1700-1810)

Die Bourbonische-Herrschaft ist von einem starken französischen Einfluss, der die spanische Kultur und viele Institutionen geändert hat, geprägt. Die Bourbonen kamen an die Macht, als Philipp V. im Jahre 1700 zum König von Spanien ausgerufen wurde. Er war der erste spanische Herrscher aus dem Hause Bourbon, der französischen Dynastie, die bis 1808 in Spanien ununterbrochen regierte.[66]

Das 18. Jahrhundert, das als das Zeitalter der Aufklärung (le siècle des lumières) bekannt wurde, war eine Epoche der geistigen Entwicklung, die durch neues Bestreben geprägt war. Mit den Mitteln der Vernunft versuchten die Menschen ein neues Wissen zu schaffen. Das Leben der Menschen wurde erleuchtet, um sie vor der Dunkelheit zu erretten.

In der Politik setzte sich das französische zentrale Verwaltungsmodell von Ludwig XIV. aus Frankreich, dem Sonnenkönig, durch. Dieses Modell wurde als aufgeklärter Despotismus bekannt. Es schaltete den Einfluss anderer Führungspersönlichkeiten innerhalb des Staates aus und konzentrierte die Macht in seiner Person als absolutistischer Monarch. Er war überzeugt, dass der König der einzige sei, der in der Lage wäre, die richtigen Entscheidungen für die Zukunft der Bevölkerung zu treffen. Deshalb wurden wichtige Reformen durchgeführt, um die Mitwirkung und Beteiligung der Bürger in der Staatsverwaltung zu vermeiden. So hatten Gemeinderäte und Ständeversammlungen ihre Bedeutung total verloren. Mit dem Aufstieg der Bourbon-Dynastie zur spanischen Königsherrschaft konsolidierte sich die Zentralisierung des spanischen Staates. Ein wichtiger Schritt in diese Richtung war die Umsetzung der französischen Zentralisierung mit dem Erlass von Philipp V., den sog. *Decretos de la Nueva Planta*, mit denen die restlichen autonomen Gesetzgebungsorgane abgeschafft wurden. Alle Entscheidungen des Königreichs sollten von der Zentralverwaltung und Regierung getroffen werden. So endete die Selbstverwaltung und Dezentralisierung in Spanien.[67]

Jede Entscheidung kam vom König, der mit der Hilfe von Beamten, anders als die Räte der Habsburger, das ganze Reich verwaltete. Die Räte wurden nach und nach durch Ministerien ersetzt, wie das Ministerium für See und Indianer,

---

66 In Spanien und in Amerika verwendeten die Bourbonen, Nachfolger der Habsburger, das französische zentrale Verwaltungsmodell, das von Ludwig XIV. erfunden wurde. Der Leitsatz des Absolutismus erklärte: Der Staat bin ich – *L'etat c'est moi.* Soto Araya, La Municipalidad, S. 17.

67 Marazuela Bermejo, El Principio de Autonomía Local en el Ordenamiento Español, S. 352.

das im Jahre 1714 als Ersatz für den Indianerrat gegründet wurde. Die *reales órdenes* (königliche Befehle) ersetzten die *reales cédulas*, um die Autorität des Königs zu betonen.[68]

Spanien erlebte in diesen Jahren eine große Zahl rechtlicher Veränderungen, die durch den französischen Einfluss stark geprägt waren. Die bourbonische Herrschaft bildete einen Zentralstaat mit einer Verwaltungsorganisation und einer Aufteilung des Gebietes in Provinzen. Auf der untersten Stufe rangierten die untergeordneten Gemeindeverwaltungen, die den höheren Behörden unterworfen waren. Die Bürgermeister wurden damit nur als Vertreter oder Beamte der Zentralregierung auf lokaler Ebene betrachtet.

In Amerika wuchs die Bevölkerung der Städte sehr schnell aufgrund der Land-Stadt-Wanderung. Die Monarchie fasste kleine Gemeinschaften zusammen und förderte somit die Gründung von großen Städten, die besser in der Lage waren, die Bedürfnisse der Bevölkerung zu erfüllen.

Trotz der großen Macht der spanischen Monarchen war der Absolutismus der Bourbonen weder unbegrenzt noch willkürlich. Aufgrund der Verantwortung des Königs vor Gott und um sich von einem Tyrannen zu unterscheiden, konnte er seine Geschäfte nicht willkürlich ausführen. Deshalb musste er eine Gruppe von Experten hinter sich haben, die ihm als Berater in Regierungs- und Verwaltungsthemen des Reiches zur Seite standen. Auf diese Weise wurden fast alle Entscheidungen des Königs von Sachverständigen unterstützt und überprüft, die Glaubwürdigkeit, Autorität und Anerkennung besaßen.[69]

VI. Gemeindeverwaltung in den spanischen Kolonien Amerikas

Wie in der Präambel der Charta der Iberoamerikanischen kommunalen Selbstverwaltung steht, die in Caracas, Venezuela, am 22. November 1990 unterzeichnet wurde, stammte die Iberoamerikanische Gemeindeverwaltung aus der in Kastilien im 10. und 11. Jahrhundert entstandenen Gemeindeverwaltung. Sie wurde mit neuer Kraft und Vitalität nach Amerika transplantiert, wo sie eine wichtige soziopolitische Rolle in den entscheidenden Momenten der Gründung von Städten und im Unabhängigkeitsprozess spielte.[70]

In Amerika entwickelten sich die Gemeindeverwaltungen ganz anders als in Europa, obwohl das Kommunalsystem aus Europa importiert wurde. Ihre Entwicklung wurde von der Organisation der indianischen Bevölkerung Amerikas nicht beeinflusst. Die Spanier haben nicht nur die Aufgabe der Evangelisierung gemeistert, sondern zusammen mit dem Schwert und dem Kreuz auch die adä-

---

68 Heise González, Historia Constitucional de Chile, S. 17 f.

69 Bravo Lira, Historia de las Instituciones Políticas de Chile e Hispanoamérica, S. 44.

70 Bearbeitet von Hernández, Derecho Municipal. Parte General, S. 302 f.

quaten Gesetze erlassen. Die bis dahin unbekannten Regeln und Institutionen verbreiteten sich auf dem ganzen Kontinent und regieren das Leben Lateinamerikas bis heute. Die Gemeindeverwaltungen entstanden in Amerika aufgrund des Gesetzes und nicht von Natur aus. Die Gründung einer Stadt und die Entstehung ihrer Gemeindeverwaltung erfolgten fast gleichzeitig, was zwangsläufig geschehen musste, da die Gründer der kolonialen Städte Menschen waren, die bereits Kenntnis von diesen Institutionen hatten und in Spanien unter ihrem Schutz aufwuchsen und die Vorteile zu schätzen wussten.[71]

Trotz des Niedergangs der spanischen Gemeindeverwaltung in Europa in der Zeit der Entdeckung Amerikas konsolidierte sich diese Institution auf dem neuen Kontinent nach kurzer Zeit.[72] Die Indianergesetze (leyes de indias) besagten, dass die amerikanischen Städte durch den Gemeinderat regiert werden, wie dies in den Gemeindeverwaltungen von Kastilien und Leon erfolgte. Jedoch wurden ihre Mitglieder nicht von der Bevölkerung ernannt, sondern von den ausscheidenden Mitgliedern, was einer Notwendigkeit in den neuen Siedlungen entsprach. Die ersten Mitglieder des Gemeinderates wurden zusammen mit der Gründung der Gemeindeverwaltung von den obersten Statthaltern oder Stellvertretern *(adelantados* oder *lugartenientes)* ernannt. Zu einem späteren Zeitpunkt wurden aufgrund finanzieller Mängel die öffentlichen Ämter versteigert, um die Gemeindeverwaltungen und die Kosten der Eroberung zu finanzieren.[73]

---

71 Ponce Jorquera, Gobierno y Autonomía Municipal, S. 18.

72 Die Spanier lassen sich durch ihren freien Geist kennzeichnen. Die Lust auf Freiheit wurde von ihnen nach Amerika exportiert und blieb in diesem Kontinent verhaftet. Mehr dazu Gabaldón Márquez, El Municipio, Raíz de la República, S. 41 f. Ein wesentlicher Grund der erfolgreichen Anpassung des Systems der Gründung von selbstverwalteten Gemeindeverwaltungen in Amerika, genauso wie auf der Iberischen Halbinsel im späteren Mittelalter, war die große Entfernung zwischen dem amerikanischen Kontinent und dem König. Die Verzögerung der Entscheidungen der europäischen Behörden und die große Gefahr wegen der ständigen indianischen Aufstände führten zur Gründung eines Systems der Organisation der Verwaltung, das verbunden mit Achtung der Herrschaft des Monarchen die Selbstverwaltung ermöglichte.

73 Der Rat bestand aus den Bürgermeistern des ersten und zweiten Grades, die für die Gerichtsbarkeit der ersten Instanz in Zivil- und Strafsachen zuständig waren. Sie wurden jährlich von den Ratsmitgliedern der Gemeindeverwaltung gewählt, benötigen aber die Bestätigung des Vizekönigs oder Gouverneurs. Neben ihnen gab es die Ratsmitglieder. Sie wurden erst vom Gründer der Stadt ernannt und dann von den ausscheidenden Mitgliedern des Rates. Der Rat bestand aus sechs, zwölf oder sogar mehr Mitgliedern. Dies war abhängig von der Größe der Stadt. Der Gemeinderat wurde vom Vizekönig, Gouverneur oder Stellvertreter geführt, abhängig von der Gemeindeverwaltung, in einigen Fällen sogar vom Bürgermeister. Zu dieser Organisation gehörte auch der städtische Herold oder königliche Bannerträger (*Alférez Real* oder *armiger regis*), die Oberpolizeimeister oder die städtischen Polizeichefs (alguaciles mayores), der Wirtschaftsdezernent (fiel ejecutor), der Stadtschreiber (escribano) und andere. Der Amtsbereich erstreckte

Es ist wichtig zu betonen, dass Amerika unter direkter Aufsicht des spanischen Königs stand. Das spanische Amerika wurde als Königreich betrachtet, genauso wie die anderen Königreiche der Krone auf der ganzen Welt. Es war nicht abhängig von anderen Behörden, sondern nur vom König. Er schuf sogar spezielle Institutionen und eine besondere Rechtsordnung für die neuen Gebiete, die die Autonomie für die Lösung eigener Angelegenheiten ermöglichte. Deshalb stimmt für diese Gebiete die Bezeichnung „amerikanische Kolonien“ nicht. Der richtige Begriff ist „amerikanisches Reich“.[74]

Eines der herausragenden Merkmale der politischen Kultur des amerikanischen Kontinents unter der Herrschaft der spanischen Monarchie war der hohe Grad der Beteiligung der Vasallen. Neben der Zahlung von Steuern war es Aufgabe der Vasallen, sich am Rat oder Konzil zu beteiligen. Der Rat war ein entscheidendes Organ für den König, damit er gut und gerecht regieren konnte. Aufgrund der großen Entfernung der neuen Gebiete war der König nicht in der Lage, die Arbeit seiner Beamten effektiv zu kontrollieren. Deshalb war die Kommunikation mit der Bevölkerung immer von großer Bedeutung. Sie schickten dem König Berichte, Briefe, Anträge oder Anfragen. Der Vasall übte eine aktive Rolle im politischen Leben aus, denn eine gute Regierung lag im Interes-

sich auf das Stadtgebiet (ejido) und auf das Land (alfoz). Das Land wurde in Stadtbezirke geteilt und zu diesem Zweck wurden Gendarmeriechefs für das Land (alcaldes de la hermandad) mit Polizeibefugnissen von der Gemeindeverwaltung ernannt. Siehe Hernández, Derecho Municipal. Parte General, S. 103 f.

74 Die Gebiete der Eroberung Spaniens in Amerika wurden an die Monarchen von Kastilien und nicht an das Königreich von Kastilien angegliedert. Sie waren deshalb nicht Teil des Reiches, sondern Personalbesitz der Monarchen, die gemeinsam mit den anderen Gebieten nur die Person des Königs hatten. Unter der mittelalterlichen Vorstellung des Eigentums gehörten die von den Monarchen mit ihren eigenen Anstrengungen eroberten Gebiete ihnen und nicht dem Königreich. Deshalb konnte der König allein die Zukunft der neuen Gebiete bestimmen. Sie waren nur dann Königsgüter (bienes de realengo), d. h. untrennbar vom Königreich, wenn sie vom König nicht getrennt wurden, so dass sein Nachfolger sie erbte. Das amerikanische Gebiet wurde von den katholischen Königen (Reyes Católicos) aufgrund der Spende vom Papst Alexander VI. erlangt, wie in der päpstlichen Bulle *inter caetera* von 1493 stand. Die Bulle wies darauf hin, dass die entdeckten und unentdeckten Gebiete an die Könige von Kastilien und Leon und ihre Nachfolger gegeben wurden. Dazu bekam das amerikanische Königreich von der Monarchie eine eigene Regierung und eine eigene Rechtsordnung. Die Schaffung des Indianerrats im Jahre 1524 und die Gültigkeit der Gesetze von Kastilien in Amerika nur bis 1614 erklären die politische Lage der neuen Gebiete als wichtige Vorstufe für die Unabhängigkeitsbewegungen des 19. Jahrhunderts. Hierzu Bravo Lira, Instituciones Políticas de Chile e Hispanoamérica, S. 49 f.

se jedes Mitgliedes der Gemeinschaft. Jede Person sollte ihren Beitrag zum Gemeinwohl entsprechend seinen Möglichkeiten leisten.[75]

Um die Ehre des ersten Gemeinderates in Amerika kämpften zwei Städte der Dominikanischen Republik, Santo Domingo und La Isabela. Für die herrschende Meinung war La Isabela die erste Gemeindeverwaltung des Kontinents, gegründet von Christoph Columbus am 24. April 1494. Dieser Tag wurde in Amerika zum Internationalen Tag der Gemeindeverwaltung ernannt, wie beim ersten Panamerikanischen Kongress der Gemeindeverwaltungen in Havanna, Kuba, im Jahre 1938 beschlossen wurde.[76]

Die amerikanische Stadt spielte eine wichtige Rolle bei der schwierigen Aufgabe der Eroberung des amerikanischen Kontinents. Auf ihren Straßen traf sich die europäische Minderheit mit der indianischen Mehrheit. Diese Gemeinschaft war anders als die bereits vor der Ankunft der Spanier bestehende indianische Bevölkerung und auch anders als die Gemeinschaft, die es in Europa zu dieser Zeit gab. Die Städte kämpften, um ihrem Gott und König durch die Verbreitung des katholischen Glaubens und das Anwachsen des Besitzes zu dienen. Zunächst gab es eine direkte Beziehung zwischen dem König und der Gemeindeverwaltung, denn angesichts des vielfachen Fehlens von Verwaltungsorganen mussten die Kommunen eine Reihe von politischen Funktionen ausüben, die sie in Spanien seit langer Zeit nicht mehr inne hatten. Die enge Beziehung starb jedoch mit der Zeit aus.

Die Befugnisse der Gemeindeverwaltungen in Amerika waren die Verwaltung der Finanzmittel der Gemeinschaft, die örtliche Polizeiverwaltung, die Sauberkeit der Stadt, das örtliche Gesundheitswesen, die Versorgung mit Nahrungsmitteln und die Verwaltung des Justizwesens in erster Instanz. Es gab auch die Möglichkeit, zur Klärung wichtiger Fragen die Gemeinschaft einzuberufen. Diese Befugnisse, am Anfang sehr begrenzt, wuchsen zunächst zusammen mit dem Wachstum der Bedürfnisse der Bevölkerung. Die große Entfernung gegenüber Europa erlaubte, dass die Gemeindeverwaltungen auch in höheren Angelegenheiten mitwirken konnten, so dass sie mehrmals dem Gouverneur Rat erteilten. In manchen Fällen ernannten sie sogar den Gouverneur, da die Ernennung durch den König viel zu lange dauerte.[77]

In Amerika entstand eine territoriale politische Gemeinschaft, in der das Zusammenleben zwischen Europäern und Indianern eine gemeinsame Kultur schuf. Schritt für Schritt wuchs das Gefühl des Patriotismus innerhalb der Bevölkerung, welches sich durch das Reich verbreitete. Die *criollos* – in Amerika geborene Spanier – regten den Patriotismus an. Somit entstand eine neue Klas-

75 Bravo Lira, Instituciones Políticas de Chile e Hispanoamérica, S. 69 f.

76 Ponce Jorquera, Gobierno y Autonomía Municipal, S. 18.

77 Ponce Jorquera, Gobierno y Autonomía Municipal, S. 19 f.

se, die in der Stadt und in der Gemeindeverwaltung eine große Rolle als Vertreter der gesamten Gemeinschaft spielte.[78]

Die Selbstverwaltung der Kommunen beeinflusste die Entwicklung der neuen amerikanischen Republiken. Diese Freiheit war so groß, dass die Kommunen keine Angst vor dem König hatten. Wenn sie die Gesetze unzweckmäßig fanden, nutzten sie die traditionelle Maxime „man achtet das Gesetz, doch man befolgt es nicht". Diese Formel bedeutet, dass die Bürger die Autorität des Königs akzeptierten. Sie forderten jedoch vom König, dass er das Gesetz nochmal überprüft, wenn sie mit dem Inhalt nicht einverstanden waren. So blieb das Gesetz unwirksam bis zur Bestätigung oder Änderung durch den Monarchen.[79]

Die Rechtstraditionen der Spanier verbreiteten sich über den amerikanischen Kontinent bis in die Gemeinden hinein. Die Gemeinderatsmitglieder fühlten sich als legitime Träger der Selbstverwaltung genauso wie bei den Gemeindeverwaltungen des Mittelalters auf der Iberischen Halbinsel, in denen die Gemeinschaft die eigenen Ansichten verteidigen konnte. Wenn eine Entscheidung nicht warten konnte, wurden die Gemeinderäte in Abwesenheit des Königs zusammengerufen. Deshalb wurden die Gemeindeverwaltungen in Amerika zu Orten, an denen die ersten Rufe nach Unabhängigkeit erschallten.[80] Die Gemeinderäte der amerikanischen Kolonialzeit bildeten die Diener der späteren Republik aus. So inspirierten die Gemeindeverwaltungen in Amerika zu Freiheit und Unabhängigkeit, genauso wie sie im Mittelalter Freiheit in den Städten schufen.[81]

---

78 Bravo Lira, Instituciones Políticas de Chile e Hispanoamérica, S. 53 f.

79 Valdebenito Infante, Evolución Jurídica del Régimen Municipal en Chile (1541-1971), S. 22.

80 Obwohl die Gemeindeverwaltungen ein Teil des absolutistischen Systems der spanischen Monarchie waren und aufgrund dieser Struktur keine repräsentative republikanische Körperschaft bildeten, spielten sie eine wesentliche Rolle in der anschließenden Gründung der lateinamerikanischen unabhängigen Republiken. Die Gemeindeversammlung oder *cabildo abierto*, in der man die Eigenschaften einer repräsentativen Demokratie finden kann, ermöglichte die Konfrontation mit den Umständen dieser Zeit, so dass die Bevölkerung sie als Schlüssel für die entstehenden Unabhängigkeitsbewegungen nutzten. Auf diese Weise wurden die Gemeindeverwaltungen als historischer Hintergrund des repräsentativen republikanischen Systems umgesetzt, das die lateinamerikanischen Länder bis heute auszeichnet, wie Adolfo Korn Villafañe erklärte. Zitiert von: Hernández, Derecho Municipal. Parte General, S. 105 f.

81 Ponce Jorquera, Gobierno y Autonomía Municipal, S. 26.

VII. Gemeindeverwaltung in Chile während der spanischen Kolonialzeit

1. Entstehung des Kommunalwesens

Eine der wichtigsten Merkmale in Chile vor der Eroberung der Spanier war der Mangel an einem kollektiven Bewusstsein und das Gefühl der territorialen Einheit der indianischen Völker. Die Berichte der Konquistadoren sprechen über die Existenz einer Reihe unterschiedlicher Gemeinschaften, die getrennt voneinander lebten. Sie erwähnen auch ein sehr niedriges Niveau sozialer Entwicklung. Die einzigen Spuren einer Einheit waren die Herrschaft der Inkas im Norden des aktuellen chilenischen Gebietes und die Ähnlichkeit der Sprache der Indianer in der Mitte Chiles. Aber keine von den Spuren reichte für die Bildung eines Volkes. Das ist der Grund, weshalb sich die Chilenen erst seit der Eroberung durch Spanien als gemeinsames Volk verstanden. Nach der gescheiterten Expedition von Diego de Almagro im Jahre 1536 ging Pedro de Valdivia, als Stellvertreter von Francisco Pizarro, auf Expedition in die unergründeten Gebiete des Südens von Peru. Francisco Pizarro war damals Vizekönig von Peru und bekam vom König nach dem Misserfolg von Diego de Almagro dessen Rechte für die Kolonisation dieser Gebiete. Die Reise von Pedro de Valdivia war der Grundstein für die Entstehung Chiles und die Geburt vieler politischer, gerichtlicher, militärischer, öffentlicher, kirchlicher und lokaler Institutionen. Valdivia nahm das Land im Namen des Königs in Besitz und begann die Gründung von Städten, ein wichtiger Faktor für die Stärkung der Präsenz und Eroberung durch Spanien.[82]

Santiago, die erste Stadt Chiles, wurde am 12. Februar 1541 von Pedro de Valdivia unter dem Namen *Santiago del Nuevo Extremo* gegründet. Der Hauptmann Pedro de Valdivia bekam vor seiner Reise den Titel „Vertreter des Gouverneurs" von Francisco de Pizarro, der für ihn aber nicht ausreichend war. Er wollte in Chile eine allein vom König von Spanien abhängige eigene Regierung gründen. Deshalb war die Gründung von einer Gemeindeverwaltung in Santiago am 7. März 1541 von wesentlicher Bedeutung. Ähnlich wie die Gemeinderäte des Mittelalters in Spanien hatten die Gemeindeverwaltungen Befugnisse in politischen und administrativen Angelegenheiten. Valdivia ernannte im Namen des Königs zwei Bürgermeister, sechs Ratsmitglieder, einen Finanzverwalter (mayordomo) und einen Schriftführer (procurador).[83]

Nach kurzer Zeit ging das Gerücht um, dass Francisco Pizarro getötet wurde. Weil Pedro de Valdivia seinen Titel von Pizarro erworben hatte, bedeutete

82 Bravo Lira, Historia de las Instituciones Políticas de Chile e Hispanoamérica, S. 81.
83 Ponce Jorquera, Gobierno y Autonomía Municipal, S. 23 f.

diese Nachricht das Ende seiner Ansprüche und es bestand die Gefahr, dass er seine Macht verlor. Der Gemeinderat von Santiago berief deshalb im Jahre 1541 eine öffentliche Sitzung ein, um Pedro de Valdivia im Namen des Königs zum Gouverneur und Generalkapitän von Chile zu ernennen. Valdivia lehnte die Ernennung aus politischen und strategischen Gründen zunächst ab. Die Gemeindeverwaltung versuchte ihn zu überzeugen, sich wählen zu lassen. Nach vielen Besprechungen akzeptierte Pedro de Valdivia die Ernennung am 11. Juni 1541. Er bestätigte trotzdem schriftlich, dass er zwei Mal abgelehnt hatte und dass die ganze Gemeinschaft seine Ernennung wollte. Dafür rief der Schriftführer der Gemeindeverwaltung Antonio de Pastrana die ganze spanische Bevölkerung zu einer offenen Gemeindeversammlung ein. Jahre später kam heraus, dass Francisco Pizarro erst später starb. Es war trotzdem keine schlechte Entscheidung, weil er nur wenige Tage nach Auftreten des Gerüchts am 26. Juni 1541 getötet wurde.[84]

2. Entwicklung und wichtige Merkmale

Die Gemeinderäte in Chile übernahmen wichtige Aufgaben, die als Grundlagen für die Organisationsverwaltung des Staates galten. Sie kümmerten sich um politische, wirtschaftliche, rechtliche, administrative und städtische Angelegenheiten, welche die aktuellen Merkmale einer Gemeindeverwaltung überschritten. Die übermäßigen Aufgaben der Gemeindeverwaltungen bezogen sich auf unterschiedliche Aspekte des gesellschaftlichen Lebens und wuchsen mit der Zeit aufgrund der neuen Ansprüche der Bevölkerung.

Das Spektrum der Aufgaben der Gemeindeverwaltung war äußerst vielfältig. Dazu gehörten die traditionellen Aufgaben einer Gemeindeverwaltung, wie die Stadtreinigung; aber auch andere wichtige Funktionen waren wahrzunehmen, die normalerweise vom Staat erledigt wurden, wie Gesundheit, Bildung oder die Verwaltung der Gerichte in erster Instanz. Außerdem war die Gemein-

---

84 Nur wenige Tage nach der Gründung des Gemeinderates von Santiago und sogar wenige Tage nach der Geburt Chiles kann man in der chilenischen Bevölkerung ein starkes rechtliches Bewusstsein vorfinden. Sie nutzte eine rechtliche Institution wie den Gemeinderat, um rechtliche Ernennungen für komplett definierte Ämter, wie Gouverneur und Generalkapitän, vorzunehmen. Obwohl diese Befugnis dem König gehörte, hatte der Gemeinderat gemäß Gewohnheitsrecht und aufgrund der Notwendigkeit und der Entfernung das Recht zur Ernennung des Gouverneurs. Die bedurfte aber der Bestätigung des Königs. Der Rechtsstaat setzte sich während der Eroberung Amerikas durch und der Gemeinderat prüfte seine politische Bedeutung genauso wie viele Jahre später, als Chile seine Unabhängigkeit erklärte. So definierte sich die politische und militärische Gestaltung des chilenischen Gebietes, d. h. als Regierung (Gouverneur) und Statthalterschaft (Generalkapitän). Vgl. Bravo Lira, Historia de las Instituciones Políticas de Chile e Hispanoamérica, S. 82.

deverwaltung am Anfang ein wichtiges Beratungsorgan des Gouverneurs und spielte aufgrund der geringen Zahl von Spaniern eine gewichtige Rolle bei der weiteren Eroberung. Dies ist der Grund, weshalb die Ämter unter den treuesten Mitarbeitern von Pedro de Valdivia verteilt wurden. Neben dem Gemeinderat gab es nur wenige staatliche Behörden. Zu dieser Zeit waren die einzigen politischen Führungspersönlichkeiten der Gouverneur und der Generalkapitän, der königliche Bevollmächtigte und die königlichen Beamten (oficiales reales).

Die Entstehung einer neuen Gesellschaft und der Mangel an öffentlichen Institutionen erhöhte am Anfang die Bedeutung der Gemeindeverwaltung. Sie war Mittelpunkt des politischen, wirtschaftlichen, gerichtlichen und administrativen Lebens des Landes. Deshalb bekam sie zahlreiche Befugnisse zur Befriedigung der verschiedenen Bedürfnisse der Gemeinschaft.[85] Trotz der beschränkten finanziellen Mittel und des Mangels an politischer Macht kümmerten sich die Gemeinderäte um die Bestimmung der Bedürfnisse der Bevölkerung und die Vertretung ihrer Interessen gegenüber den Behörden. So konnte die Staatsverwaltung die geeigneten Maßnahmen für das Wohl der Einwohner treffen.

Die Befugnisse der Gemeinderäte dieser Zeit überschritten in vieler Hinsicht diejenigen aktueller Gemeindeverwaltungen. Die Bevölkerung hatte nur die Gemeindeverwaltung als Ansprechpartner. Die Zuständigkeit der Gemeindeverwaltung überschritt sogar die Stadtgrenzen. In diesem Sinne unterschied sie sich von der mittelalterlichen Gemeindeverwaltung, für die die Mauern der Stadt die Grenzen waren. In Amerika hießen die großen Gebiete einer Gemeindeverwaltung *términos*. Im Fall Chiles erfasste die Gemeindeverwaltung Santiago das Gebiet zwischen dem Fluss *Choapa* und dem Fluss *Maule*.

---

85 Eine der wichtigsten Aufgaben der Gemeindeverwaltung war die Verwaltung der Gerichtsbarkeit in erster Instanz, wenn es kein spezielles Gericht gab. Zur Gewährleistung der Sicherheit konnten sie Truppen abrufen und ihre leitenden Führer ernennen. Sie regulierten auch die Arbeit von Sklaven und Handwerkern, kümmerten sich um die Verwaltung von Krankenhäusern, Gefängnissen, Stadtreinigung, Schulen, die Versorgung der Stadt, beaufsichtigten und regelten Berufe und Gilden, unterstützten die Armen, hatten die Vormundschaft von Rechtsunfähigen, regelten den Verkauf von lebensnotwendigen Gütern etc. Die Gemeindeverwaltungen sorgten für die Verwaltung der Gemeinschaft in allen Bereichen, in denen die Behörden der Monarchie dies aufgrund der Entfernung oder begrenzter Entwicklung nicht selbst ausüben konnten. Dies bestätigt die Natur der Gemeindeverwaltung, die sich als erste öffentliche Form der sozialen Organisation einer Gesellschaft spontan für die Ordnung des Lebens entwickelte. Die Entfernung der Zentralregierung erlaubte eine vollständige Anarchie der Befugnisse der Gemeindeverwaltungen, die oft direkt viele Themen behandelten und lösten, wie z. B. die Stierkämpfe. Die Gemeinderäte kümmerten sich um alle Angelegenheiten des örtlichen Zusammenlebens, in die sie sich einmischen wollten. Ponce Jorquera, Gobierno y Autonomía Municipal, S. 24.

Die Gemeindeverwaltung war damals einem eigenen Kommunalrecht unterworfen. Das Organ an der Spitze der Kommune hieß *cabildo, justicia y regimiento*. Wie der Name schon sagt, übte dieses Organ eine dreifache Rolle aus: Sie vertrat die Gemeinschaft in allen möglichen Angelegenheiten, verwaltete das Justizwesen in erster Instanz innerhalb der Grenzen der Stadt und kümmerte sich um das Gemeinwohl der Stadt und ihrer Einwohner. Zu diesem Zweck bestand dieses Organ aus einem Schriftführer (procurador) für die Vertretung der Bevölkerung, zwei Bürgermeistern (alcaldes) für die Verwaltung des Justizwesens und Ratsmitgliedern (regidores) als Regierung der Stadt. Ein zentrales externes Element war der königliche Bevollmächtigte, der als Beauftragter des Monarchen der Gemeindeverwaltung vorstand.[86]

Die Arbeitsweise der chilenischen Gemeindeverwaltung war sehr familiär. So wurde häufig für wichtige Angelegenheiten die Meinung ausgezeichneter Gemeindeangehöriger der Stadt eingeholt. Da die Kommunen genauso wie das Land eine schwierige ökonomische Phase erlebten, entschied der König, zur Lösung der finanziellen Probleme, das Amt des Ratsmitgliedes öffentlich zu versteigern. Ab und zu gab es jedoch keine Interessenten für diese Ämter, so dass einige Leute gezwungen wurden, das Amt auszuüben.

Die spanische Bevölkerung, die nach Chile kam, zeichnete sich durch ihren Fleiß, Entschlossenheit und weitere Tugenden aus. Der Bergbau in Chile war nicht ergiebig und die Lebensbedingungen waren aufgrund des endlosen „Kriegs von Arauco" gegen die Indianer schwer. So entstand eine fleißige und mutige Bevölkerungsgruppe. Sie gewöhnten sich an die schwierigen Bedingungen des Bodens, an das Klima und die Isolation des Landes. Aber all dies war kein Hindernis für Träume und Hoffnungen, um im Namen Gottes und des Königs die Evangelisation und die Entdeckung neuer Territorien weiter zu führen. Nur so konnten sie einen guten Ruf und Reichtum für ihre Familien gewinnen. Die Rassenmischung in Chile, im Gegensatz zu anderen Teilen des Kontinents, resultierte aus einem Übergewicht der Europäer. Das Klima war genauso wie in Europa und von daher für die Europäer günstig. Allerdings vernichteten der anhaltende Krieg gegen die *Mapuches* – das einzige indigene Volk Amerikas, das nie von Spanien besiegt wurde – und europäische Krankheiten viele Einheimische.

3. Gemeindeverwaltung in Chile während der Herrschaft der Habsburger (1541-1700)

Unter der Habsburger-Herrschaft war die Lage in Chile sehr prekär. Nicht nur die große Entfernung zur Iberischen Halbinsel, was den Verkehr erschwerte, sondern auch die hohen Ausgaben des Krieges gegen die Indianer und die Unsi-

86 Bravo Lira, Historia de las Instituciones Políticas de Chile e Hispanoamérica, S. 90.

cherheit der Bevölkerung machten die Lebensbedingungen besonders schwer. Andere Gebiete in Amerika erlebten zur gleichen Zeit Wachstum und Wohlstand. Der Reichtum lag damals im Bergbau und nicht in der Landwirtschaft. Der Bergbau war in der Region Chiles kaum lukrativ, so dass die wichtigste wirtschaftliche Tätigkeit die Landwirtschaft darstellte.

In Chile gab es außer dem Militär keine andere wichtige Behörde. Das ist der Grund, weshalb infolge der Abwesenheit anderer Institutionen die Gemeinderäte der Städte viele Befugnisse genossen. Vor allem spielte der Gemeinderat von Santiago eine wesentliche Rolle. Als Hauptstadt des chilenischen Reiches verteidigte der Rat die Interessen der gesamten chilenischen Gemeinschaft.

Die Gemeinderäte mischten sich in die Wirtschaft und Versorgung des Landes ein. Sie steuerten die Preise und sicherten den notwendigen Vermögenswert für die Bevölkerung. Deshalb ist es keine Überraschung, dass diese Institution Pedro de Valdivia zum Gouverneur und Generalkapitän von Chile ernannte, dass sie nach dessen Tod die Macht bis zur Ernennung seines Nachfolgers ausübte, dass die Gouverneure immer vor ihr den Eid schworen und dass sie sogar Gouverneure wegen missbräuchlichen Verhaltens absetzte, wie es im Jahre 1655 in Concepción geschah. Eine wichtige Rolle spielten auch die Beauftragten, die vom Gemeinderat an das Gericht des Königs geschickt wurden. Sie legten dem König Beschwerden oder Petitionen vor, die mehrmals zur Verabschiedung von Gesetzen beitrugen. Diese Befugnisse waren nicht kodifiziert und wurden im Laufe der Zeit als allgemein anerkanntes Gewohnheitsrecht gebilligt. Mit der Gründung der Königlichen Audienz (Real Audiencia) in Chile, die in der Stadt Santiago im Jahre 1609 eingerichtet wurde, reduzierten sich diese Befugnisse drastisch.[87]

4. Gemeindeverwaltung in Chile während der Herrschaft der Bourbonen (1700-1810)

Die Spanier gründeten in Chile während des 18. Jahrhunderts viele neue Städte, welche bis heute eine entscheidende Rolle in der Geopolitik des Landes spielen. Die wirtschaftliche Lage Chiles und das allgemeine Wohl der Bevölkerung verbesserten sich deutlich. Neue Familien kamen aus Spanien, die sich der reichen Elite des Landes ausschlossen. Die Aristokratie des Landes wurde zahlenmäßig stärker. Die Anzahl der *criollos* wuchs auf 150.000 Einwohner. Bei ihnen wuchs ein Bewusstsein für ihre Rechte. Schon seit Jahren hatten die Europäer die Rechte der *criollos* gemindert, so dass sie keine Chancen bei der Bewerbung um wichtige öffentliche Ämter hatten. Aufgrund ihrer großen Anzahl gewannen sie aber nach und nach die Ämter in den Gemeinderäten und nahmen aktiv den

87 Eyzaguirre, Historia Constitucional de Chile, S. 22 f.

Dienst in der Armee wahr. In der Verwaltung hatten sie aber die größten Schwierigkeiten, in Führungspositionen aufzusteigen.[88]

Die Verwaltungsorganisation Chiles wurde unter der Herrschaft des Hauses von Bourbon stark geändert. Eine wichtige Reform war die Schaffung von neuen Ämtern. Der *Regente* übernahm im Jahre 1776 die Stelle des Gouverneurs im Vorsitz der königlichen Audienz. Jahre später im Jahre 1786 wurden Intendanten (intendentes) ernannt. Sie bildeten die Vertreter des Monarchen in den Provinzen Santiago und Concepción und teilten das Land. Im Jahre 1795 wurde eine dritte Provinz in Chiloé gegründet. Diese drei Provinzen standen unter dem Befehl eines Intendanten und wurden in Vertretungen (subdelegaciones) unterteilt, mit einem Stellvertreter (subdelegado) an der Spitze. Die Vertretungen ersetzten die alte Unterteilung des Landes in Stadtbezirke. Die Aufgaben der Provinzen oder *Intendencias* waren umfangreich und umfassten unter anderem die Polizeiverwaltung, Finanzen und Kriegsführung. Nur die Gerichtsbarkeit oblag aufgrund der Trennung von Justiz und Verwaltung im 18. Jahrhundert nicht mehr den Provinzen. Die Hauptaufgabe der Intendanten war die Gewährleistung des öffentlichen Wohlstands in ihrer Provinz.[89]

Darüber hinaus erhöhte sich die Selbstverwaltung des *capitanía general* Chiles vom Vizekönigreich Peru, so dass Chile in vielen Fragen direkt vom König abhängig war. Die Anzahl der Gemeinderäte wuchs aufgrund der Gründung von neuen Städten, wodurch die Chancen der Beteiligung der *criollos* an öffentlichen Aufgaben stiegen. Die königliche Einmischung bei der Ernennung von Bürgermeistern blieb bis ins Jahr 1757 bestehen. In diesem Jahr wurden alle öffentlichen Behörden der Gemeindeverwaltung vom König im Rahmen von Versteigerungen verkauft. Trotz der großen Zentralisierung behielten die Gemeindeverwaltungen einen starken Einfluss auf das chilenische Leben. Sie trafen wichtige Entscheidungen, wie etwa die Gründung der königlichen Universität von San Felipe, den Aufbau der staatlichen Münzstätte (Casa de Moneda) – aktueller Regierungspalast Chiles – und die Kanalisierungsarbeiten der Maipo.[90]

Der aufgeklärte Despotismus der Bourbon-Monarchie störte die chilenischen *criollos*. Sie hatten immer ihre Interessen mit Hilfe ihrer Wirtschafskraft durchgesetzt, vor allem durch ihre Beteiligung in den Gemeinderäten. Sie sahen in den Reformen der Bourbonen schwerwiegende Einschränkungen ihrer Selbstverwaltung und Freiheit. Diese waren wichtige Errungenschaften des Koloniallebens, welche das spanische Volk geerbt hatte.[91]

88 Eyzaguirre, Historia Constitucional de Chile, S. 28 f.

89 Bravo Lira, Historia de las Instituciones Políticas de Chile e Hispanoamérica, S. 130.

90 Eyzaguirre, Historia Constitucional de Chile, S. 33 f.

91 Heise González, Historia Constitucional de Chile, S. 22.

Zwei Ereignisse beeinträchtigten die Lage der chilenischen Gemeindeverwaltungen dramatisch. Das erste Ereignis war die Gründung der Königlichen Audienz, durch welche den Gemeindeverwaltungen wichtige Aufgaben entzogen wurden. Das zweite Ereignis war die Verordnung der Intendanten von 1786, die nicht nur die Befugnisse der Gemeindeverwaltungen verringerte, sondern sie auch unter eine strenge Kontrolle und Abhängigkeit stellte. Die Intendanten führten den Vorsitz im Gemeinderat, womit eine bemerkenswerte Einmischung der Monarchie in örtliche Angelegenheiten ermöglicht wurde.

5. Zusammenfassung

Die chilenischen Gemeindeverwaltungen besaßen in den ersten Jahren ihres Bestehens viele Befugnisse und Aufgaben. Mit der Zeit und mit der Entstehung neuer Institutionen verloren die Gemeindeverwaltungen aber ihre Bedeutung und mussten sich mehr auf lokale Angelegenheiten beschränken. Die restlichen Befugnisse wurden von Organen wahrgenommen, die direkt unter der Kontrolle der Monarchie standen. Die Gemeindeverwaltungen bewahrten aber während dieser Zeit den demokratischen Geist und das Bewusstsein der Volkssouveränität. Verschiedene Umstände, wie z. B. das Wachstum der Stadt, das Bevölkerungswachstum, die Einmischung der Monarchie in die Ernennung der Beamten der Gemeindeverwaltung und die Übertragung des Willens der Volksversammlung auf Vertreter, die vor allem eigene Interessen verfolgten, waren ursächlich für den Niedergang der Gemeindeverwaltung. Die Konzentration der Macht in den Händen eines Teils der Bevölkerung, die ihre Ämter in Versteigerungen kauften, entfernte viele Bürger von der Kommunalverwaltung. Sie verloren das Interesse am öffentlichen Leben.

Bedeutung und Einfluss der Gemeindeverwaltung in der Kolonialgeschichte Chiles ergeben sich aus ihrem Charakter als Vertretung des Volkes. Aufgrund dessen war sie das Organ, das die Gefühle, Wünsche und Interessen der Gemeinschaft am besten ausdrückte.[92]

---

92 Heise González, Historia Constitucional de Chile, S. 20.

D. Historische Entwicklung der Gemeindeverwaltung in der Republik Chile bis zur letzten Reform von 2005

I. Zeit der Unabhängigkeit

Als Napoleon im Jahre 1808 in Spanien einmarschierte und wenig später König Ferdinand VII. gefangen nahm, verbreitete sich die Idee der Unabhängigkeit über den gesamten amerikanischen Kontinent. Die Bewohner des amerikanischen Kontinents wollten nicht der Regierung eines fremden Landes unterworfen sein. Grund dafür war die direkte Abhängigkeit des amerikanischen Gebietes vom König. Für die *criollos* war dies die beste Gelegenheit zur Eroberung der politischen Macht. In der Kolonialzeit bekamen die im Heimatland geborenen Spanier die einflussreichsten Posten. Die *criollos* wurden als eine Art Mittelschicht betrachtet. Im Laufe der Kolonialzeit, trotz des Kampfes gegen die Europäer, gewannen sie nicht an Einfluss. Die *criollos* bildeten eine Gruppe mit einer gemeinsamen Identität. Anders als die Europäer, die keine Bindung zum Land und seiner Gesellschaft hatten, besaßen die *criollos* eine eigene Kultur.[93]

Die Gemeindeverwaltung war die einzige politische Institution, an welcher die *criollos* politische Teilhabe besaßen. Sie war zu dieser Zeit das Zentrum der Unabhängigkeitsbewegung. Der Gemeinderat war der fruchtbare Boden, auf dem der Wunsch nach Selbstverwaltung wurzelte und wuchs. Von der Gemeindeverwaltung aus entstand die Souveränität des Volkes, die autonome Bewegung der Regionen in Richtung Unabhängigkeit.[94]

Die Gemeindeverwaltungen übernahmen die Verantwortung für ihr Gebiet mit eigens dafür von der Bevölkerung gewählten Regierungen. Die Gemeinderäte riefen öffentliche Sitzungen ein, um die Unterstützung der Bevölkerung zu bekommen. Besonders wichtig war es, transparent zu arbeiten, weil die Mehrheit der Einwohner loyal zum König stand und nicht gegen ihn arbeiten wollte. Die Idee war zunächst, eine provisorische Regierung zu bilden, die unabhängig von anderen Institutionen außerhalb Chiles regieren konnte. Die provisorischen Regierungen wollten nur bis zur Entlassung des Königs an der Macht bleiben und waren in diesem Sinne keine Gefahr für dessen Autorität.

Die Idee, autonome Regierungen in Amerika bis zur Entlassung des Königs zu bilden, kam von der Iberischen Halbinsel, wo sich die Bevölkerung gegen die französische Besatzung organisiert hatte. Sie bildeten Regierungen unter der Prämisse, dass, wenn die Macht nicht mehr durch den Monarchen ausgeübt

93 Roldán, Elementos del Derecho Constitucional de Chile, S. 70 f.

94 Quinzio Figueiredo, La Municipalidad: Su perspectiva histórica constitucional, S. 25.

werden kann, die Macht in die Gemeinschaft zurückkehren solle. Deshalb waren die sog. *juntas de gobierno* in Amerika keine Erscheinung von Unabhängigkeit, sondern nur die Notwendigkeit, sich selbst während der Gefangenschaft Königs Ferdinand VII. zu regieren.

Die Regierungen in Europa versuchten die Einheit des Königreiches zu wahren. Sie begannen gewalttätige Verfolgungen gegen die amerikanischen Regierungen. Aus Europa kamen Truppen, die Kriege gegen die Amerikaner führten. Sie versuchten mit einer starken Offensive die Anhänger der Unabhängigkeit zu kontrollieren. Sie merkten aber nicht, dass die amerikanische Bevölkerung, die immer noch treu zum König stand, diese gewalttätige Reaktion aus Europa missbilligte. Die Freiheit und Sicherheit der Menschen war in Gefahr und niemand wollte unter der Regierung von Tyrannen leben. Die Idee der Bildung von eigenen Regierungen gewann in dieser Zeit viele Anhänger und entwickelte sich zunehmend zu einer Unabhängigkeitsbewegung. Dies hatten die Europäer nicht bedacht. Die Unabhängigkeitsbewegung richtete sich nicht gegen den König, sondern gegen die tyrannische Regierung: „Lang lebe der König, die böse Regierung muss sterben", wurde zum Schlachtruf der Unabhängigkeitsbewegung.[95]

Die Unabhängigkeitsbewegung hatte aufgrund der Arbeit der Gemeindeverwaltungen Erfolg. Sie waren trotz der Beschränkungen durch die Monarchie selbstverwaltete Institutionen, in denen es Freiheit, soziales Engagement und große Beteiligung der Bewohner an örtlichen Belangen gab. Der Spanier fühlte in ihrer Mitte dieselbe politische Freiheit wie dies in der Vergangenheit in den Kommunen möglich war. Dieses Gefühl verbreitete sich mit der Eroberung rund um den amerikanischen Kontinent und blieb unverändert bestehen bis der Unabhängigkeitsprozess im 19. Jahrhundert begann.

Am 18. September 1810 entschieden die Bürger in offener Sitzung des Gemeinderates der Stadt Santiago über die Aufstellung einer Regierungsjunta in Chile bis zur Rückkehr des Königs Ferdinand VII. Sie ernannten einen Vorstand unter der Führung von Mateo de Toro y Zambrano. Im Protokoll steht, dass die Regierungsjunta von Cádiz die Amerikaner zur Gründung eigener Regierungen nach spanischem Vorbild aufforderte. Darüber hinaus bestätigte der Regentschaftsrat in Spanien die Rechte Amerikas zur Bildung eigener Regierungen. Viele Publikationen verbreiteten in dieser Zeit in Chile die Idee, dass die einzige Beziehung zu Spanien der König sei und da der König nunmehr unfähig war seine Macht auszuüben, müsse die Souveränität zum Volk zurückkehren.[96]

95 Eyzaguirre, Historia Constitucional de Chile, S. 41 f.
96 Eyzaguirre, Historia Constitucional de Chile, S. 47.

II. Gemeindeverwaltung in den Verfassungen bis 1832: Die ersten Jahre der Republik

In den ersten Jahren nach der Unabhängigkeit widmete sich Chile der Schaffung einer politischen Struktur, die zu Stabilität im Lande führen sollte. Der neue Staat sollte sich konsolidieren. Das Bedürfnis der Bevölkerung nach Demokratie zu befriedigen, war eine schwierige Aufgabe. Die politische Bildung der Bevölkerung war jedoch mangelhaft, so dass viele Rechtsgrundsätze nicht zur Anwendung kommen konnten.

Bis 1814 erkannten die Verfassungen den König als Staatsoberhaupt an. Dies befand sich im Einklang mit dem Willen der Mehrheit, die lediglich eine provisorische Regierung wollte. Aber die gewaltige und blutige Reaktion Spaniens auf die neuen amerikanischen Regierungen vereinte die Chilenen. So wuchs in der Bevölkerung der Wunsch nach Unabhängigkeit. Diese wurde Jahre später nach dem Sieg der chilenisch-argentinischen Befreiungsexpedition und der Unterzeichnung des Unabhängigkeitsgesetzes am 23. Februar 1818 errungen. Bemerkenswert ist die Geste des chilenischen Befreiers Bernardo O'Higgins, der im Akt der Unabhängigkeit forderte, dass man die Originalurkunde im Archiv der Gemeindeverwaltung von Santiago hinterlegen sollte.

Während der Unabhängigkeitsbewegung behielt der Gemeinderat seine Vitalität und Arbeitsweise bei. Wie schon zu Zeiten der Monarchie kümmerte er sich um die Angelegenheiten vor Ort. Doch weder die provisorische Verordnung der Regierungsjunta, die am 5. Dezember 1810 erlassen wurde, noch die Verordnung für die Einrichtung der exekutiven provisorischen Führungspersönlichkeit von Chile, erlassen am 14. August 1811, hatte die Gemeinderäte erwähnt. Es handelte sich hierbei um provisorische verfassungsrechtliche Verordnungen zur Regelung der Organisation Chiles, nicht etwa um Verfassungen nach heutigem Verständnis. Sie dienten vielmehr dazu, der Regierung mehr Zeit zu geben, um eine echte Verfassung zu formulieren.

Nichts desto trotz ergriff das Parlament im Jahre 1811 zwei wichtige Initiativen zur politischen Beteiligung der Bevölkerung und zur Schaffung einer lokalen Regierung. Vorschriften forderten die Bevölkerung auf, ihre Meinung über Regierungsgeschäfte zu äußern. Auch wurde beschlossen, die Protokolle der Sitzungen des Parlaments zu veröffentlichen. Ferner sah man vor, die Mitglieder der Gemeindeverwaltung offiziell und ordentlich zu wählen. Die Versteigerung der Ämter wurde somit verboten.[97]

Am 26. Oktober 1812 wurde unter José Miguel Carrera eine neue provisorische verfassungsrechtliche Verordnung erlassen. Artikel 12 war den Kommu-

97 Campos Harriet, Historia Constitucional de Chile. Las Instituciones Políticas y Sociales, S. 409.

nen gewidmet. Er schrieb vor, dass die Gemeindemitglieder gewählt werden. Artikel 13 dieser Verordnung besagte, dass die Mitglieder der Gemeindeverwaltung einen feierlichen Eid ableisten müssen.

Am 17. März 1814 wurde eine neue verfassungsrechtliche Verordnung für die provisorische Regierung erlassen, in der die Gemeindeverwaltungen aber nur selten erwähnt wurden. Chile befand sich zu jener Zeit im Krieg gegen Spanien. Deshalb war es angebracht, die Regierungsmacht auf eine Person zu konzentrieren. Diese Struktur war fortan die vorherrschende in Chile. Diese Verordnung wurde ohne ausreichende Vorbereitung und Analyse verabschiedet. Für die Gemeindeverwaltungen ist von Bedeutung, dass diese Verordnung die erste war, die den Ausdruck *municipalidad* verwendete. Ohne die Gemeindeverwaltungen oder ihre Organisation näher zu definieren, wird in Artikel 5 der Verordnung festgesetzt, dass die Gemeindeverwaltung zusammen mit dem Senat über die Amtsfortführung bzw. Neuwahl des Heereschefs (Director Supremo, seinerzeit das oberste Amt des Landes) entscheiden darf.

Artikel 10 bezog sich auf den Intendanten der Provinzen, der im Gemeinderat den Vorsitz führen sollte. Die Uneinigkeit und Streitigkeiten innerhalb der Regierung einerseits und die kriegsbedingte schlechte Organisation des Landes andererseits waren für die kurze Geltungsdauer dieser Verordnung verantwortlich. Nach dem Sieg der spanischen Truppen in Rancagua Anfang Oktober 1814 endete die Herrschaft der *criollos* auf chilenischem Gebiet. Die alten spanischen Institutionen wurden wieder eingesetzt.

Zwischen den Jahren 1810 und 1814, in der chilenischen Geschichte bekannt als die Periode der *Patria Vieja*, war Chile ein instabiles Land ohne durchstrukturierte Verwaltung. Die Gemeinderäte genossen während dieser Zeit keine kommunale Selbstverwaltung, weil sie der Zentralregierung unterstellt waren, genau wie unter der Bourbonen-Herrschaft. Unter den beschriebenen Umständen behielten die Gemeindeverwaltungen in Chile nach der Unabhängigkeit die Aufgaben und Befugnisse, die sie schon während der spanischen Herrschaft hatten.

Der Prozess des Aufbaus einer nationalen Identität und die Definition einer politischen Struktur konnten erst, als die chilenischen Truppen die Unabhängigkeit des Staates im Jahre 1818 abgesichert hatten, beginnen. Das Land war gleichwohl nicht bereit, eine solide Struktur zu etablieren. Der Krieg gegen Spanien war nicht gänzlich gewonnen und die Rechtsvorschriften anderer Länder passten nicht zur chilenischen Realität. So sahen die ersten Verordnungen eine Exekutive mit weitreichenden Befugnissen vor, was nicht den Wünschen und Vorstellungen der Mehrheit der chilenischen Bevölkerung entsprach.

Der Entwurf einer provisorischen Verfassung für Chile trat am 23. Oktober 1818[98] in Kraft. Dies war der erste Entwurf, der sich mit der Organisation der Gemeindeverwaltung befasste und ihr ein eigenes Kapitel mit elf Artikeln widmete (Kapitel VI „von den Gemeindeverwaltungen"). Die Regierung des Heereschefs Bernardo O'Higgins versuchte mit dieser Verfassung, einige Monate nach der Erklärung der Unabhängigkeit, einen Rechtsstaat zu bilden.

Die Verfassung von 1818 setzte fest, dass die Gemeinderäte vom Senat gewählt werden. Sie legte außerdem die Befugnisse der Gemeindeverwaltungen fest. Viele der Befugnisse stammten aus der Kolonialzeit, wie die Förderung der örtlichen Gemeinschaft und der Industrie, die Verwaltung von Bildungszentren, Armen- und Krankenhäusern. Die Gemeindeverwaltungen erhielten eine Vielzahl von Befugnissen, um die Bedürfnisse der Bevölkerung zu befriedigen. So übernahmen sie ausdrücklich die Organisation der städtischen Polizei und das Eintreiben der Steuer für die Finanzierung öffentlicher Investitionen. Des Weiteren sah die Verfassung die Ernennung eines Sekretärs für den Rat der Gemeindeverwaltung der Hauptstadt vor und legte ferner Regeln für die Ernennungen der Ämter sowie für die Arbeitsweise der Rechtsberater der Gemeindeverwaltungen fest. Auch wurde ein Sonderrecht für Bürgermeister und Ratsmitglieder formuliert. Die Verhaftung der Ratsmitglieder aufgrund von Staatsgeschäften war verboten. Eine solche Verhaftung war nur mit Genehmigung des Heereschefs möglich. Diese Vorschrift intensivierte die Kontrolle des Zentralstaates über die Gemeindeverwaltungen, damit die lokalen Behörden keine Rebellion gegen die Regierung organisieren konnten. Die Gemeindeverwaltungen standen unter Aufsicht der Gouverneure, so dass sie keine Selbstverwaltung genossen.

Nach dem Rückzug der Spanier wurde am 30. Oktober 1822 die erste Verfassung Chiles erlassen. Sie etablierte den Wunsch der Bevölkerung nach einem repräsentativen Regierungssystem. Eine Revolution beendete einige Monate später die Gültigkeit dieser Verfassung. Die genannte Verfassung befasste sich in Titel VI, Kapitel II, Artikel 155 bis 157 mit den Gemeindeverwaltungen. Deren Befugnisse wurden drastisch reduziert. Die Organisation der Gemeindeverwaltungen sollte laut dieser Verfassung bis zur Konstituierung des Parlaments unverändert bleiben. Darüber hinaus wurde das Land für die Regierung und Verwaltung des chilenischen Gebietes in Stellvertretungen eingeteilt und der Stellvertreter zugleich zum Vorsitzenden der Gemeindeverwaltung ernannt. Wenn dieser verhindert war, an einer Sitzung teilzunehmen, übernahm die Leitung der Sitzung der Bürgermeister, der die Mehrheit der Stimmen auf sich vereinigte (alcalde de primera elección). Die Verfassung behielt das Sonderrecht der Ratsmitglieder bei, das seit 1818 galt.

98 Der Text wurde am 8. August 1818 erlassen und am 10. August 1818 veröffentlicht.

Trotz der rechtlichen Fortschritte wurde die Verfassung des Jahres 1822 vielfach kritisiert, vor allem weil die Macht stark auf die Person des Heereschefs Bernardo O'Higgins konzentriert war. Die Verfassung sah für ihn als Regierungschef eine Amtsperiode von 10 Jahren vor. Er wollte, genau wie es bei den europäischen konstitutionellen Monarchien der Fall war, seine Macht konsolidieren und sie auf Lebenszeit ausüben.[99]

Die Bevölkerung Chiles lehnte eine Militärregierung ab. Die Chilenen wünschten sich liberalere Institutionen. So kam es, dass die einflussreichsten Bürger von Santiago sich in offener Sitzung des Gemeinderates trafen und beschlossen, den Rücktritt von O'Higgins zu fordern.[100] Nach einigen schwierigen Auseinandersetzungen trat Bernardo O'Higgins am 28. Januar 1823 zurück. Es folgte eine Phase der Unsicherheit und Anarchie im Land.

Die erste kurzfristige Lösung war der Erlass einer provisorischen Verordnung am 29. Januar 1823. Die ausgewählten Abgeordneten ernannten einen Ausschuss, der die Verordnung formulierte. Da sie provisorischen Charakter hatte, wurden aber die Gemeindeverwaltungen nicht behandelt.

Am 30. März 1823 wurde von den Bevollmächtigten der Provinzen Santiago, Coquimbo und Concepción eine neue Verordnung und ein Protokoll zur Herstellung der Einheit des chilenischen Volkes vereinbart. Diese Verordnung kann als provisorische Verfassung angesehen werden, die unter anderem die Verfassung von 1818 für gültig erklärte, zumindest in den Punkten, die nicht im Widerspruch zu diesem Protokoll standen. Sie legte die Grundlage für die Organisation einer Nationalversammlung, die sich mit der Ausarbeitung einer neuen Verfassung beschäftigen sollte. Die Verordnung regelte jedoch nicht die Gemeindeorganisation. Am 29. Dezember 1823 wurde schließlich eine neue Verfassung erlassen. Es war zugleich die erste Verfassung, die von einer verfassunggebenden Versammlung angenommen wurde. Diese Verfassung wurde fast ausschließlich von Juan Egaña vorbereitet. Ihr Inhalt beruhte zum größten Teil auf Egañas Entwurf des Jahres 1813.[101]

Das große Werk von Juan Egaña, die Vorbereitung der Verfassung von 1823, wurde sehr gelobt. Es handelte sich dabei allerdings mehr um das Werk eines Denkers als um das eines Politikers. Es erscheint wie ein schönes Haus, das von einem begabten Künstler unter Vernachlässigung seiner eigentlichen Verwendung erbaut wurde.[102] Die Verfassung war nämlich aufgrund ihrer

99 Campos Harriet, Historia Constitucional de Chile. Las Instituciones Políticas y Sociales, S. 343 f.

100 Roldán, Elementos del Derecho Constitucional de Chile, S. 86.

101 Campos Harriet, Historia Constitucional de Chile. Las Instituciones Políticas y Sociales, S. 344 f.

102 Huneeus Gana, La Constitución de 1833. Ensayo sobre nuestra historia constitucional de un siglo, S. 21.

Komplexität völlig unpraktisch für das junge Land, so dass viele ihrer Bestimmungen nie angewandt wurden.

Die Verfassung von 1823 wurde als die „moralische Verfassung“ bekannt, weil sie einen Abschnitt der Moral der Nation widmete. Die Verfassung war praktisch nicht anwendbar und verstärkte lediglich die Gesetzlosigkeit und Anarchie. Jedoch behandelt Abschnitt XIX, Artikel 215 bis 224 die Gemeindeverwaltungen (der Begriff *cabildos* wurde ab dieser Verfassung nicht mehr verwendet). Es wurden die Orte näher bestimmt, in denen eine Gemeindeverwaltung eingerichtet werden sollte. Die Anzahl der Ratsmitglieder beschränkte sich auf sieben bis zwölf, zusätzlich zählten noch bis zu zwei Bürgermeister dazu. Die Ratsmitglieder wurden von einem Bezirksrat ernannt und kontrolliert. Diese Bezirksräte informierten die nationalen Behörden über die Arbeit der Gemeindeverwaltungen und unter bestimmten Umständen konnten sie die Ratsmitglieder auswechseln.

Die Befugnisse der Bürgermeister und Ratsmitglieder wurden in Artikel 220 vollständig aufgeführt. Es wurden kommunale, administrative, wirtschaftliche und gerichtliche Angelegenheiten sowie die Pflege der öffentlichen Moral näher erläutert. Die Bürgermeister übernahmen richterliche Tätigkeiten, wo es keine öffentlichen Gerichte gab. Sonst arbeiteten sie als Schlichter. Jedem Ratsmitglied wurden gemäß seines Ranges bestimmte Aufgaben zugewiesen. Die Aufgaben waren vielfältig, und die Ratsmitglieder bekamen für ihre Tätigkeit ein Gehalt. Sie wurden aber auch mit Strafmaßnahmen konfrontiert, wenn sie ihre Ämter nicht ausübten. Die anderen Mitglieder der Gemeindeverwaltung dienten als Stellvertreter oder halfen den Ratsmitgliedern bei ihren Aufgaben. Es war auch möglich, wichtige Angelegenheiten in einer öffentlichen Versammlung zu diskutieren.

Die Ernennung der Ratsmitglieder musste von der Zentralregierung bestätigt werden. Diese hatte das Recht zur Zensur und konnte gegenüber den Gemeindeverwaltungen Disziplinargewalt ausüben. Sie wurde von den Gouverneuren der Provinzen oder ihren Stellvertretern, die als Vorsitzende die Gemeindeverwaltung agierten, vollzogen. Außerdem mussten die Verordnungen der Gemeindeverwaltung vom Senat genehmigt werden. Ohne Zweifel war die Gemeindeverwaltung im Rahmen der Verfassung von 1823 unter der Aufsicht und Kontrolle des Zentralstaates, so dass die Kommunen ihre Autonomie, die sie seit langem genossen, verloren. Am 10. Januar 1825 wurde die Verfassung von 1823 abgeschafft.[103]

Im Jahre 1826 kam in Chile die Idee auf, den zentral regierten Einheitsstaat oder Zentralstaat in Frage zu stellen. Die guten Ergebnisse des Föderalismus der Vereinigten Staaten von Amerika waren weltweit bekannt geworden. Die ver-

103 Quinzio Figueiredo, La Municipalidad: Su perspectiva histórica constitucional, S. 27.

fassungsrechtlichen Verordnungen, die den Einheitsstaat in Chile konstituierten, wurden zunächst abgeschafft. Das Land war zu groß für die schwachen Kommunikationsmittel jener Zeit. Die Provinzen forderten mehr Unabhängigkeit, weil sie andere Interessen verfolgten. Am 31. Januar 1826 wurde deshalb eine föderalistische Verordnung erlassen, die eine Neuorganisation der Provinzen vorsah, um sie auf ein zukünftiges Modell der Föderation vorzubereiten. Danach wurde am 4. Juli 1826 ein Kongress gewählt, der eine Reihe von Gesetzen erließ, allgemein bekannt als Bundesgesetze. Das Land bekam somit eine föderalistische Struktur. Eine föderalistische Verfassung wurde zu diesem Zeitpunkt noch nicht diskutiert, weil José Miguel Infante, der Befürworter dieser Ideen, die Gefahr sah, dass ein Putsch den Kongress vor dem Erlass einer Verfassung auflösen könnte. Ein Putsch konnte die Gründung eines Bundesstaates ernsthaft gefährden. Am 14. Juli 1826 erließ der Präsident der Republik[104] das Gesetz des neuen Organisationsprinzips des Staates, in dem sich Chile als föderalistische Republik konstituierte.[105]

Am 27. Juli 1826 wurde ein Gesetz zur Volkswahl der Ratsmitglieder erlassen. Diese Wahl sollte auf die gleiche Art und Weise und zur gleichen Zeit erfolgen wie die Wahl des Gouverneurs. Die Gemeindeverwaltungen waren für die Durchführung der Wahl zuständig. Ein weiteres Gesetz erklärte am 16. Dezember 1826 alle Ämter der Gemeindeverwaltung für unverzichtbar. Trotz der großen Mühe von José Miguel Infante scheiterte der Entwurf der Bundesverfassung aufgrund des Chaos und der Unruhe im Land.[106] Sowohl die Verordnung als auch der Entwurf der Verfassung wurden von den Provinzen abgelehnt. Die nur teilweise Umsetzung dieses Systems zeigt, dass der Föderalismus nicht mit dem chilenischen Charakter vereinbar war. Die Bevölkerung Chiles war damals nicht bereit, derartige Reformen mit zu tragen. Außerdem war die Einführung eines föderalen Systems in Chile im Gegensatz zu anderen Ländern kein natürlicher Prozess der Anerkennung der bestehenden Autonomien, sondern eine artifizielle Aufteilung des Landes.

Die liberale Verfassung von 1828 war der letzte Versuch, den Föderalismus in Chile zu etablieren. Obwohl die Mehrheit das System des Einheitsstaates favorisierte, war es nötig, eine Form zu vereinbaren, die der Bevölkerung gewisse Befugnisse zusicherte, damit diese für ihre eigenen Interessen eintreten konnte.[107] Die Verfassung von 1828 bestimmte die Wahl von Provinzräten für alle Provinzen des Landes. Der Provinzrat bekam wichtige politische und adminis-

104 Neue Bezeichnung für den alten Heereschef oder *Director Supremo*.

105 Huneeus Gana, La Constitución de 1833. Ensayo sobre nuestra historia constitucional de un siglo, S. 22.

106 Campos Harriet, Historia Constitucional de Chile. Las Instituciones Políticas y Sociales, S. 351 f.

107 Roldán, Elementos del Derecho Constitucional de Chile, S. 95 f.

trative Befugnisse, wie zum Beispiel das Recht zum Vorschlag einer Liste von Intendanten, Vize-Intendanten und Richter sowie das Recht zur Ernennung der Senatoren. Die Provinzräte, die durch Bundesgesetz vom 30. August 1826 eingerichtet wurden, waren kleine Versammlungen in jeder Provinz. Sie dienten dem Konzept der föderalen Organisation des Staates wie viele der Prinzipien der Verfassung von 1828.[108]

Die neue Verfassung wurde schließlich am 8. August 1828 erlassen. Die Gemeindeverwaltungen wurden in Kapitel X unter der Überschrift „Von den Gemeindeverwaltungen" in den Artikeln 121 bis 122 behandelt. Die dort erwähnten Vorschriften überließen den Gemeindeverwaltungen ein hohes Maß an Selbstverwaltung. Die Wahl der Führungspersönlichkeiten durch das Volk wurde ebenso beibehalten wie die Anzahl der Ratsmitglieder, nämlich wie in der Verfassung von 1823 sieben bis zwölf je nach Größe der Gemeindeverwaltung. Die Verfassung von 1828 definierte die Kompetenzen der Gemeindeverwaltungen vollständig wie bereits die Verfassung von 1823. Die Befugnisse bezogen sich auf Angelegenheiten der Kommunalverwaltung, die Förderung der Landwirtschaft, der Industrie und des Handelsverkehrs. Die Gemeindeverwaltungen konnten ebenfalls eigene kommunale Vorschriften erlassen. An keiner Stelle wurden aber die historisch gewachsenen gerichtlichen Befugnisse der Gemeindeverwaltung erwähnt. Weiterhin wurde in der Verfassung festgelegt, dass die Gemeindeordnungen der Zustimmung des Provinzrates bedurften. Der Provinzrat hatte wichtige Kontrollbefugnisse über die Gemeindeverwaltungen, wie etwa die Entscheidung über die Gründung von neuen Gemeindeverwaltungen, die Kontrolle über die Legitimität der Wahlen, die Genehmigung der Entwicklungspläne der Stadt, ihres Haushalts und ihrer außerordentlichen Ausgaben. Der Gouverneur war der Vorsitzende der Gemeindeverwaltung, so dass die Zentralgewalt bis in die Gemeindepolitik hineinregieren konnte. In Abwesenheit des Gouverneurs führte ein Ratsmitglied, das bei der Wahl die größte Stimmenzahl auf sich vereinigen konnte, den Vorsitz der Gemeindeverwaltung.

Die Verfassung von 1828 konnte die Erwartungen des Landes zu jener Zeit nicht erfüllen. Sie erwies sich als zu liberal für die damalige Zeit und stattete die Provinzen mit einem zu hohen Maß an Selbstverwaltung aus. Die Regierung war daher zu schwach. Sie unterlag der parlamentarischen Kontrolle. Die Provinzen waren nicht fähig, von ihrer Autonomie Gebrauch zu machen. Die Zentralregierung wurde in ihrer Arbeit durch dieses System stark behindert. In Bezug auf die Institutionen herrschte im Land Chaos und Unordnung, was zur Folge hatte, dass die Regierung sieben Mal ausgewechselt werden musste. Der

108 Valdebenito Infante, Evolución Jurídica del Régimen Municipal en Chile (1541-1971), S. 172.

Höhepunkt dieser Krise war ein Bürgerkrieg, der mit dem Sieg der konservativen Opposition gegen die liberalen Kräfte in Lircay am 17. April 1830 endete.

Chile erlebte, ähnlich wie auch andere neue, unabhängige Staaten, mehr als zwei Jahrzehnte lang eine Zeit der Diktaturen und der Anarchie. Die Arbeit an der Strukturierung des Landes war nicht leicht und die Auswirkungen der Instabilität der Regierungen schmerzlich. Nur dank der Persönlichkeit des chilenischen Innenministers Diego Portales konnte das Land seinen zukünftig zu beschreitenden Weg finden und die Zeit der Unruhe beenden.

III. Gemeindeverwaltung in der Verfassung von 1833

Die Gemeindeverwaltung von Santiago stellte zum wiederholten Male, wie schon in der Phase des Unabhängigkeitsprozesses Chiles, ihre wichtige Rolle in der chilenischen Politik unter Beweis. Ihre Mitglieder erklärten der Regierung am 17. Februar 1831 die Notwendigkeit einer Reform der Verfassung von 1828. Nach dem Sieg in Lircay einigte sich die Siegerkoalition in einem Abkommen, in welchem sie die Ernennung einer verfassunggebenden Kommission für die Vorbereitung einer Verfassung beschloss. Auf den Grundlagen von Mariano Egaña wurde die Verfassung schließlich am 25. Mai 1833 verkündet. Diese Verfassung bestimmte das Rechtsleben in Chile bis 1924 und war das bedeutende Werk von Diego Portales. Die Verfassung von 1833 verankerte ein Präsidialsystem nach dem Vorbild der Vereinigten Staaten von Amerika mit einem Präsidenten der Republik, der mit umfangreichen Befugnissen ausgestattet war. Die Schaffung einer starken Exekutive ermöglichte das Ende der Anarchie und brachte Sicherheit und politische Stabilität im Land.[109]

Die Verfassung von 1833 erwähnt die Gemeindeverwaltungen in Kapitel IX, „Von den Gemeindeverwaltungen“, in den Artikeln 122 bis 131. Sie weist darauf hin, dass die Gemeindeverwaltung als eine der vielen Behörden des Staates betrachtet wird, die der Regierung bei der Verwaltung des Landes hilft.[110]

Die Befugnisse der Gemeindeverwaltungen waren in der Verfassung von 1833 die gleichen wie in den Verfassungen von 1823 und 1828. Erwähnenswert sind vor allem zwei Befugnisse: Die Gemeindeverwaltungen konnten jährlich

109 Die Verfassung von 1833 wurde vielfach kritisiert, weil ihre Bestimmungen die Freiheiten des Rechtsstaates nicht gewährleisten konnten. Aber ihr Erlass war für die politische Lage dieser Zeit notwendig. Es ist ein Beweis ihres Erfolgs, dass diese Verfassung dem Land Stabilität brachte. Sie schuf die politische und administrative Grundorganisation des Landes. Außerdem konnten alle bürgerlichen Freiheiten in einer durch sie geschaffenen Atmosphäre von Ordnung und Respekt in Anspruch genommen werden. Hierzu Estévez Gazmuri, Elementos de Derecho Constitucional, S. 34.

110 Carrasco Albano, Comentarios sobre la Constitución Política de 1833, S. 163.

Forderungen an den Kongress stellen und der Regierung Vorschläge zu administrativen Maßnahmen zu Gunsten des Wohles des Bezirks unterbreiten. Darüber hinaus konnten die Gemeindeverwaltungen Verordnungen erlassen, um ihre Aufgaben zu erfüllen, die jedoch der vorherigen Zustimmung des Präsidenten der Republik benötigten. In der Verfassung wurde auch festgelegt, an welchen Orten Gemeindeverwaltungen existieren sollten. Eine Gemeindeverwaltung sollte in der Hauptstadt jedes Bezirks gegründet werden. Über weitere Gründungen von Gemeindeverwaltungen hatte der Präsident der Republik nach Rücksprache mit seinem Staatsrat zu entscheiden. Die Anzahl der Bürgermeister und Ratsmitglieder wurde unter Rücksichtnahme der Einwohnerzahl und der Größe des Gebiets gesetzlich festgelegt. Die Verfassung sah die Wahl der Ratsmitglieder mit einer Amtsperiode von drei Jahren vor. Die von der Zentralisierung durchgeführte Ernennung der Bürgermeister wurde allerdings gesetzlich verankert. Zum ersten Mal wurden in dieser Verfassung Voraussetzungen erwähnt, die erfüllt werden mussten, um zum Bürgermeister oder Ratsmitglied ernannt zu werden: Erstens die chilenische Staatsbürgerschaft und zweitens ein mindestens fünfjähriger Aufenthalt im Gebiet der Kommune.

In der Verfassung von 1833 blieben die Gemeindeverwaltungen völlig unter der Kontrolle der Zentralregierung. Der Gouverneur hatte das höchste Amt in den Gemeindeverwaltungen seines Bezirks und war Vorsitzender der Gemeindeverwaltung in der Hauptstadt des Bezirks. In den übrigen Gemeindeverwaltungen des Bezirks führte der Stellvertreter des Gouverneurs den Vorsitz. Die Vereinbarungen und Beschlüsse der Gemeindeverwaltung mussten dem Gouverneur oder seinem Stellvertreter mitgeteilt werden. Er konnte die Beschlüsse aufheben, wenn er der Ansicht war, dass die Vereinbarungen und Beschlüsse die öffentliche Ordnung stören konnten. Schließlich war in der Verfassung verankert, dass die Ämter in der Gemeindeverwaltung *concejiles* waren, d. h., unbezahlt und verbindlich. Niemand konnte sich der Ausübung eines Amtes ohne gesetzlichen Grund entziehen. Die Verfassung überließ dem Gesetzgeber die nähere Ausgestaltung der Kommunalverwaltung.

Die Gemeindeverwaltungen sind auch für die politische und administrative Aufteilung des Landes relevant. Sie hatten die Aufgabe, den Präsidenten der Republik über die Lage ihrer Kommune zu informieren, damit er die Anzahl der Bezirke und Landkreise des Hoheitsgebietes bestimmen konnte, wie Artikel 32 des Gesetzes zur inneren Regierungsform vorschrieb.[111]

111 Roldán, Elementos del Derecho Constitucional de Chile, S. 489.

IV. Reformen der Gemeindeverwaltung in den Jahren der Geltung der Verfassung von 1833

1. Gemeindegesetz von 1854

Seit der Unabhängigkeit Chiles stellte das Verfassungsrecht die beinahe ausschließliche Rechtsquelle für das Kommunalrecht dar. Außerhalb der Verfassung kam es häufig zu Unklarheiten bezüglich der Gültigkeit von Normen auf kommunaler Ebene. Mit der Verabschiedung eines Gesetzes im Jahre 1854 endete diese lange Übergangszeit, in der das Fehlen einer umfassenden Normierung des Kommunalrechts Rechtsunsicherheit und Unordnung gebracht hatte.

Am 8. November 1854 wurde in Chile die erste Gemeindeordnung formuliert, mit der die gesetzliche Kodifizierung des Kommunalrechts begann. Wichtige Merkmale dieses Gesetzes waren die Zentralisierung und die Abhängigkeit der Gemeindeverwaltungen von der Zentralregierung. Der Einfluss des Präsidenten der Republik auf die Kommune war immens und eine wirkliche Selbstverwaltung kaum möglich.[112]

Das Gemeindegesetz von 1854 bestimmte die Einrichtung einer Gemeindeverwaltung pro Bezirk. Außerdem konnte der Präsident der Republik nach Belieben andere Gemeindeverwaltungen einrichten. Der Gouverneur oder Stellvertreter war der gerichtliche und außergerichtliche Vertreter der Gemeindeverwaltung und führte den Vorsitz mit dem Recht auf Abstimmung und Meinungsäußerung. Der Gouverneur oder Stellvertreter besaß auch das Vetorecht, um damit Entscheidungen, die seiner Meinung nach im Gegensatz zu den Interessen des Landes standen, aufschieben oder ganz blockieren zu können. Er konnte auch die Ratsmitglieder aufgrund ihrer Abwesenheit mit Strafen belegen. Der Präsident der Republik hatte auch weitere weitreichende Befugnisse, um bei den Gemeindeverwaltungen zu intervenieren. Er genehmigte beispielsweise den Haushalt, die Gemeindeverordnungen, den Verkauf von Immobilien, den Abschluss von Darlehen etc. Die Gemeindeverwaltungen entwickelten sich deshalb zu einer Art ständiger Beratungskörperschaften, die häufig zur Verhinderung von Wahlmissbrauch eingesetzt wurden.

112 Manuel Montt war damals Präsident der Republik. Er hatte wenig Vertrauen in die Gemeindeverwaltungen. Er hielt sie für unfähig, die örtlichen Angelegenheiten autonom zu verwalten. Eine Dezentralisierung des Landes war daher unmöglich. Für Montt war demnach besonders wichtig, dass die Gemeindeordnung die Arbeit der Gemeindeverwaltungen der Kontrolle des Zentralstaates unterordnete. Das Gesetz von 1854 erreichte dieses Ziel, weil der Vorsitz der Gemeindeverwaltungen von Intendanten, Gouverneuren und Stellvertretern geführt wurde. Soto Araya, La Municipalidad, S. 22.

Die Ratsmitglieder wurden in direkter Volksabstimmung gewählt und blieben drei Jahre im Amt. Die Anzahl der Ratsmitglieder hing von der Anzahl der Einwohner der Kommune ab. Neben dem Rat gab es in jeder Gemeindeverwaltung drei Bürgermeister sowie den Gouverneur oder Stellvertreter. Eine wichtige Rolle spielte die Popularklage gegen jeden gesetzwidrigen Beschluss der Gemeindeverwaltung. Es war möglich, sich an den Staatsrat zu wenden, wenn die Gemeindeverwaltung die Klage abwies. Im Hinblick auf die Befugnisse der Gemeindeverwaltung beinhaltete das Gemeindegesetz von 1854 verschiedenen Regeln, die bereits vorher schon in anderen Gesetzen erwähnt waren.

Die Bürgermeister übten verschiedene Funktionen in den Gemeindeverwaltungen aus, so unter anderem das Amt des lokalen Polizeirichters. Dieses Amt übten sie jedoch nur dann aus, wenn es von keinem Richter besetzt war. Darüber hinaus bildeten sie zusammen mit dem Vorsitzenden der Gemeindeverwaltung (Gouverneur oder Stellvertreter) und dem Vertreter der kommunalen Staatsanwaltschaft den Ausschuss der Bürgermeister, der vor allem für die Ausübung der dringenden Geschäfte der Gemeindeverwaltung während der Urlaubszeit verantwortlich war. Die Gemeindeverwaltungen der Bezirke bestanden aus dem Gouverneur oder seinem Stellvertreter, drei Bürgermeistern und fünf Ratsmitgliedern. Ab der Größe von 60.000 Einwohnern wurden zwei Ratsmitglieder mehr pro zusätzliche 20.000 Einwohner ernannt. Weiterhin setzten sich die Gemeindeverwaltungen der Hauptstädte der Provinzen aus einem Gouverneur, drei Bürgermeistern und neun Ratsmitgliedern zusammen. Die Bürgermeister wurden erst nach Zusammentritt des Rates aus seiner Mitte heraus gewählt. Auch wenn die Verfassung von 1833 die Dauer der Amtszeit der Bürgermeister nicht erwähnte und nur die drei Jahre Amtszeit der Ratsmitglieder explizit genannt werden, schrieb das Gesetz für beide Ämter eine Amtsperiode von drei Jahren vor. Als Voraussetzung für das passive Wahlrecht zum Bürgermeister bzw. Ratsmitglied legte das neue Gesetz ein Mindestalter von 25 Jahren fest. Verheirateten Männern, die mit 21 Jahren die Staatsbürgerschaft erhielten und somit an den allgemeinen Wahlen teilnahmen, blieb dieses Recht versagt. Im Gemeindegesetz von 1854 wurden auch Kriterien genannt, die Hinderungsgründe für die Ausübung von Ämtern darstellten.[113]

Das Gemeindegesetz erhöhte den Grad der Abhängigkeit der Gemeindeverwaltungen von der Zentralregierung, mehr noch als die Verfassung von 1833. Dies verstieß gegen das Prinzip der notwendigen kommunalen Selbstverwaltung. Die Rolle des Gouverneurs als Vorsitzender der Gemeindeverwaltung seines Gebietes wurde zu stark hervorgehoben und mit zu vielen Rechten ausgestattet. Er bekam eine Reihe von Befugnissen, was an Artikel 31 in Titel IV deutlich wird. Der Gouverneur war unter anderem für den Erlass von Ver-

113 Mehr dazu Lastarria, Estudios Políticos i Constitucionales, S. 429 y ff.

ordnungen der Gemeindeverwaltungen, die Umsetzung und Erfüllung von kommunalen Beschlüssen, die Verwaltung des Vermögens der Gemeindeverwaltung, die Vorbereitung des Haushalts und der Kapitalanlage, die Beaufsichtigung der Angestellten der Gemeindeverwaltung und ihre Ernennung und Entlassung mit der Zustimmung des Rates zuständig.

Dieses Gesetz war verfassungswidrig. Nach dem Gesetz von 1854 wurden Gouverneure und Stellvertreter zu Mitgliedern der Gemeindeverwaltung. Das Gemeindegesetz sicherte ihnen das Recht auf Abstimmung und Meinungsäußerung und stattete die Ratsmitglieder mit identischen Rechten aus. Außerdem durften sie als Vorsitzende der Gemeindeverwaltung die Ratsversammlungen leiten. In Artikel 127 der Verfassung von 1833 ist lediglich festgelegt, dass die Gouverneure und Stellvertreter nur Vorsitzende der Gemeindeverwaltungen sein sollen. Die Verfassung sah für sie kein Recht auf Abstimmung vor (in vielen anderen Institutionen übte der Vorsitzende kein Abstimmungsrecht aus). Darüber hinaus stellt Artikel 123 der Verfassung von 1833 fest, dass nur die Bürgermeister und Ratsmitglieder Mitglieder der Gemeindeverwaltung seien.[114]

2. Gemeindegesetz von 1887

Das zweite Gemeindegesetz wurde am 12. September 1887 in Chile erlassen und bewirkte eine Reihe von Änderungen in Bezug auf das Kommunalrecht. Das Gesetz versucht die Interventionsmöglichkeiten und verschiedene Missbräuche der Zentralregierung einzudämmen, sah aber keine kommunale Selbstverwaltung vor. Obwohl Gouverneur und Stellvertreter immer noch Vorsitzende der Gemeindeverwaltung blieben, besaßen sie nunmehr während der Sitzungen des Gemeinderates nur noch das Recht auf Meinungsäußerung. Auch das Vetorecht wurde begrenzt und konnte nur aufgrund der Verabschiedung von Beschlüssen gegen die öffentliche Ordnung innerhalb von drei Tagen ausgeübt werden. Außerdem wurden die abwesenden Ratsmitglieder nach diesem Gesetz von der Körperschaft anstatt vom Gouverneur oder Stellvertreter mit Strafe belegt.

Das Gesetz versuchte die Aufgaben der Gemeindeverwaltung zwischen Bürgermeister und Gouverneur zu teilen. Es enthielt jedoch keine genaue Definition der Aufgaben dieser Ämter. Dies führte zu einer Reihe von Konflikten, die oft von den Intendanten gelöst werden mussten.

Im Hinblick auf die Befugnisse der Gemeindeverwaltungen ließ sich insgesamt eine Tendenz zu ihrer Erweiterung ablesen. Das Gesetz sorgte für neue Zuständigkeiten, wie die Schaffung von Arbeitsplätzen und den Abschluss von Kreditgeschäften. Die Gemeindeverwaltungen hatten weiterhin Schwierigkeiten, was ihre Organisation und ihr Tätigkeitsfeld betraf. Einige Gemeindever-

114 Huneeus, La Constitución ante el Congreso, S. 290 f.

waltungen befanden sich sogar am Rand des Bankrotts, der nur mit Hilfe der Zentralregierung verhindert werden konnte.

3. Autonomes Gemeindegesetz von 1891

Am 22. Dezember 1891, nach einer langen Diskussion im Kongress, wurde das Gesetz Nr. 4.111 zur Organisation und zu den Befugnissen der Gemeindeverwaltungen verabschiedet, bekannt als „das Gesetz der kommunalen Selbstverwaltung“ (ley de comuna autónoma). Durch diese Reform erfolgte eine strukturelle Veränderung des chilenischen Kommunalrechts. Trotz seines Scheiterns wurde mit ihm der Grundstein auf kommunaler Ebene für die Dezentralisierung der Staatsverwaltung gelegt. Der Architekt dieser Reform war der Senator der Konservativen Partei Manuel José Irarrázaval, der mit eindrucksvollen Vorträgen sein Projekt gegen eine starke Opposition durchsetzen konnte.

Der Gesetzesentwurf wurde als experimentell und unangebracht bezeichnet. Die Politiker unterstellten dem Gesetzesentwurf, dass er nicht mit dem chilenischen politischen Bewusstsein vereinbar sei. Für Manuel José Irarrázaval war dieses Gesetz keine Improvisation, sondern die Anpassung der Organisation der chilenischen Kommunen an den Geist der Demokratie und der Beteiligung, die in der Verfassung verankert war. Vielfach wurde kritisiert, dass die Bevölkerung nicht bereit und fähig war, diese Reform mitzutragen. Irarrázaval behauptete aber, dass die Verständnisfähigkeit der Bevölkerung nicht in Frage gestellt werden sollte. Wäre die Bevölkerung unfähig, könnte sie andere wichtige Entscheidungen nicht treffen, was seiner Meinung nach die Illegitimität der gesamten Organisation der Nation bewirken würde. Eben diese Bevölkerung traf bereits wesentliche Entscheidungen durch Präsidentschafts- und Parlamentswahlen.

Die mangelnde Beteiligung der Bevölkerung war für Manuel José Irarrázaval der wichtigste Grund, um diese Reform voran zu treiben. Sein Ziel war es, etwas gegen das Desinteresse der Bürger zu tun und mit ihnen gemeinsam und energisch an der Bewältigung der Aufgaben des Landes zu arbeiten. Er hoffte, dass gerade die Beteiligungsmöglichkeiten des neuen Gesetzes das Interesse der Bürger an den öffentlichen Angelegenheiten wecken könnte.

Manuel José Irarrázaval glaubte an die kommunale Selbstverwaltung und wollte ein System, das durch Missbräuche und vielfältige Intervention auf kommunaler Ebene gekennzeichnet war, nicht länger unterstützen. Er behauptete, dass die Gemeindeverwaltungen damals nur Vertreter der Zentralregierung waren und dass die Bürger wenig Interesse an den öffentlichen Angelegenheiten zeigten. Das positive Beispiel der kommunalen Selbstverwaltung in anderen entwickelten Ländern war für Irarrázabal Grund genug, dass auch Chile diesen Weg beschreiten sollte.

Das Gesetz der kommunalen Selbstverwaltung gab den Gemeindeverwaltungen eine Vielzahl von Befugnissen, die eine administrative und finanzielle Selbstverwaltung auf kommunaler Ebene ermöglichte. Dieses Gesetz beendete die übermäßige Macht des Präsidenten der Republik und seiner untergeordneten Behörden im ganzen Land, die sie über die Gemeindeverwaltungen besaßen. Darüber hinaus war es das erste Gesetz, das die Verwaltung der lokalen Interessen den Gemeindeverwaltungen zusprach. Die Interventionsmöglichkeiten der Zentralregierung wurden drastisch reduziert, so dass die Kommunen die Angelegenheiten der örtlichen Gemeinschaft unabhängig von der Zentralregierung entscheiden konnten.

Die Bürgermeister übernahmen mit diesem Gesetz zum ersten Mal die Leitung der Gemeindeverwaltungen und hatten den Vorsitz bei den Sitzungen der Gemeinderäte. Sie erhielten wichtige Befugnisse. Gouverneure und Stellvertreter zogen sich von der Verwaltung der Gemeindeverwaltung zurück, obwohl sie formell noch als Vorsitzende der Körperschaft fungierten, jedoch kein Abstimmungsrecht mehr besaßen. Das Vetorecht wurde ebenfalls eingeschränkt. Es konnte nur innerhalb von 48 Stunden ausgeübt werden und auch nur, wenn eine Verletzung der öffentlichen Ordnung vorlag, also bei rechtswidrigen Entscheidungen, die den öffentlichen Frieden gefährdeten. Das Gesetz schuf eine neue politische Institution, die wesentlich zur demokratischen Entwicklung des Landes beitrug, nämlich die Versammlung der Wahlberechtigten (asamblea de electores). Dieses Organ erlaubte eine direkte Beteiligung der Bürger an der Verwaltung der lokalen Angelegenheiten, wie z. B. die Genehmigung des Haushalts und der Kapitalanlage, den Verkauf oder die Belastung von Immobilien oder den Abschluss von Darlehen.

Ein weiteres Merkmal des Gesetzes von 1891 war die Neuausrichtung der Gemeindeorganisation. Es entstanden 195 neue Gemeindeverwaltungen mit allen lokalen Einrichtungen, die für ihre Funktionsfähigkeit notwendig waren.

Das Problem der Machtübergabe führte zur Dekadenz der Kommunalorganisation. Der Gesetzgeber versuchte mit der Übergabe der Wahlkontrolle an die Gemeindeverwaltungen, Wahlmanipulationen durch die Zentralregierung zu verhindern. Es wurde jedoch nicht bedacht, dass diese Vorschrift die Gemeindeverwaltungen zum vorrangigen Ziel der politischen Parteien machte. Die Parteien kämpften um die Sitze im Gemeinderat, um die Wahlen zu einem Mindestmaß beeinflussen zu können. Es wurde jedoch nicht versucht, diese Situation zu ändern. Der Gesetzgeber war der Ansicht, dass die Lösung in der Entziehung wichtiger Befugnisse und in der Senkung der Finanzmittel der Gemeindeverwaltungen lag. Erst im Jahre 1914 übergab das Parlament die Kontrolle über die Wahlen an einen Wahlausschuss. Am 12. Februar 1896 wurde ein Gesetz erlassen, um den Gemeindeverwaltungen die Kompetenz bezüglich der Organisation der Sicherheitspolizei zu entziehen. Außerdem wurde am 14. November des gleichen Jahres ein weiteres Gesetz erlassen, wonach der Senat die Kredite der Gemeindeverwaltungen genehmigen und der Rechnungshof ihre Ausgaben überprüfen musste.

Die Gemeindeverwaltungen in Chile waren nicht bereit, die Verantwortung der kommunalen Selbstverwaltung zu übernehmen. Die Befugnisse und Freiheiten der Kommunen wurden zudem für die falschen Ziele eingesetzt, so dass der Gesetzgeber sehr bald wieder den alten Zustand herstellte.

Das Parlament erließ eine Reihe von Gesetzen, die zu Änderungen des Gemeindegesetzes führte. Am 28. Januar 1915 wurde dann mit dem Dekret Nr. 281 die endgültige Fassung erlassen, die die Änderung des Gesetzes Nr. 2.960 vom 18. Dezember 1914 beinhaltete. Unter anderem schuf das neue Gesetz die Voraussetzungen für die Zusage kommunaler Kreditaufnahmen, ein Verfahren, durch das der Kassenwart der Gemeindeverwaltung illegale Ausgaben der Bürgermeister reklamieren konnte, sowie eine Prozedur für die Entlassung der Bürgermeister. Schließlich regelte eine Popularklage die Verfolgung von Straftaten und die gesetzliche Haftpflicht der Bürgermeister.

Im Jahre 1924 kam es zu einem groben Verstoß gegen die Verfassung von 1833 und gegen das Gesetz der kommunalen Selbstverwaltung, das zu dieser Zeit immer noch in Kraft war, als die Regierung de facto die Gemeindeverwaltungen auflöste. Die Regierung war der Ansicht, dass die Gemeindeverwaltungen ihre wesentlichen Aufgaben nicht mehr erfüllen konnten und dass die lokalen Dienstleistungen schwerwiegende Mängel aufwiesen.[115]

V. Gemeindeverwaltung in der Verfassung von 1925

Die Verfassung von 1925 führte wichtige Reformen für die Gemeindeverwaltungen ein. Diese waren Grundlage für das Gemeindegesetz, das im gleichen Jahr erlassen wurde. Damit endete die Gültigkeit des Gesetzes der kommunalen Selbstverwaltung von 1891, dessen Ziele nie erreicht wurden.

Im neuen Text der Verfassung wurde die Festlegung der Anzahl der Gemeindeverwaltungen in jeder Provinz dem Gesetzgeber überlassen. Die Verfassung legte nur fest, dass die politische und administrative Organisation des Landes übereinstimmen sollte. Der Verfassunggeber wollte damit die Staatsorganisation verbessern. Anzumerken bei dieser Verfassung ist die deutliche Aufteilung der politischen und administrativen Staatsaufgaben, die in separaten Kapiteln niedergeschrieben wurden. Dahinter verbarg sich das Ziel, einen Weg zur Dezentralisierung der Verwaltung zu finden, ohne die politische Zentralisierung des Staates zu verändern.

115 Valdebenito Infante, Evolución Jurídica del Régimen Municipal en Chile (1541-1971), S. 88.

Das VIII. Kapitel regelte die innere politische Organisation des Staates und teilte das Gebiet des Landes in Provinzen, Bezirke, Vertretungen und Landkreise ein. Hinsichtlich der inneren Verwaltungsorganisation, die im IX. Kapitel geregelt war, wurde das Gebiet nur in Provinzen und Kommunen aufgeteilt. Der Intendant verwaltete die Provinz und wurde von einer Provinzversammlung unterstützt, deren Vorsitzender er war. Die Provinzversammlung bestand aus von den Gemeindeverwaltungen der Provinz gewählten Vertretern. Sie blieben drei Jahre im Amt und waren ehrenamtlich tätig. Die Provinzversammlung konnte dem Präsidenten der Republik jedes Jahr von den Bedürfnissen der Provinz berichten und ihn über die erforderlichen finanziellen Mittel für die Erfüllung diverser Aufgaben informieren. Weitere Aufgaben waren die Kontrolle und wirtschaftliche Überwachung der Gemeindeverwaltungen, die Ausübung des Vetorechts zu den Verordnungen und Beschlüssen der Gemeindeverwaltungen sowie eine spezielle Befugnis zur Auflösung der Gemeindeverwaltungen.

Die Provinzversammlungen wurden nie gegründet, weil ein Gesetz, das ihre Einrichtung regeln sollte, nie verabschiedet wurde. In der Folge gewann die Zentralregierung mehr an Einfluss als ursprünglich vorgesehen war.[116] Die Aufgaben der Provinzversammlung wurden von den Intendanten, die Vertreter des Präsidenten der Republik in der Provinz, aufgrund des Erlasses des Gesetzes Nr. 7.164 am 3. Februar 1942 ausgeübt. Der Intendant durfte jedoch die Gemeindeverwaltungen nicht auflösen.

Es war offensichtlicher Wille des Verfassunggebers, dass die Gemeindeverwaltungen keine politische Aufgabe ausübten. Er betrachtete sie nur als ein Organ der öffentlichen Staatsverwaltung und wollte durch sie lediglich die administrative Dezentralisierung des Landes erreichen.

Die Gemeindeverwaltungen wurden in der Verfassung von 1925 in Kapitel IX unter dem Titel „Kommunalverwaltung" in den Artikeln 101 bis 106 behandelt. Diese Bestimmungen legten ausdrücklich fest, dass die Gemeindeverwaltungen für die lokale Verwaltung jeder Kommune oder Gruppe von Kommunen zuständig waren. Die Verfassung sorgte für die Unterteilung des Landes in Kommunen und ordnete sie der Verwaltung einer Gemeindeverwaltung unter. Zu der Gemeindeverwaltung gehörten zwischen fünf und fünfzehn Ratsmitglie-

---

116 Wichtige Gründe weshalb das Gesetz der Provinzversammlungen nicht erlassen wurde, waren die umfangreichen Befugnisse dieses Organes, die weit über die Beraterfunktion für den Intendanten hinaus gingen. Die Politiker fanden diese Befugnisse als gefährlich. Sie wollten keine weitere Machtzentrale neben sich dulden, die nur diskutiert, aber ihre Aufgaben vernachlässigt. Vgl. Guerra, La Constitución de 1925, S. 482 f. Die Schwierigkeiten der Gemeindeverwaltungen empfahlen nicht die Gründung einer neuen Versammlung, die sich politisch instrumentalisieren ließ. Mehr dazu Acuña Ramos, La Constitución de 1925 ante la Comisión de Constitución, Legislación, Justicia y Reglamento del Senado, S. 743-746.

der. Die Kandidaten für die Ratsmitgliedschaft mussten außerdem einen mindestens einjährigen Aufenthalt in der Kommune nachweisen können. Die Ratsmitglieder waren ehrenamtlich tätig und wurden für eine Amtszeit von drei Jahren gewählt.[117] Sie konnten jedoch unbegrenzt wiedergewählt werden. Der Bürgermeister wurde aus der Mitte des Rates heraus gewählt. Die Aufgaben des Bürgermeisters bestanden in der Leitung des Rates und der Ausführung seiner Beschlüsse.[118] Eine wichtige Einschränkung der kommunalen Selbstverwaltung war die Befugnis des Präsidenten der Republik zur Ernennung der Bürgermeister in Städten, die über 100.000 Einwohner zählten und anderen Städten, die vom Gesetzgeber festgelegt wurden.[119] Der Präsident konnte sogar den Bürgermeister seines Amtes entheben, allerdings bedurfte er hierfür der Zustimmung der Provinzversammlung. Gemäß der Verfassung konnte nur der vom Präsidenten der Republik ernannte Bürgermeister entlohnt werden.[120]

Die Ratsmitglieder wurden durch die Bürger gewählt. Zum ersten Mal bestimmte die Verfassung spezielle Voraussetzungen für Wahlberechtigte einer Kommunalwahl. Wahlberechtigt waren nur Männer, die das 21. Lebensjahr vollendet hatten sowie des Lesens und Schreibens mächtig waren.

Die Befugnisse der Verwaltungsbehörde wurden von der Verfassung nicht geregelt, so dass es keine klare Aufteilung der Zuständigkeiten zwischen zentralen und lokalen Behörden gab. Artikel 105 enthielt zahlreiche Aufgaben, die besonders, aber nicht ausschließlich von den Gemeindeverwaltungen wahrgenommen werden mussten. Dies führte zu einem Konflikt bezüglich der Ausübung der Zuständigkeiten. Die Möglichkeit der Gemeindeverwaltungen, jährlich Forderungen an den Kongress zu stellen oder der Regierung Vorschläge zu Maßnahmen zu Gunsten des Wohles des Bezirks zu machen, die noch in Artikel 128 Nr. 8 und 9 der Verfassung von 1833 erwähnt waren, bestanden nicht mehr.

---

117 Durch das Gesetz Nr. 13.296 vom 2. März 1959 wurde die Amtsperiode zu vier Jahren abgeändert.

118 Gemäß der Verfassung von 1925 besaß der Bürgermeister keine eigenen Kompetenzen. Er gehörte lediglich zu den Ratsmitgliedern. Deshalb war das Bürgermeisteramt ein unwichtiges, sekundäres Amt innerhalb der Kommunalorganisation.

119 Diese Kriterien erfüllten nur drei Städte: Santiago, Valparaíso und Viña del Mar.

120 Diese Auslegung steht im Einklang mit dem Text der Verfassung von 1925. Das Argument dafür ist, dass der Bürgermeister, der nicht vom Präsidenten ernannt wurde, seine Funktion als Ratsmitglied behielt, d. h. ein Ehrenamt. Jedoch bestimmte das Gemeindegesetz Nr. 11.860 in Artikel 43 ein Gehalt für alle Bürgermeister des Landes. Der Gesetzgeber begründete seine Entscheidung mit dem Grundsatz der Gerechtigkeit, um die Vollbeschäftigung im öffentlichen Dienst zu ermöglichen. Die Anhänger dieser These dachten, dass die Verfassung die Möglichkeit eines Gehalts nicht verbot. Sie legten den Text der Verfassung so aus, dass die Entscheidung der Entlohnung der Bürgermeister vom Gesetzgeber getroffen werden konnte. / Vgl. Silva Bascuñán, Tratado de Derecho Constitucional, Tomo III, La Constitución de 1925, S. 469 f.

Die Presse übernahm vermehrt diese Aufgabe. Schließlich steht im letzten Absatz des Artikels 105 der Verfassung von 1925, dass die Ernennung der kommunalen Angestellten im Rahmen eines speziellen Gesetzes festgelegt werden müsse. Am 16. Februar 1937 trat das Gesetz Nr. 6.038 in Kraft. Es war die erste Satzung über Rechte und Pflichten von kommunalen Angestellten (Estatuto Administrativo de Funcionarios Municipales).

Obwohl der Verfassunggeber eine Trennung zwischen politischen und administrativen Aufgaben des Staates schuf, konnte die Verfassung die Intervention der Politik in Angelegenheiten der Kommune nicht vermeiden. Die Gemeindeverwaltungen erlitten eine administrative, strukturelle, wirtschaftliche und politische Krise aufgrund der fehlerhaften Regelungen hinsichtlich der Verwaltung der Kommunen. Außerdem ermöglichte das System die Gründung von Gemeindeverwaltungen ohne Bedarf und ohne Gewährleistung ihrer Finanzierung.[121]

In IX. Kapitel, das die innere Verwaltungsordnung des Landes thematisierte, gab es zahlreiche Bestimmungen, die die administrative Dezentralisierung und die Selbstverwaltung der Provinzen und Gemeindeverwaltungen des Landes förderten.

Nach Artikel 107 Absatz 1 musste der Gesetzgeber die administrativen Kompetenzen der Zentralregierung, Provinzen und Gemeindeverwaltungen bestimmen, um den Staat zu dezentralisieren. Allerdings erlaubte die Gesetzgebung dem Präsidenten der Republik eine weitreichende Intervention auf allen Ebenen der staatlichen Verwaltung. Das verstieß gegen die Intention der Verfassung, die die Förderung der Dezentralisierung des Landes vorsah. Diese Intention blieb unerfüllt, so dass Artikel 107 Absatz 1 de facto wirkungslos war.[122]

Die Verfassung von 1925 enthielt keine Definition der Gemeindeverwaltung und traf keine Regelung über ihre Befugnisse. Dies ermöglichte ein permanentes Eingreifen der Zentralregierung in kommunale Angelegenheiten. Die Befugnisse der Gemeindeverwaltungen wurden Schritt für Schritt reduziert. Außerdem standen den Gemeindeverwaltungen keine ausreichenden finanziellen Ressourcen zur Verfügung. Dadurch wurde die Intervention zentraler Behörden erleichtert. Die gute Absicht, die mit dieser Verfassung verfolgt wurde, nämlich das Land zu dezentralisieren, scheiterte aufgrund der absoluten Kontrolle des Zentralstaates über die Gemeindeverwaltungen.

---

121 Fernández Richard, Derecho Municipal Chileno, S. 40.
122 Quinzio Figueiredo, Manual de Derecho Constitucional, S. 468.

VI. Reformen der Gemeindeverwaltung in den Jahren der Geltung der Verfassung von 1925

1. Gemeindegesetz von 1925 (Decreto Ley N° 740)

Am 7. Dezember 1925 wurde durch die Gesetzesverordnung Nr. 740 ein neues Gemeindegesetz erlassen. Anders als bei dem vorherigen Gemeindegesetz bekam die Kommune und nicht die politische Aufteilung die Kompetenz für die Organisation der Lokalverwaltung. Das Gesetz normierte die Wahl der Ratsmitglieder, legte nur einen Bürgermeister pro Gemeindeverwaltung fest, erhöhte die Anzahl der Gemeindeverwaltungen, gab die Überprüfung der kommunalen Wahlen an ein Wahlgericht ab und statuierte ähnliche Befugnisse der Gemeindeverwaltung, wie das Gemeindegesetz des Jahres 1891. Der Gemeinderat und der Bürgermeister waren für die Verwaltung der lokalen Interessen zuständig. Das Gemeindegesetz sicherte den Kommunen auch neue finanzielle Mittel für die Gemeindeverwaltung zu und schuf die Versammlung der Wahlberechtigten ab. Ferner enthielt es bestimmte Regelungen für die Ernennungen von Angestellten der Gemeindeverwaltung.

Die neue Organisation der Gemeindeverwaltung verwirklichte eine Art Gewalteinteilung. Innerhalb der Gemeindeverwaltung arbeitete der Bürgermeister als Exekutive, der Gemeinderat als Legislative und der lokale Polizeirichter als Judikative.

Die vollständige Unabhängigkeit der Gemeindeverwaltung von der Zentralregierung, vor allem in Großstädten, geschah durch das Gesetz Nr. 5.357 vom 15. Januar 1934, welches die Ernennung der Bürgermeister durch den Präsidenten der Republik abschaffte. Die Wahl wurde als einzige Methode zur Bestimmung der Mitglieder der Gemeindeverwaltung festgelegt. Des Weiteren wurde das kommunale Wahlrecht für Frauen eingeführt. Ein Ausländerwahlrecht war ebenfalls vorgesehen, allerdings musste man zur Ausübung dieses Rechts einen mindestens fünfjährigen Aufenthalt in der Kommune nachweisen. Dieses Gesetz schuf auch ein Kommunalwahlgericht der Provinz. Dieses Gericht kümmerte sich um die Kommunalwahlen und sollte Wahlmanipulationen verhindern.

Anschließend wurden alle Änderungen des Gemeindegesetzes von 1925 durch das Dekret Nr. 1.642 des Innenministeriums vom 18. April 1934 in einem Text zusammengefasst, vor allem solche, die durch das Gesetz Nr. 4.568 vom 31. Januar 1929 und Nr. 5.357 vom 15. Januar 1934 durchgeführt wurden.

Eine andere wichtige Reform stellt das Gesetz Nr. 6.425 vom 25. September 1939 da. Es enthielt wesentliche Änderungen bezüglich der kommunalen Einnahmen. Dieses Gesetz sollte die Einnahmesituation der Gemeindeverwaltungen verbessern und ihre Finanzierung sicherstellen. Der Gesetzgeber versuchte auf dieser Art und Weise neue Mittel für den Sektor der Gemeindeverwaltungen zu schaffen.

Schließlich wurde am 20. Oktober 1954 das Gesetz Nr. 11.704 über die kommunalen Einkünfte (Ley de Rentas Municipales) erlassen. Dieses Gesetz spielte eine wichtige Rolle auf kommunaler Ebene, denn es war das erste Gesetz seiner Art in Chile und blieb bis 1979 in Kraft. Das Ziel des Gesetzes war die Sammlung der existierenden Vorschriften über kommunale Einkünfte, um die kommunalen Finanzen zu ordnen.

2. Gemeindegesetz von 1955 (Ley N° 11.860)

Am 26. Juli 1955 wurde das Gesetz Nr. 11.860 erlassen, das einen neuen formulierten Text des Gesetzes über die Organisation und Aufgaben der Gemeindeverwaltungen statuierte, vor allem beinhaltete es die Reformen des Gesetzes Nr. 11.783 vom 5. Februar 1955. Die Erweiterung der staatlichen Aufgaben in Bereichen, die früher von der Privatwirtschaft getragen wurden, gab den Gemeindeverwaltungen einen neuen Schwung. Ihre Bürgernähe wurde von der Zentralregierung für die Durchführung ihrer Aufgaben genutzt. Darum war es wichtig, neue Befugnisse an die Gemeindeverwaltungen abzugeben, um die Verwaltungsorganisation des Staates zu verbessern.

Das neue Gemeindegesetz unterschied zwischen den legislativen Befugnissen des Gemeinderates und den exekutiven Befugnissen des Bürgermeisters. Der Kassenwart hatte die vertragliche und gesetzliche Vertretung der Gemeindeverwaltung inne (der Bürgermeister kümmerte sich nur um die außergerichtliche Vertretung der Gemeindeverwaltung). Der Bürgermeister war nahezu unantastbar. Er hatte die rechtliche Kontrolle über die Beschlüsse und die Investitionen der Gemeindeverwaltung. Die lokalen Justizbehörden waren unabhängig von der Gemeindeverwaltung und wurden von lokalen Polizeirichtern geführt. Durch die Schaffung einer Satzung über Rechte und Pflichten von kommunalen Angestellten konnten die Angestellten nicht ohne weiteres entlassen werden. Außerdem gab es eine besondere Ordnung und Kontrolle über die kommunalen Einkünfte aufgrund der Schaffung eines speziellen Gesetzes, ein strenges System für die Erstellung und Genehmigung des kommunalen Haushalts und die Notwendigkeit der Genehmigung bestimmter Beschlüsse der Gemeindeverwaltung durch den Intendanten. Die Befugnisse der Gemeindeverwaltungen wurden ausdrücklich und sehr beschränkend aufgeführt, so dass die Gemeindeverwaltungen andere wesentliche und notwendige kommunale Aufgaben nicht wahrnehmen konnten. Andererseits wurden viele ihrer Befugnisse von der Zentralregierung übernommen.

Am 2. März 1959 wurde das Verfassungsreformgesetz Nr. 13.296 erlassen. Diese Reform änderte den Artikel 102 der Verfassung. Die Amtszeit der Ratsmitglieder wurde von drei auf vier Jahre verlängert. Der Verfassunggeber beschloss noch, dass die Wahlen der Ratsmitglieder ein Jahr nach jeder Wahl des Parlaments durchgeführt werden sollten, um die Angelegenheiten der Gemeindeverwaltungen von der Politik des Zentralstaates zu trennen. Mit ähnlicher Zielsetzung wurde am 31. März 1971 das Verfassungsreformgesetz Nr. 17.420 erlassen. Diese Reform korrigierte die Unterlassung des Verfassungsreformgesetzes Nr. 17.284 vom 23. Januar 1970, welches nur Artikel 7 und nicht Artikel 104 verändert hatte. Gemäß Artikel 7 konnten Bürger, einschließend analphabetische Bürger, ab vollendetem 18. Lebensjahr an den Nationalwahlen teilnehmen. Es war nötig, den Artikel 104 zu ändern, damit auch bei Kommunalwahlen Analphabeten ab dem 18. Lebensjahr wählen konnten. Ausländer ab dem vollendeten 18. Lebensjahr, die seit mehr als fünf Jahren Wohnsitz im Lande inne hatten, wurden auch als wahlberechtigt erachtet.

Das chilenische Kommunalsystem war in einer Krise. Die Gemeindeverwaltungen besaßen nicht genügend Befugnisse und Finanzmittel, um die Bedürfnisse der Bevölkerung zu befriedigen. Die Zentralregierung behinderte durch ihre Einmischungen die Aufgabenwahrnehmung der Gemeindeverwaltungen und beschnitt die kommunale Selbstverwaltung. Die Mitwirkung des Staates erlaubte nur eine Politisierung der Gemeindeverwaltungen und beschränkte die Teilnahme der Bevölkerung, so dass das Interesse am öffentlichen Leben nachließ. Die Kommune verlor im Laufe der Zeit ihre Identität und die Fähigkeit, ihre Probleme selbst zu lösen.

VII. Gemeindeverwaltung in den Jahren der Militärregierung

Das aktuelle verfassungsrechtliche System Chiles stammt aus der Zeit des Militäraufstandes vom 11. September 1973. Die Verfassung von 1925 vermochte nicht mehr, das Land von seiner politischen und institutionellen Krise zu retten. Rechtsstaatlichkeit und Frieden waren in Gefahr. Das Land war am Rande des Abgrunds und des Bürgerkrieges und brauchte daher dringend eine neue politische und rechtliche Grundordnung. Die Militärregierung nahm diverse Änderungen nach ihrem Amtsantritt vor und gab bekannt, dass eine neue Verfassung erlassen werden würde.[123]

Mit dem Ziel eine neue politische und rechtliche Ordnung zu schaffen, verabschiedete die Militärregierung zügig eine Reihe von Maßnahmen zur Neuor-

---

123 Cuevas Farren, Lecciones de Derecho Constitucional Chileno, S. 25 f. Die Prinzipienerklärung der Militärregierung vom 11. März 1974 kündigte in ihrem 6. Abschnitt an, dass die neuen Führungskräfte des Landes die historische Mission übernehmen, Chile eine neue Staatsstruktur zu verschaffen, die die Einführung einer stabilen Demokratie im Land ermöglichen sollte.

ganisation des Landes. Dazu zählte die Ernennung einer Verfassungskommission durch das Dekret Nr. 1.064 vom 25. Oktober 1973 (ihre erste Sitzung war jedoch schon am 24. September 1973), die einen Entwurf einer neuen Verfassung ausarbeiten sollte. Die Verfassungskommission wurde als Kommission Ortúzar bekannt, nach ihrem Vorsitzenden Enrique Ortúzar Escobar. Sie bestand aus hochrangigen Experten und hatte eine schwierige Aufgabe. Die Arbeit der Kommission ist in vielen Akten genauestens dokumentiert, welche heutzutage eine wichtige Rolle für die historische Auslegung der Verfassung spielen. Insgesamt organisierte die Kommission 417 Sitzungen innerhalb von fünf Jahren. Unberücksichtigt ist die Arbeit der Unterausschüsse. Am 16. August 1978 sendete die Kommission den endgültigen Bericht an den Präsidenten der Republik.

Auf Antrag der Regierung sendete die Kommission am 18. Oktober 1978 einen Entwurf mit Artikeln. Der Präsident der Republik schickte den Entwurf an den Staatsrat zur Überprüfung. Dieses Organ wurde im Jahre 1976 zur Beratung der Regierung gegründet und vom ehemaligen Präsidenten der Republik Jorge Alessandri Rodríguez geführt. Der Staatsrat organisierte 57 Plenarsitzungen und schickte am 8. Juli 1980 den Entwurf an die Militärjunta mit einigen Verbesserungsvorschlägen. Der Entwurf einer neuen Verfassung wurde schließlich von der Militärjunta überprüft, die sich im Geheimen mit ihren engsten Rechtsberatern versammelte. Nach dieser letzten Revision wurde das Gesetzesdekret (decreto ley) Nr. 3.464 vom 11. August 1980 erlassen, welches den Verfassungstext der neuen Verfassung annahm. Die Verfassung wurde durch Volksabstimmung am 11. September 1980 mit der Mehrheit von 67,04 % angenommen. Offiziell wurde die neue Verfassung am 21. Oktober 1980 verkündet und trat in Teilen am 11. März 1981 in Kraft. Erst neun Jahre später aufgrund der Rückkehr zur Demokratie trat der Rest der Bestimmungen in Kraft.

Um den Prozess der Neuorganisation des Landes vorzubereiten und da die Arbeit der Verfassungskommission sich in die Länge zog, verkündete die Regierung im Jahre 1976 vier Verfassungsakte (actas constitucionales). Die Verfassung von 1925 war rechtlich noch nicht abgeschafft und deshalb versuchte die Regierung durch Verfassungsakte die Grundlagen für eine Neuorganisation der Republik zu schaffen. Die beratende Kommission für Verfassungsorgangesetze[124] spielte auch für die Schaffung der neuen Ordnung des Staates eine wichtige Rolle. Sie wurde im März 1983 berufen und bereitete viele Gesetzentwürfe vor, die für die Anwendung sämtlicher Vorschriften der Verfassung wesentlich waren.

---

124 Ein Verfassungsorgangesetz ist ein spezialles Gesetz, das die Organisation zentraler Politikbereiche, etwa Zentralbank, Verfassungsgericht, Wahlrecht, Polizei, Militär etc. regelt. Für seine Verabschiedung sieht die Verfassung ein hohes Quorum, nämlich 4/7 der Mitglieder beider Parlamentskammern, vor.

Nach dem Militäraufstand von 1973 begann für die Gemeindeverwaltungen eine neue Zeit. Sie fügten sich in das gesamte System der Staatsverwaltung ein und waren abhängig von der Zentralregierung. Obwohl es bereits vorher schon keine kommunale Selbstverwaltung gab, verloren die Gemeindeverwaltungen den Rest an Autonomie, die sie noch hatten. Der Gemeinderat wurde abgeschafft und die Bürgermeister wurden vom Präsidenten der Republik ernannt.

Da die Regierung eine gewisse Flexibilität für Reformen brauchte, erließ sie wichtige Normen. Viele dieser Vorschriften wirkten sich zum Nachteil für die Angestellten der Gemeindeverwaltungen aus, denen ohne Entschädigung gekündigt wurden. Das Gesetzesdekret Nr. 25 vom 22. September 1973 entließ die Ratsmitglieder und Bürgermeister des Landes. Die Militärjunta ernannte die Bürgermeister im ganzen Land, die als Einzelorgane alle Befugnisse der kommunalen Körperschaft bekamen. Ratsmitglieder gab es nicht mehr. Das Amt des Bürgermeisters stand in Abhängigkeit zum Regierungschef und wurde nunmehr entlohnt. Er war der gerichtliche und außergerichtliche Vertreter der Gemeindeverwaltung.

Die Grundlagen des chilenischen Dezentralisierungsprozesses wurden durch den Erlass des Gesetzesdekrets Nr. 573 vom 12. Juli 1974 über innere Politik und Verwaltung des Staates und den Erlass des Gesetzesdekrets Nr. 575 vom 13. Juli 1974 über Regionalisierung geschaffen. Die Militärregierung war der Überzeugung, dass eine Staatsreform eine Verlagerung von Aufgaben und Kompetenzen auf Regionen und Kommunen erforderlich machte. Jedoch behielt die Regierung die Kommunen unter militärischer Aufsicht. Man kann eher von einer administrativen Dekonzentration als von Dezentralisierung sprechen. Öffentliche Aufgaben wurden auf die Regionen und Kommunen verlagert, ohne jedoch politische Befugnisse abzutreten. Die Regierung versuchte mit der Dekonzentration nationale Sicherheit sowie administrative und fiskalische Effizienz zu erreichen. Die Kontrolle über die Verwaltung blieb jedoch bei der Zentralregierung.

Das Gesetzesdekret Nr. 573 bestimmte die Grundzüge der neuen chilenischen Kommunalordnung. Zum ersten Mal in der chilenischen Rechtsordnung enthielt das Gesetz eine Definition der Gemeindeverwaltung. Gemäß Artikel 15 sind Gemeindeverwaltungen „Einrichtungen des öffentlichen Rechts, die funktionell und territorial dezentralisiert sind, deren Aufgabe die Befriedigung der Bedürfnisse der lokalen Gemeinschaft ist, insbesondere die Beteiligung an der Planung und Durchführung der wirtschaftlichen und sozialen Entwicklung der Kommune oder einer Gruppe von Kommunen, unabhängig davon, ob sie allein oder koordiniert mit anderen Gemeindeverwaltungen oder anderen öffentlichen Einrichtungen und privaten Organisationen tätig werden." Das Gesetzesdekret Nr. 573 bestätigte die zentrale Stellung des Bürgermeisters innerhalb der Kommunalverwaltung. Er ersetzte den Gemeinderat und übernahm dessen Befugnisse. Die Ernennung des Bürgermeisters oblag dem Regierungschef und dieser konnte ihn ohne Angabe von Gründen aus dem Amt entfernen. Die Befugnisse der Gemeindeverwaltung wurden nicht ausdrücklich definiert. Sie bezogen sich auf die Angelegenheiten der örtlichen Gemeinschaft, allerdings waren die Befugnisse der Gemeindeverwaltung keineswegs exklusiv, da der Zentralstaat die Aufgaben ebenfalls wahrnehmen konnte. Trotzdem entstanden in der Kommunalgeschichte Chiles nunmehr zum ersten Mal einige exklusive Befugnisse für die Gemeindeverwaltungen. Sie mussten sich aber nach vorrangigen regionalen und nationalen Entwicklungsplänen richten, weil sie nur dezentrale Verwaltungseinheiten der Zentralregierung darstellten.

Die Militärregierung gründete das Planungs- und Koordinationsbüro (Oficina de Planificación y Coordinación). Dieses Organ diente als Berater und technisches Sekretariat des Bürgermeisters sowie des kommunalen Entwicklungsrates *(Consejo de Desarrollo Comunal*, abgekürzt *CODECO)*. Dieses Organ stand in direkter Beziehung zur Entwicklungspolitik der Zentralregierung. Der kommunale Entwicklungsrat ersetzte den Gemeinderat. Dieser Rat übte aber keine wichtigen Befugnisse aus und war nur zur Beratung des Bürgermeisters gedacht. Durch den Rat versuchte die Regierung die Beteiligung der örtlichen Gemeinschaft auf kommunaler Ebene zu verbessern und sorgte dafür, dass er nicht politisch instrumentalisiert werden konnte.

Am 14. Januar 1976 wurde ein neues Gemeindegesetz durch das Gesetzesdekret Nr. 1.289 veröffentlicht, welches das Gemeindegesetz von 1955 ersetzte. Dieses Gesetz betraf die Organisation, die Befugnisse und Arbeitsweise der Gemeindeverwaltung. Im Gegensatz zu dem letzten Gemeindegesetz, welches die Gemeindeverwaltungen einschränkte, gestand das Gesetz den Gemeindeverwaltungen eine aktive Rolle in der Kommunalentwicklung zu. Dieses Gesetz definierte die Gemeindeverwaltungen als Institutionen, die Teil des Systems der inneren Staatsverwaltung waren und damit unter der strengen Kontrolle der Zentralregierung standen. Diese Definition besagte auch, dass die Gemeindeverwaltungen die Beteiligung der Gemeinschaft kanalisieren sollten. Hierbei spielte der kommunale Entwicklungsrat eine wichtige Rolle. Das neue Gemeindegesetz verbreiterte den Funktionsbereich der Gemeindeverwaltung, um ihr die Möglichkeit zu offerieren, die allgemeine Entwicklung der Kommune zu fördern. So bestimmte es ein neues umfassendes Konzept der kommunalen Zuständigkeiten. Dazu zählten unter anderen die Kommunalverwaltung, die Befriedigung der lokalen Bedürfnisse und die Förderung der lokalen Entwicklung. Dieses Merkmal kennzeichnet die Gemeindeverwaltungen noch heute und hat sich im Laufe der Jahre erweitert.

Die Befugnisse der Gemeindeverwaltung wurden genauer bestimmt, insbesondere, die des Bürgermeisters, der die wichtigen Entscheidungen in der Gemeindeverwaltung traf. Es konsolidierte sich auch die Aufteilung zwischen exklusiven und gemeinsamen Aufgaben in Bezug auf die Mitwirkung des Zentralstaates. Die Gemeindeverwaltungen bekamen mehr Einfluss auf bestimmte Aspekte des lokalen Lebens. Trotzdem sah das Gesetz eine weitreichende Zusammenarbeit mit anderen Staatsbehörden vor. Die Zentralregierung wirkte auf die Gemeindeverwaltungen durch die Erstellung von Plänen und Programmen auf nationaler und regionaler Ebene ein. Die Gemeindeverwaltung wurde als Bestandteil der öffentlichen Verwaltung betrachtet und unter vollständige Kontrolle der Zentralregierung gestellt. Sie besaß keine Selbstverwaltung und Freiheit, um ihre eigenen Entscheidungen zu treffen. Die Zentralregierung verstärkte diese Unterordnung durch die Ernennung der Bürgermeister, den Erlass strenger Normen, die Aufstellung von Plänen und Programmen und durch die Aufsicht der Gemeindeverwaltungen.

Das Gesetzesdekret Nr. 2.868 vom 26. Oktober 1979 legte die neuen Grenzen der Kommunen des Landes fest. Die Gemeindeverwaltungen hatten sich erheblich erweitert. Wichtig war auch der Erlass des Gesetzesdekretes Nr. 3.063 von 1979 über die kommunalen Einkünfte, das die Einnahmen der Kommunen erhöhte[125] und einen kommunalen Finanzausgleichsfonds (Fondo Común Municipal) einrichtete. Wie es den Namen zu entnehmen ist, sollte der Finanzausgleichsfonds zwischen finanzschwachen und finanzstarken Gemeindeverwaltungen die Divergenz ausgleichen. Zusammen mit dem Gesetzesdekret Nr. 1.263 über Finanzverwaltung des Staates gestaltete dieses Dekret die Finanzordnung der Kommune.

Um die Dezentralisierung des Landes zu fördern, organisierte die Militärregierung eine Neuordnung des Landes. Die Neuordnung hatte die Regionalisierung des Landes zum Ziel. Dadurch wurde ein Untersekretariat für regionale Entwicklung gegründet. Darüber hinaus richtete sie im Jahre 1975 einen nationalen Fonds für regionale Entwicklung *(Fondo Nacional de Desarrollo Regional*, abgekürzt *FNDR)* zur Finanzierung von Investitionen auf regionaler Ebene ein. Hierzu gründete die Regierung regionale Entwicklungsräte *(Consejos Regionales de Desarrollo*, abgekürzt *COREDES)*, die regionalen Sekretariate für Planung und Koordination *(Secretarías Regionales de Planificación y Coordinación*, abgekürzt *SERPLAC)* und die Regionalsekretariate der Ministerien *(Secretarías Regionales Ministeriales*, abgekürzt *SEREMI)* zur Unterstützung der Verwaltung der Regionen.

Die Reformen der Militärregierung erweiterten die Befugnisse der Gemeindeverwaltungen. Obwohl die Kommunen keine Selbstverwaltung besaßen, wuchs ihre Bedeutung innerhalb der Staatsverwaltung. Besonders relevant war die Übertragung von Bildungs- und Gesundheitsaufgaben an die Kommunen.

---

125 Die Gemeindeverwaltungen bekamen die Einkünfte von drei lokalen Steuern, der Grundsteuer, der KFZ-Steuer und der Gewerbesteuer.

Die Reformen dienten dazu, die Vorteile der Gemeindeverwaltungen auszunutzen, um die Effizienz der öffentlichen Verwaltung zu verbessern. Der neue Schwung der Kommunen nahm aufgrund der Unfähigkeit ihres Führungspersonals und mangelhafter Finanzsituation rasch ab und stürzte die Gemeindeverwaltungen in eine schwere Krise, obwohl die Regierung die kommunalen Einkünfte erhöht und die Organisation der Gemeindeverwaltungen professionell neustrukturiert hatte.[126]

VIII. Gemeindeverwaltung in der Verfassung von 1980 (i.d.F. von 1980)

1. Diskussion innerhalb der Militärregierung über die kommunale Struktur

Die Militärregierung wollte einerseits eine strenge Aufsicht über die Staatsverwaltung behalten, um politische Bewegungen innerhalb der Verwaltung zu vermeiden. Andererseits wollte sie die Beteiligungsmöglichkeiten der Gesellschaft verbessern. Deshalb gründete die Militärregierung verschiedene lokale Instanzen, wie den kommunalen Entwicklungsrat und die Bürgerinitiativen (juntas de vecinos). Das alte Kommunalsystem stand in der Kritik, weil es keine Bürgernähe gewährleistete. Aufgrund der Politisierung der Institutionen verließen viele Bürger die Gemeindepolitik. Dies wollte die Militärregierung ändern. Trotzdem war es vorrangiges Ziel, eine strenge Aufsicht über die Kommunenorganisation zu behalten. Die größere Beteiligung blieb sekundäres Ziel.

Durch die Ernennung der Bürgermeister mischte sich die Zentralregierung in die Gemeindeverwaltungen ein. Der Bürgermeister hatte die Macht in der Gemeindeverwaltung inne. Als Einzelorgan konnte er die wichtigsten Entscheidungen alleine treffen, was die Kommunalverwaltung und das Entscheidungsverfahren erleichterte. Effizienz und Kontrolle wurden durch eine autoritäre Führung gewährleistet.

Die Krise der Kommunalverwaltung Anfang der 70er Jahre hatte die Schaffung eines hierarchischen und autoritären Kommunalsystems zur Folge, welches sich mit den Jahren mehr und mehr konsolidierte. Noch heute kann man in den Gemeindeverwaltungen eine exponierte Stellung des Bürgermeisters erkennen. Trotz der Neuerstehung des Gemeinderates behielt der Bürgermeister seine herausgehobene Position innerhalb der Kommunalverwaltung, die er während der Militärregierung erhalten hatte.

---

126 Espinoza/Marcel, Descentralización Fiscal: El caso de Chile, S. 32 f.

2. Verfassungsrechtliche Regelung der Gemeindeverwaltungen

Die Verfassung von 1980 definierte die Gemeindeverwaltungen in Artikel 107: „Die Gemeindeverwaltungen sind Körperschaften des öffentlichen Rechts mit eigener Rechtspersönlichkeit und eigenem Vermögen, deren Ziel die Befriedigung der Bedürfnisse der örtlichen Gemeinschaft und die Absicherung ihrer Beteiligung am wirtschaftlichen, sozialen und kulturellen Aufschwung der Kommune ist.“ Diese Definition stand auch in Artikel 1 des Verfassungsorgangesetzes Nr. 18.695 über die Gemeindeverwaltungen von 1988 bzw. im Gemeindegesetz (Ley orgánica constitucional de municipalidades). Im Verfassungsorgangesetz Nr. 18.575 über die allgemeinen Grundlagen der staatlichen Verwaltung (Ley orgánica constitucional de bases generales de la administración del Estado) waren die Gemeindeverwaltungen als Organe der Staatsverwaltung aufgeführt.

Anders als bei der Verfassung von 1925 trennte die neue Verfassung nicht zwischen politischen und administrativen Staatsorganen, die nunmehr in einem Kapitel aufgeführt wurden. Die Gemeindeverwaltungen bekamen, genau wie im Jahre 1925, keine politische Funktion.

Die Verfassung von 1980 schenkte den Gemeindeverwaltungen zum ersten Mal verfassungsrechtliche Anerkennung, da sie mit einer eigenen Rechtspersönlichkeit des öffentlichen Rechts ausgestattet wurden. Parallel dazu erhielten sie eigenes Vermögen. Damit wurde der Gesetzgeber indirekt verpflichtet, geeignete Mechanismen zu schaffen, um die Finanzierung der Gemeindeverwaltungen für die Ausübung ihrer Aufgaben zu sichern.

In Bezug auf die Aufgaben der Gemeindeverwaltungen blieb das alte umfassende System, wie man es den Zielen der Definition der Gemeindeverwaltung entnehmen kann, bestehen. Die Bestimmung der Aufgaben im Detail blieb dennoch Aufgabe des Gemeindegesetzes, wie es die Verfassung ausdrücklich bestimmte.

Im ursprünglichen Text der Verfassung von 1980 stand, dass die Gemeindeverwaltung aus dem Bürgermeister, als der wichtigsten Führungspersönlichkeit, und dem kommunalen Entwicklungsrat besteht. Das Gemeindegesetz sollte die Amtszeit des Bürgermeisters festlegen. Die Verfassung in ihrer Fassung von 1980 legte die wichtige Rolle des Bürgermeisters auf kommunaler Ebene fest und bezeichnete ihn als höchste Führungspersönlichkeit der Gemeindeverwaltung. Da es zunächst keinen Gemeinderat nach heutigem Muster gab, erhielt der Bürgermeister viele Befugnisse und besaß somit die Macht über die Gemeindeverwaltung. Neben dem Bürgermeister gab es nur den kommunalen Entwicklungsrat, der lediglich als Berater des Bürgermeisters fungierte, damit die örtliche Gemeinschaft zumindest im kleinen Rahmen an den Entscheidungen der

Gemeindeverwaltung mitarbeiten konnte. Der kommunale Entwicklungsrat war ein unabhängiges Organ. Der Bürgermeister leitete als Vorsitzender die Sitzungen des Rates, gehörte aber nicht zu seinen Mitgliedern.

Die Verfassung legte die Mindestvoraussetzungen und Unvereinbarkeiten für das Amt des Bürgermeisters fest. Der Bürgermeister wurde gemäß Artikel 108 – Originalfassung – vom regionalen Entwicklungsrat (COREDE) nach Vorschlag einer Liste von drei Kandidaten des kommunalen Entwicklungsrates ernannt. Allerdings konnte der Präsident der Republik in den Gemeindeverwaltungen, die das Gesetz aufgrund der Bevölkerungszahl oder der geographischen Lage bestimmte, die Bürgermeister direkt ernennen.

Da das Gemeindegesetz und das Verfassungsorgangesetz über die regionalen Entwicklungsräte erst im Jahre 1988 erlassen wurden, entfalteten die Normen der Verfassung, auf die sich die Gesetze stützten, lediglich ihre Wirkung zwischen 1988 und 1992. Deshalb ernannte der Präsident der Republik die Bürgermeister fast ausschließlich zwischen 1973 und 1988.

3. Verfassungsorgangesetz für die Gemeindeverwaltungen

Die Verfassung von 1980 entfaltete im Bereich des Kommunalwesens erst im Jahre 1988 mit dem Erlass des Gemeindegesetzes[127] ihre Wirkung. Mit diesem Gesetz wurde das Gemeindegesetz von 1976 – Gesetzesdekret Nr. 1.289 – ausdrücklich abgeschafft.

Wichtiges Merkmal dieses Gemeindegesetzes waren die eingeschränkten Befugnisse des Gouverneurs hinsichtlich der Gemeindeverwaltung. Er blieb zwar die höchste Instanz in der Provinz, seine Aufgaben wurden jedoch begrenzt. Er koordinierte die Arbeit innerhalb der Kommunen und mischte sich nur ein, wenn die Gemeindeverwaltungen einer Provinz keine Einigung zwischen sich selbst oder zwischen den Gemeindeverwaltungen und anderen Staatsbehörden erzielen konnten. Für Beschwerden gegen jede rechtswidrige Handlung oder Unterlassung der Gemeindeverwaltung schuf das Gesetz für die Bürger ein besonderes Verfahren. Außerdem erkannte es die außervertragliche Haftung der Gemeindeverwaltung für Schäden, die sie im Rahmen ihrer Tätig-

127 Das neue und aktuelle Gemeindegesetz wurde am 31. März 1988 verabschiedet und schaffte alle Gesetze ab, die zu dem Zeitpunkt wesentliche Aufgaben und Befugnisse der Gemeindeverwaltung festlegten, wie das chilenische Verfassungsgericht entschied. Dies beendete die Gültigkeit der reichen und komplexen Rechtsvorschriften, die zu diesem Thema existieren. Entscheidung des chilenischen Verfassungsgerichts vom 29. Februar 1988, zusammengestellt in: Fallos del Tribunal Constitucional pronunciados entre el 23 de diciembre de 1985 y el 23 de junio de 1992, Santiago de Chile, 1993, S. 121 f.

keit verursacht, an und übernahm das aus dem Zivilrecht stammende Konzept der mangelhaften Leistung.

Artikel 1 besagte, dass die Verwaltung der Kommune oder einer Gruppe von Kommunen zur Gemeindeverwaltung gehört, die sich ihrer Definition nach auf die Befriedigung der Bedürfnisse der örtlichen Gemeinschaft und die Absicherung ihrer Beteiligung am wirtschaftlichen, sozialen und kulturellen Aufschwung der Kommune konzentrierte. Diese Aufgabenbeschreibung der Gemeindeverwaltung nehmen die folgenden Artikel auf, die die Zuständigkeiten der Gemeindeverwaltungen in exklusive und gemeinsame Aufgaben sowie in wesentliche Befugnisse unterteilen.

Die exklusiven Aufgaben der Gemeindeverwaltung wurden aufgrund ihrer speziellen Natur begrenzt bestimmt. Eine neue exklusive Aufgabe war die Förderung der kommunalen Entwicklung. Die Liste der gemeinsamen Aufgaben war nur beispielhaft und ließ sich dahingehend erweitern. Sie müssen sich nur auf Angelegenheiten der örtlichen Gemeinschaft beziehen. Die wesentlichen Befugnisse der Gemeindeverwaltung waren solche, die sie in erster Linie zur Erfüllung ihrer Ziele brauchten. Es gab jedoch auch andere, nicht allzu wesentliche Kompetenzen, die in verschiedenen Gesetzen ihren Niederschlag fanden.

IX. Gemeindeverwaltung in der Verfassung nach der Verfassungsreform von 1989 (Ley N° 18.825)

Nach Verhandlungen zwischen den Parteien, die im Jahre 1988 aufgrund der Rückkehr Chiles zur Demokratie wieder etabliert werden konnten, und der Militärregierung wurden 54 Veränderungen in der Verfassung von 1980 durch das Gesetz Nr. 18.825 vom 17. August 1989 vorgenommen. Die Reformen versuchten, ein besseres Regierungssystem für das Land zu schaffen, um den Prozess des demokratischen Übergangs für die kommenden Jahre zu sichern. Die Verfassungsreformen wurden in einem Referendum mit 85,7 % der Wählerstimmen angenommen.

Zu den Zielen dieser Reformen gehörten die Stärkung der Demokratie und die Erhöhung der gesellschaftlichen Teilhabe an der politischen Gestaltung. Hierzu wurde der Gesetzgeber ermächtigt, einige örtliche Angelegenheiten zur Volksabstimmung zu stellen. Jedoch wurde stark kritisiert, dass diese Reformen das Problem des vorherrschenden Demokratiedefizits durch die zentrale Ernennung von kommunalen Führungspersönlichkeiten weder erkannt noch verändert hatten.

X. Gemeindeverwaltung in der Verfassung nach der Verfassungsreform von 1991 (Ley N° 19.097)

1. Überblick

Nach der Rückkehr zur Demokratie versuchte die neue Regierung, die Staatsverwaltung zu dezentralisieren und die Ernennung der Führungspersönlichkeiten auf kommunaler Ebene zu demokratisieren. Erst nach einer politischen Einigung mit den Parteien der Opposition wurde dieses Ziel erreicht. Aufgrund dieser politischen Einigung reichte der Präsident der Republik am 20. Mai 1991 einen Entwurf über eine Verfassungsreform im Bereich der politischen und administrativen Organisation der Regionen, Provinzen und Kommunen im Senat ein.[128] Der Entwurf wurde in ungewöhnlicher Eile diskutiert, denn es bestand allenthalben ein großes Interesse daran, die Reform zu verabschieden, damit die nächsten Führungspersönlichkeiten der Gemeindeverwaltungen demokratisch gewählt werden konnten. Eine Wahl war für Juni 1992 vorgesehen.

Der Entwurf wurde umgehend verabschiedet. Nach einigen Verbesserungen des Entwurfs durch den Senat blieb er unverändert. Das Abgeordnetenhaus kreierte sogar ein spezielles Verfahren, um den Entwurf rechtzeitig verkünden zu können. Schließlich ratifizierte der Kongress die vorgeschlagene Verfassungsänderung am 9. November 1991 und der Präsident der Republik verkündete das Gesetz nur wenige Tage später. Dies verdeutlicht, dass die Reform ihre Struktur durch den Senat erhalten hat bzw. durch den zweiten Bericht der vereinigten Ausschüsse des Senats, die anschließend das Plenum über den Entwurf der Verfassungsreform informierten.

2. Relevanz der neuen kommunalen Reform

Das Verfassungsreformgesetz Nr. 19.097 vom 12. November 1991 beseitigte das Defizit, das noch auf kommunaler Ebene bezüglich der Legitimität der Führungskräfte bestand und demokratisierte die Struktur und die Funktionsfähigkeit

---

128 Die Regierung hatte im Mai 1990 eine Verfassungsreform vorgeschlagen, die sich grundsätzlich auf die demokratische Wahl der lokalen Führungskräfte bezog. Nach ihrer Annahme im Abgeordnetenhaus wurde der Entwurf im Senat abgelehnt. Die Opposition protestierte, dass diese Reform keine systematische und umfassende administrative Dezentralisierung schuf. Im April 1991 schickte der Präsident der Republik einen anderen Entwurf, der sich auf Angelegenheiten der politischen und administrativen Verwaltung der Regierung bezog. Aufgrund der Beziehungen zwischen beiden Entwürfen sendete er einen neuen Entwurf am 20. Mai 1991, der all diese vorgeschlagenen Verfassungsänderungen umfasste.

der Gemeindeverwaltungen. Die Reform schuf in diesem Bereich viele Veränderungen, die sich auf Regionalisierung, Demokratisierung der Kommunen und Erhöhung der Beteiligung der lokalen Gemeinschaft bezogen, um letztlich das Land zu dezentralisieren. Entgegen ihrer Absicht enthielt die Reform nur allgemeine Grundsätze und Leitlinien, so dass dem Gesetzgeber die Verantwortung für die Umsetzung der notwendigen Maßnahmen zur Erreichung dieser Ziele oblag. Aus diesem Grund wurde, trotz des großen Wunsches, eine Dezentralisierung nicht erreicht.

Ein wesentliches Merkmal dieser Reform war, den Bürgern das Recht, ihre kommunalen Vertreter selbst zu wählen, zurückzugeben. Dies demokratisierte die Gemeindeverwaltungen und beseitigte eines der größten Hindernisse für eine wirkliche kommunale Selbstverwaltung. Es begann eine neue Zeit für die Kommunen.

Die Reform statuierte wieder einen Gemeinderat, dem der Bürgermeister als Mitglied angehörte. Alle Mitglieder des Rates wurden vom Volk gewählt, blieben vier Jahre im Amt und konnten wiedergewählt werden. Der Rat bekam einen neuen Namen *concejo municipal*, um sich vom regionalen Entwicklungsrat (consejo regional) zu unterscheiden. So endete die exponierte Stellung des Bürgermeisters in der Kommunalverwaltung. Der Gemeinderat war zu einem regulierenden, überwachenden und entscheidenden Organ geworden, das die Beteiligung der örtlichen Gemeinschaft gewährleisten sollte. Zu seinen wichtigsten Aufgaben gehörte die obligatorische Anfrage, die der Bürgermeister an den Rat zur Lösung bestimmter Angelegenheiten zu richten hatte. Der kommunale Entwicklungsrat, der aus Vertretern der territorialen und funktionellen Gemeinschaftsorganisationen bestand, bekam einen neuen Namen und nannte sich fortan kommunaler Wirtschafts- und Sozialrat (consejo económico y social comunal). Dieser Rat sorgte ohne administrative Kompetenzen für die Beteiligung der lokalen Gemeinschaft an der Kommunalverwaltung und diente als Berater des Bürgermeisters und des Gemeinderates.

Das Wahlverfahren der Gemeinderatsmitglieder war nicht in der Verfassung definiert. Dies wurde durch das Gemeindegesetz geregelt. Das Gemeindegesetz sollte auch die Anzahl der Ratsmitglieder jeder Gemeindeverwaltung bestimmen.

3. Bürgermeister als Mitglied des Gemeinderates

Hinsichtlich des Bürgermeisters normierte die Verfassung lediglich, dass das Gemeindegesetz die Form der Wahl bestimmen dürfte. Darüber hinaus strich die Reform das Wort Bürgermeister aus mehreren Abschnitten des Verfassungstextes. Daher bezieht sich die Verfassung seit dieser Reform an der Stelle, an der früher der Bürgermeister definiert wurde, auf das Gemeinderatsmitglied.

Nur der ursprüngliche Artikel 114 unterschied zwischen Bürgermeister und Ratsmitglied, da er Gründe für die Beendigung bestimmter Ämter regelte, die aufgrund des Unterschieds der Funktionen differenziert zu regeln waren. Deshalb wurde z. B. das Wort „Bürgermeister" im aktuellen Artikel 124 abgeschafft und auf kommunaler Ebene durch „Gemeinderatsmitglied" (concejal) ersetzt. Wie der Senator Fernández vorschlug, wurde der Verweis im Verfassungstext auf den Bürgermeister abgeschafft, da er auch Mitglied des Gemeinderates ist.[129]

Die Vorschriften über die Gemeinderatsmitglieder gelten nun auch für den Bürgermeister. Nur wenn die Verfassung ausdrücklich zwischen beiden unterscheidet, soll der Rechtsanwender ebenfalls differenzieren. Der Bürgermeister wird vom Volk gewählt, bleibt vier Jahre im Amt und kann wiedergewählt werden. Wenn die Verfassung zum Ausdrucke bringt, dass der Gesetzgeber die Art und Weise der Wahl des Bürgermeisters ausgestalten kann, so bezieht sich dies nur auf das Verfahren.

Dieses Thema gewann besondere Bedeutung, als das Gesetz Nr. 19.737 vom 6. Juli 2001 erlassen wurde. Dieses Gesetz veränderte das Gemeindegesetz, um eine neue Kommunalordnung zu schaffen, die sowohl eine Volkswahl des Bürgermeisters als auch der Gemeinderatsmitglieder ermöglichen sollte. Im alten System hatten die Bürger nur eine Wahlstimme. Unter Verwendung eines komplexen Systems wurde eine bestimmte Anzahl an Kandidaten gewählt, von denen einer letztlich zum Bürgermeister ernannt wurde. Die alten Wahlsysteme stimmten meist nicht mit dem Willen der Bürger überein. Bürgermeister und Gemeinderatsmitglieder wurden gleichzeitig mit einer Stimme gewählt, so dass es im Verborgenen blieb, ob man für den Bürgermeister oder für das Gemeinderatsmitglied gestimmt hat. Vielen Kandidaten, die nicht als Bürgermeister, sondern als Gemeinderatsmitglied gewählt wurden, fehlte es an Motivation, ihre Arbeit aufzunehmen. Ihr Hauptinteresse während ihrer Mandatszeit lag häufig darin, eine destruktive Oppositionspolitik zu führen, um Stimmen für die kommende Wahl zu sammeln.

Um diese Probleme zu vermeiden, schickte der Präsident der Republik dem Parlament einen Entwurf zur Änderung des Gemeindegesetzes, der vorsah, die Wahl des Bürgermeisters und der Gemeinderatsmitglieder zu trennen. Beide Ämter wurden dann am gleichen Wahltag gewählt, jedoch mit verschiedenen Stimmzetteln. Viele Politiker meinten, dass diese Änderung verfassungswidrig sei. So zeigte sich, dass es den Reformen des Jahres 1991 an Klarheit mangelte.

---

129 Zitiert im ersten gemeinsamen Bericht des Ausschusses für Regierung, Dezentralisierung und Regionalisierung und des Ausschusses für Verfassung, Gesetzgebung, Gerechtigkeit und Verordnung des Senats, über den Entwurf der Verfassungsreform über Regierung und Verwaltung der Regionen und Provinzen und Verwaltung der Kommune, Formular Nr. 357-06, vom 5. August 1991.

Der Gesetzgeber entschied sich schließlich für eine unhaltbare Auslegung der Verfassung. Der Gesetzgeber verneinte, dass der Bürgermeister ursprünglich als Gemeinderatsmitglied von der Verfassung konzipiert wurde und kam zu dem Ergebnis, dass dem Gesetzgeber die umfassende Kompetenz zur Ausgestaltung der Wahl des Bürgermeisters zustehe.

Stünde dem Gesetzgeber die alleinige allumfassende Kompetenz zur Ausgestaltung der Bürgermeisterwahl zu, so wären einige Vorschriften der Verfassung und des Gemeindegesetzes obsolet, sollte sowas verfassungsrechtlich überhaupt möglich sein. Die Gefahr bestand, dass der Gesetzgeber unter Befolgung seiner eigenen Argumentation sich derart verselbstständigt und Regelungen erlässt, die nur von der Verfassung selbst geregelt werden sollten. Dazu zählen z. B. die Dauer der Amtsperiode, eine mögliche Wiederwahl oder gar die Ernennung dieses Amtes vom Präsidenten der Republik. Darüber hinaus würde der Gesetzgeber auch die Voraussetzungen und Ausschlusskriterien für das Amt des Bürgermeisters ohne Hinzuziehung der Einschränkungen des Artikels 124 der Verfassung frei bestimmen können.

4. Weitere wichtige Veränderungen

Die Reform bezieht sich nicht ausdrücklich auf den Vorsitzender des Gemeinderates. Aus der Verfassung ergibt sich jedoch, dass diese Tätigkeit vom Bürgermeister ausgeübt werden sollte, da er als die höchste Führungspersönlichkeit der Gemeindeverwaltung konzipiert wurde.

In Bezug auf die Aufgaben des Gemeinderates ist festzustellen, dass die regulierende Funktion des Rates sehr eingeschränkt wurde. Die einzigen Befugnisse dieser Art sind die Regelung seiner Geschäftsordnung und vor allem die öffentlichen Anhörungen. Initiativen des Rates, Rechte und Pflichten des Bürgermeisters oder kommunaler Beamten zu regeln, sind rechtswidrig.[130]

Eine wichtige Änderung ist auch die Definition der Gemeindeverwaltungen als „selbstverwaltete“ Körperschaften des öffentlichen Rechts, um den Wunsch der Kommunen nach Unabhängigkeit und Selbstregulierung der Gemeindeverwaltungen innerhalb der Grenzen der kommunalen Selbstverwaltung zu betonen. Diese Norm besitzt lediglich Symbolcharakter und verwirklicht sich durch andere Vorschriften, wie z. B. die direkte Volkswahl der Mitglieder der Gemeindeverwaltung. Obwohl diese Betonung der Selbstverwaltung in der Definition der Gemeindeverwaltung bedeuten könnte, dass die kommunale Selbstverwaltung in Chile gewährleistet wird, ist die Realität eine andere. Was wirklich gewährleistet wird, ist eine „chilenische kommunale Selbstverwaltung“, die sich

---

130 Siehe Beschluss des Allgemeinen Chilenischen Rechnungshofs vom 11. Juni 1993, R.G.J. Nr. 156, S. 148, zitiert von: Pfeffer Urquiaga, Constitución Política de la República de Chile, S. 664.

aus eigenen Merkmalen zusammensetzt. Unter diesen Begriff wird subsumiert, dass die Gemeindeverwaltungen die kleinste administrative Entität im Staat darstellt. Die Exekutive, mit dem Präsidenten der Republik an der Spitze, trifft die politischen und administrativen Leitentscheidungen im Land. Die Gemeindeverwaltungen wurden als ausführende Organe konzipiert. Innerhalb dieser Prämisse bekommen die Gemeindeverwaltungen einige Befugnisse, um Angelegenheiten der örtlichen Gemeinschaft selbst zu verwalten. Dies bedeutet jedoch nicht, dass die Gemeindeverwaltungen legislative Befugnisse besitzen oder dass sie außerhalb der Überwachung der Kontrollorgane des Staates stehen. Deshalb findet eine kommunale Selbstverwaltung nach deutscher Prägung in Chile keine Zustimmung.

Während der Vorbereitung des Gesetzes wurde sogar diskutiert, ob es nicht besser wäre, die chilenische Selbstverwaltung als „administrative Selbstverwaltung" zu definieren. Mit der Klarstellung, dass die chilenische Selbstverwaltung – anders als in anderen Ländern – sich nur auf die Verwaltung bezieht, ließen sich etwaige Irrtümer bezüglich des Selbstverwaltungsbegriffs vermeiden. Letztlich wurde es aber als unnötig erachtet. Die chilenische Selbstverwaltung gewährleistet lediglich, dass die Gemeindeverwaltungen ihre örtlichen administrativen Angelegenheiten unmittelbar verwalten können, ohne von anderen Behörden abhängig zu sein. Sie verwalten die Kommune, ohne politische Entscheidungen zu treffen und richten sich nach der Verfassung und nach den Gesetzen.

Um die Selbstverwaltung zu bekräftigen, erhielten die Gemeindeverwaltungen ebenfalls weitgehende Autonomie hinsichtlich der Verwaltung ihrer Finanzen. Dadurch war es möglich, die Ressourcen des Landes an die Gemeindeverwaltungen zur Finanzierung ihrer Ausgaben zu übertragen.

Die Reform veränderte auch die Zusammensetzung des kommunalen Finanzausgleichfonds und beinhaltete, dass der Gesetzgeber die Ausgestaltung einer kommunalen Volksabstimmung festlegen konnte. Sie regelte auch die Möglichkeit der Schließung von Partnerschaften zwischen Gemeindeverwaltungen, damit sie ihre kommunalen Aufgaben effizienter erledigen konnten, wie die Gründung von Körperschaften oder privaten Stiftungen und die Einrichtung von benachbarten Einheiten (unidades vecinales).[131] Außerdem statuierte die Reform eine Voraussetzung für das Amt des Gemeinderatsmitgliedes. Die Kandidaten mussten nun ihren Wohnsitz mindestens zwei Jahre vor der nächsten Wahl in der Region begründet haben. Dies sollte gewährleisten, dass die Gemeinderatsmitglieder sich vermehrt mit den lokalen Angelegenheiten der Kommune vertraut machen.

---

131 Die Schaffung von benachbarten Einheiten ist eine administrative Zuordnung der Kommune zur Förderung einer ausgewogenen Entwicklung und einer angemessenen Beteiligung der Gemeinschaft.

Das Gesetz von 1991 änderte außerdem Artikel 3 der Verfassung von 1980, welcher die Staatsorganisation festlegte. Der vorhergehende Wortlaut erwartete nur die Bemühung des Gesetzgebers, die Verwaltung des Landes funktional und geographisch zu dezentralisieren. Der Verfassunggeber wollte seine Option für die administrative Dezentralisierung des Landes festschreiben und änderte den Wortlaut des Artikels 3 dahingehend: „Der Staat Chile ist ein Einheitsstaat, sein Hoheitsgebiet gliedert sich in Regionen. Seine Verwaltung wird funktional und geographisch in Übereinstimmung mit dem Gesetz dezentralisiert oder gegebenenfalls dekonzentriert.“ Auf diese Weise versuchte der Verfassunggeber den Gesetzgeber in die Pflicht zu nehmen. Besonders deutlich wird dies durch die Änderung des Begriffs „soll“ in den Begriff „wird“. Hierdurch wird dem Gesetzgeber vorgegeben, die notwendigen Normen zu erlassen, damit der Zustand der Staatsverwaltung verfassungskonforme Gestalt annimmt.

In diesem Sinne unterteilte der Verfassunggeber auf regionaler Ebene die politischen und administrativen Funktionen, die jeweils durch den „Intendanten“ und durch die „Regionalregierung“ ausgeübt werden sollten. Die Regionalregierung bekam für die Wahrnehmung ihrer Aufgaben eine eigene Rechtspersönlichkeit des öffentlichen Rechts und eigenes Vermögen. Auf regionaler Ebene ersetzte die Reform fernerhin den regionalen Entwicklungsrat durch einen „Regionalrat“ (consejo regional), der ausschließlich als Berater des Intendanten konzipiert war. Der Regionalrat wurde als ein regulierendes, überwachendes und entscheidendes Organ für die Region konzipiert. Im Gegenzug bekam der Gesetzgeber die Verpflichtung, die Dezentralisierung der Verwaltung auszuarbeiten. Als Grundprinzip für die Regierung und innere Verwaltung des Staates wurde die Suche nach einer gerechten und ausgewogenen territorialen Entwicklung fortgesetzt.

Die Verfassungsreform von 1991 sah auch auf Provinzebene die Einrichtung eines wirtschaftlichen und sozialen Provinzrates (consejo económico y social provincial) als Berater des Gouverneurs vor. Dieser Rat sollte die fehlenden Beteiligungsmechanismen innerhalb der Provinz ersetzen, die notwendig für deren effektive Entwicklung waren. Viele Gruppen, die keine Vertretung auf regionaler Ebene hatten, durften hier teilnehmen.

XI. Verfassungsreform von 1996 (Ley N° 19.448)

Am 20. Februar 1996 trat das Verfassungsreformgesetz Nr. 19.448 in Kraft. Dieses schob die Kommunalwahl vom 28. Juni 1996 bis zum 27. Oktober dieses Jahres auf. Der Grund für die Verschiebung der Wahl war der Wunsch, sie unter günstigeren Wetterbedingungen durchführen zu können. In den Wintermonaten war die Durchführung der Wahlen von Schwierigkeiten geprägt, vor allem in den südlichen Regionen des Landes. Darüber hinaus verlängerte die Reform die Amtszeiten der Führungskräfte bis zur neuangesetzten Wahl.

XII. Gemeindeverwaltung in der Verfassung nach der Verfassungsreform von 1997 (Ley N° 19.526)

Das Verfassungsreformgesetz Nr. 19.526 vom 17. November 1997 wollte den Prozess der Dezentralisierung des Landes fortsetzen und vertiefen, um eine effiziente Verwaltung der öffentlichen Interessen und eine Erhöhung der Bürgerbeteiligung zu schaffen.

Der Präsident der Republik hatte die exklusive Initiative für die Vorbereitung eines Gesetzesentwurfes über die Schaffung, Abschaffung und Regelung kommunaler Arbeitsplätze und Festlegung der Löhne sowie für die Bestimmungen der Einrichtungen oder Organe der Gemeindeverwaltungen. Diese Befugnis wurde von dieser Reform an die Gemeindeverwaltungen durch Normen des Gemeindegesetzes delegiert. Für die Umsetzung dieser Norm war eine Reform des Gemeindegesetzes nötig, wobei Diskussionsgrundlage nur ein Entwurf des Präsidenten der Republik sein konnte. Diese neuen Befugnisse sollten die Autonomie der Gemeindeverwaltung erhöhen und verstärken. Eine effiziente Verwaltung der Ressourcen sollte auch möglich sein. Sie trat leider noch nicht in Kraft, weil eine passende Gemeindegesetzreform bisher noch nicht verabschiedet wurde.

Der Entwurf der Regierung, der das Verfahren, die Voraussetzungen und die Einschränkungen für die Ausübung dieser neuen Befugnisse regelte, verzögerte sich im Parlament aufgrund der Interessen verschiedener Organisationen. Die Angestellten befürchteten, dass sie ihre Arbeit verlieren könnten und dass der Bürgermeister nur nach persönlichen Gesichtspunkten seine Angestellten auswählen werde. Allerdings können die Gemeindeverwaltungen nur mit der Reform eine passende Verwaltungsstruktur schaffen.

Der kommunale Wirtschafts- und Sozialrat wurde durch diese Verfassungsreform abgeschafft. Diesbezügliche Regelungen sollen vom Gesetzgeber festgelegt werden. Im Bereich der Beteiligung der Bürger am kommunalen Gemeinwesen gab es auch eine wichtige Änderung. Da der Bürgerentscheid aufgrund ihrer bindenden Wirkung kaum genützt wurde, schuf der Verfassunggeber einen neuen Mechanismus, eine „unverbindliche Volksbefragung“ (consulta no vinculante).

Die Gemeindeverwaltungen wurden nicht nur ermächtigt, private Körperschaften oder Stiftungen zu gründen, sondern sich auch in solche schon vorhandenen Institutionen zu integrieren. Außerdem wurde der Sport als Ziel solcher Institutionen vorgesehen. Um die schwache Position der Kommunen gegenüber den Staatsbehörden aufzuwiegen, bekamen die Gemeindeverwaltungen die Verantwortung dafür, die Zusammenarbeit zu steuern.

Nach dem neuen Verfassungstext sollte der Gesetzgeber den Übergang von Befugnissen von bestimmten öffentlichen Einrichtungen an die Gemeindeverwaltungen regeln. Auf diese Weise sollte die administrative Dezentralisierung vertieft werden. Bei der Gründung von neuen Gemeindeverwaltungen entstehen in der Regel Schwierigkeiten, deren Lösung nicht geregelt war. Da eine neue Gemeindeverwaltung noch keine Führung besaß, wurden ihre Interessen in der Praxis von der alten Gemeindeverwaltung wahrgenommen. Dies war kein befriedigender Zustand, weil die Interessen der alten und neuen Gemeindeverwaltung gegensätzlich verlaufen. Dadurch besagte die Reform, dass die Übergangsverwaltung auf kommunaler Ebene und andere wesentlichen Verfahren im Gemeindegesetz reguliert sein müssen. Dazu zählen unter anderen die Amtsaufnahme der Gemeindeverwaltung, der Übergang von Angestellten, Vermögen und Dienstleistungen, das Verfahren im Falle der Abschaffung einer Gemeindeverwaltung und die etwaige Fusion zwischen mehreren Gemeindeverwaltungen. Im Gemeindegesetz sind diese Fallgruppen bisher nicht geregelt, so dass immer dann, wenn durch Gesetz eine neue Gemeindeverwaltung gegründet wird, der Gesetzgeber in diesem „Gründungsgesetz“ die Fallgruppen regeln muss.

E. Verfassungsrechtliche Grundlagen der Gemeindeverwaltung in der Verfassung Chiles nach der letzten Reform von 2005

I. Verfassungsreform von 2005 (Ley N° 20.050)

Der letzte Versuch des Parlaments, die Dezentralisierung der Verwaltung des Staates zu verwirklichen, erfolgte mit dem Erlass des Verfassungsreformgesetzes Nr. 20.050 vom 26. August 2005. Genauso wie in den letzten Verfassungsreformgesetzen erhielt der Gesetzgeber die Kompetenz zur Regelung der Umsetzung und Ausführung dieser Reform.

Die Reform fügte dem Artikel 3 der chilenischen Verfassung einen neuen dritten Absatz hinzu, der besagte: „Die Organe des Staates werden die Stärkung der Regionalisierung des Landes und die gerechte und solidarische Entwicklung zwischen den Regionen, Provinzen und Kommunen des nationalen Gebietes fördern.“ Obwohl diese Vorschrift klare Signale für die Förderung der Dezentralisierung gibt, gilt sie nur als eine Grundsatzerklärung, die ohne gesetzliche Umsetzung keine Wirkung entfalten wird.

Dieser Grundsatz wurde schon in der Reform von 1991 erwähnt, bekam aber nunmehr eine besondere Stelle in der Verfassung, nämlich im I. Kapitel der institutionellen Grundlagen des Staates. Diese Reform löste jedoch die wirklichen Probleme der Regionen nicht. Es besteht bei dieser Fassung kein Anspruch auf Reklamation. Diese Reform fördere nur eine administrative Dezentralisierung des Staates, während die politische Zentralisierung unberührt bleibe und sogar vertieft werde, was die Entwicklung der Regionen belaste. Es sei daher kein Wunder, dass die Metropolregion (Región Metropolitana) nach der Reform die einzige war, die verfassungsrechtliche Anerkennung behielt. Ein anderes Beispiel für mangelnde politische Dezentralisierung sei die Abschaffung der Voraussetzung, dass die Bewerber für einen Parlamentssitz in der Region ihren Wohnsitz inne haben müssen, so dass die Kandidaten solche aus der Region sind und nicht lediglich von der Partei entsandt werden. Die Identifikation der Abgeordneten mit ihrer Region sei somit beseitigt worden. Einerseits schuf die Reform eine Grundsatzerklärung ohne Wirkung für die Dezentralisierung des Staates und andererseits verabschiedete sie viele pragmatische Normen, die die Zentralisierung förderten.[132]

Der aktuelle Artikel 110 der Verfassung wurde ebenfalls verändert. Der Verfassunggeber wollte das Verfahren zur Gründung, Abschaffung, Bezeich-

---

132 Núñez, Estado Unitario: Unidad del Estado y Unidad de Constitución, S. 155 f.

nung und Veränderung der Grenzen der Regionen, Provinzen und Kommunen vereinheitlichen. Verfassungsentwürfe der Verfassungskommission und des Staatsrates hatten diese Regeln berücksichtigt, die später von der Militärjunta geändert wurden. Die Militärjunta wollte, dass die Regionen nur durch eine Verfassungsreform verändert werden könnten, um die politische und administrative Gliederung des Landes zu bewahren. Deshalb wurden alle Regionen im ursprünglichen Text der Verfassung aufgeführt, so dass nur durch Gesetz eine Veränderung der Grenzen der Regionen möglich war. Die Reform von 2005 schaffte die verfassungsmäßige Bestandsgarantie der Regionen bis auf die Metropolregion ab. Ein Verfassungsorgangesetz kümmert sich nun um die Definition und Änderungen der Grenzen der Regionen.

II. Verfassungsreform von 2007 (Ley N° 20.193)

Eine Verfassungsreform betreffend die politische und administrative Gestaltung des Staates erfolgte mit dem Gesetz Nr. 20.193 vom 30. Juli 2007. Sie schuf die „besonderen Gebiete“ Osterinseln und Juan-Fernández-Archipel. Die neue Bestimmung besagt, dass diese Gebiete von besonderen Satzungen reguliert werden sollen. Der Gesetzgeber soll diese Satzungen vorbereiten, in der Zwischenzeit sollten die allgemeinen Gesetze für diese besonderen Gebiete gelten.

Die geographische und politische Isolierung der Osterinseln und des Juan-Fernández-Archipels verhinderte deren soziale und wirtschaftliche Entwicklung. Beide sind Kommunen, aber die Gemeindeverwaltungen besitzen nicht die Befugnisse, um die speziellen Bedürfnisse ihrer Bevölkerung zu befriedigen. Obwohl diese Reform sich nicht mit der Kommunalverwaltung befasste, kann man an dieser Stelle die Aussage treffen, dass die Kommunalorganisation unfähig ist, solche Situationen zu beherrschen. Hätte das chilenische Kommunalsystem eine echte kommunale Selbstverwaltung gewährleistet, würden diese zwei Gemeindeverwaltungen ihre örtlichen Angelegenheiten besser und ohne nötige Reformen verbessern können. Da Chile zu zentral konzipiert ist und die politischen Entscheidungen fast ausschließlich von der Hauptstadt aus getroffen werden, haben isolierte Gebiete große Schwierigkeiten ihre Probleme zu lösen. Das ist aber nur die Spitze des Eisbergs. Die anderen Kommunen Chiles haben das gleiche Problem. Der Unterschied ist nur, dass man hier die Auswirkungen der Zentralisierung besser sieht.

Um eine Lösung für diese Gebiete zu finden, die die Situation verbessern könnte, wurde ein neues System konzipiert, das jedoch die Organisation des Staates zersplitterte. Die Erfahrung anderer Länder, wie anlässlich der Entstehung von 17 Autonomen Regionen in Spanien nach 1978, sorgte in Chile für die Bearbeitung dieser Reform. Ihre Wirkung muss noch abgewartet werden, weil der Gesetzgeber noch ein Verfassungsorgangesetz zur Umsetzung dieser Normen verabschieden muss.

Die Reform versucht unter anderem Namen eine echte kommunale Selbstverwaltung in zwei Kommunen Chiles einzuführen. Die autonomen Regionen sind für andere Fälle konzipiert worden, nämlich Regionen mit höherer Einwohnerzahl und größerem Gebiet (die Kommune des Juan-Fernández-Archipels hat z. B. nach der Einschätzung des chilenischen Nationalen Instituts für Statistiken für das Jahr 2008 etwa nur 775 Einwohner). Die zwei Kommunen benötigen zur Lösung ihrer Probleme politische Befugnisse wie alle Kommunen Chiles. Sie benötigen kommunale Selbstverwaltung. Deshalb sollte der Staat diesen zwei Kommunen kommunale Selbstverwaltung gewährleisten, anstatt eine neue Institution der politischen und administrativen Organisation des Landes zu schaffen.

III. Verfassungsreform von 2009 (Ley N° 20.346)

Am 14. Mai 2009 wurde die Verfassungsreform Nr. 20.346 über Gemeindeverbände veröffentlicht. Die Gemeindeverbände erhalten durch sie eine Rechtspersönlichkeit des Privatrechts. Außerdem bekamen die Körperschaften und Stiftungen der Gemeindeverwaltungen eine Erhöhung ihrer Ziele. Sie dürfen sich nicht nur für Kunst, Kultur und Sport einsetzen, sondern auch für die Unterstützung von Projekten über Kommunal- und Produktionsentwicklung, was durch das Gemeindegesetz näher ausgestaltet werden soll.

IV. Zweite Verfassungsreform von 2009 (Ley N° 20.390)

Am 28. Oktober 2009 wurde die Verfassungsreform Nr. 20.390 über Regierung und Verwaltung der Regionen veröffentlicht. Sie versucht die innere politische und administrative Organisation des Staates zu verbessern und damit auch die Dezentralisierung zu verwirklichen. Zu den Änderungen gehört auch die Reform des Regionalrates, der nach dem neuen Text aus gewählten Mitgliedern der Gemeinschaft besteht. Dieses regulierende, überwachende und entscheidende Organ, das die Beteiligung der regionalen Gemeinschaft verwirklichen soll, bekommt somit mehr Ansehen und Funktionen. Mit dieser neuen Struktur soll der Regionalrat in der Regionalregierung (Gobierno Regional) mehr Einfluss haben und die Interessen der Region besser vertreten. Um diese Reform umsetzen zu können, soll man jedoch zuerst das Verfassungsorgangesetz Nr. 19.175 über politische und administrative Verwaltung der Regionen ändern.

F. Aktueller Zustand der verfassungsrechtlichen Grundlagen der Kommunalverwaltung Chiles

I. Verfassungsprinzipien des chilenischen Kommunalrechts

1. Subsidiaritätsprinzip

Das Subsidiaritätsprinzip, das von der katholischen Soziallehre geprägt wurde, besagt, dass die kleineren Einheiten bei der Aufgabenwahrnehmung einen Vorrang gegenüber den größeren Einheiten inne haben. Nur wenn eine kleinere Einheit mit der Wahrnehmung einer Aufgabe überfordert ist, darf die betreffende Aufgabe einer größeren Einheit zugewiesen werden.[133] Die Aufgaben, Zuständigkeiten und Verantwortlichkeiten sollten an die Gemeindeverwaltungen übertragen werden, die den Bürgern nahe stehen. Die Einmischung von anderen Einrichtungen soll nur dann geschehen, wenn überlegene Gründe eine Einmischung rechtfertigen.

Die Gewährleistung dieses Grundsatzes begünstigt nicht nur die Kommunalverwaltung, sondern auch die Stärkung der Beteiligung der örtlichen Gemeinschaft. Wenn das Subsidiaritätsprinzip ermöglicht, dass die Gemeindeverwaltungen viele Entscheidungen über die örtlichen Angelegenheiten treffen können, wird auch die örtliche Gemeinschaft bei der Entscheidung teilnehmen wollen. Die Kenntnis der Gemeindeverwaltung über die lokalen Bedürfnisse und die Beteiligung der örtlichen Gemeinschaft sorgen für eine bessere Wirkung bei der Umsetzung von öffentlichen Programmen.

In Deutschland ist die Anwendung des Grundsatzes der Subsidiarität stark ausgeprägt. Dieses Prinzip ist im Grundgesetz selbst geregelt und gewährleistet Bereiche kommunaler Zuständigkeiten. So werden die Einmischungen anderer Behörden und höherer öffentlichen Einrichtungen vermieden, außer in Fällen, in denen ihre Mitwirkung aufgrund des höheren Interesses der Gesellschaft gerechtfertigt ist.

Der Vertrag über die Europäische Union, der als Vertrag von Maastricht bekannt und im niederländischen Maastricht am 7. Februar 1992 unterzeichnet wurde, richtete in Europa den Ausschuss der Regionen ein. Der Ausschuss der Regionen nahm im Jahre 1994 seine Arbeit auf und ist ein beratendes Organ der Europäischen Gemeinschaft bzw. heute der Europäischen Union, das aus Ver-

133 Hendler, Grundbegriffe der Selbstverwaltung, S. 16.

tretern der regionalen und kommunalen Gebietskörperschaften besteht. Sie sorgen unter anderem für die Befolgung des Subsidiaritätsprinzips. Der Vertrag von Maastricht regelte auch selbst das Subsidiaritätsprinzip, welches die lokalen Körperschaften schützt und verstärkt.

Die Verfassung und das Gemeindegesetz in Chile beinhalten keine Anerkennung oder Gewährleistung des Subsidiaritätsprinzips auf kommunaler Ebene. Weder die verfassungsrechtliche Definition der Gemeindeverwaltungen, die nach der Reform von 1991 Gemeindeverwaltungen als „selbstverwaltete" Körperschaften anerkennt, noch die Tatsache, dass die Gemeindeverwaltungen Rechtspersönlichkeit des öffentlichen Rechts sind und eigenes Vermögen besitzen, reichen aus, um einen solchen verfassungsrechtlichen Grundsatz zu konstruieren. Die Konzeption einer chilenischen Gemeindeverwaltung lässt nicht zu, die administrative Abhängigkeit von der Zentralregierung zu bekämpfen. Auf politischer Ebene ist es sogar vorgekommen, dass die Parteien von ihrer Zentralverwaltung in der Hauptstadt eine strikte Unterwerfung der Bürgermeister und der Gemeinderatsmitglieder fordern. Dies ist nur ein Beispiel für die zentralistische Unterordnung der Gemeindeverwaltungen.

Die chilenische Verfassung überließ dem Gesetzgeber die Festlegung der kommunalen Zuständigkeiten. Das Gemeindegesetz legt die Aufgaben ausdrücklich fest, für deren Bewältigung die Gemeindeverwaltungen ohne Einmischung anderer Organe zuständig sind. Es existiert in Chile keine verfassungsrechtliche Bestimmung, die den Gemeindeverwaltungen das Recht auf einen Kompetenzbereich einräumte. Weder die Verfassung noch das Gemeindegesetz enthalten die Garantie, dass Gemeindeverwaltungen die Angelegenheiten der örtlichen Gemeinschaft selbst regeln können. Anders als im Grundgesetz der Bundesrepublik Deutschland, in dem Artikel 28 Abs. 2 Satz 1 eine umfangreiche kommunale Kompetenz verfassungsrechtlich garantiert und zugleich dessen Grenze zugunsten der Gemeindeverwaltungen und Gemeindeverbände festlegt, versucht die chilenische Kommunalordnung die Zuständigkeiten der Gemeindeverwaltungen expressis verbis zu regeln. In Deutschland sind alle Aufgaben, die nicht von der Begriffsbestimmung der örtlichen Angelegenheiten erfasst werden, staatlich.[134] In Chile ist die Einmischung des Staates nur in einer begrenzten Zahl von Aufgaben begrenzt. Allerdings darf der Staat aufgrund der Pflicht zur Zusammenarbeit oder mit der Zulassung der Gemeindeverwaltung auch bei der Erledigung dieser Aufgaben mitwirken.

Da in Deutschland die kommunale Selbstverwaltung gewährleistet ist, trennt man zwischen kommunalen und staatlichen Aufgaben. In Chile erfährt diese Trennung eine andere Bedeutung, weil die Gemeindeverwaltungen als staatliche Organe konzipiert wurden. Es ist wichtig, exakt zwischen diesen

---

134 Burgi, Kommunalrecht, S. 53.

Aufgaben zu unterscheiden, damit jede Behörde ihre Zuständigkeiten kennt und sich darauf konzentrieren kann. So wie es bei unklaren Zuständigkeiten zwischen den Ministerien und untergeordneten Behörden Probleme gibt, gibt es Probleme, wenn die Zuständigkeiten der Gemeindeverwaltungen nicht voneinander abgegrenzt sind.

Durch die permanente Einmischung des Staates existiert in Chile auch faktisch kein Subsidiaritätsprinzip. Die Gemeindeverwaltungen sind somit letztendlich zu einer Unterbehörde der Zentralregierung degradiert. Der Zentralstaat versucht auf diese Weise, das ganze Land zu kontrollieren und verhindert dadurch die Mitwirkung der örtlichen Gemeinschaft bei der Verwaltung ihrer eigenen Interessen. Die höheren Behörden sollten vielmehr eine subsidiäre Rolle spielen und sich nur dann einmischen dürfen, wenn die unteren Behörden nicht in der Lage wären, die Probleme allein zu lösen.[135]

Das Subsidiaritätsprinzip mag sich im Laufe der Jahre zu einem allgemeinen Grundsatz der zivilen und politischen Organisationen der Gesellschaft entwickeln. Das Prinzip wurde nicht nur für Bundesstaaten konzipiert, sondern auch für Einheitsstaaten, damit die Kompetenzen innerhalb der Verwaltung geordnet werden. Das Subsidiaritätsprinzip zeigt in zwei Richtungen: Ein Weg führt nach unten, weil es Entscheidungen gibt, die auf unterste Ebene getroffen werden müssen. Ein Weg führt nach oben, wenn die obere Instanz die Fälle effizienter erledigen kann. So beweist das Subsidiaritätsprinzip seine größte Wirkungskraft bei der Verteidigung der kommunalen Selbstverwaltung und der Stärkung der Befugnisse der Gemeindeverwaltung.[136]

In der chilenischen Verfassung sollte das Subsidiaritätsprinzip verankert werden, um den Vorrang der Gemeindeverwaltungen bei der Entscheidung aller Angelegenheiten der örtlichen Gemeinschaft zu gewährleisten. Das Subsidiaritätsprinzip sollte jeder Norm entgegenstehen, die versuchte, die Befugnisse der Gemeindeverwaltungen zu begrenzen.

2. Solidaritätsprinzip

Das Solidaritätsprinzip entfaltet eine starke Wirkung in der chilenischen Verfassung von 1980. Artikel 115 Absatz 1 der Verfassung besagt, dass man bei der politischen und administrativen inneren Staatsverwaltung von der grundlegenden Prämisse einer harmonischen und gerechten räumlichen Entwicklung des Landes ausgehen soll. Diese Vorschrift bezieht sich auf Artikel 1 Absatz 4 der Verfassung. Nach dieser Norm ist der Staat verpflichtet, die harmonische Integration aller Sektoren der Nation zu fördern und das Recht des Einzelnen auf Beteiligung am nationalen Leben mit Chancengleichheit zu gewährleisten.

---

135 Bruna Contreras, Constitución y visión prospectiva, S. 551.

136 Tapia Valdés, Descentralización, Regionalización y Neosubsidiariedad, S. 184 f.

Damit befinden sich andere Vorschriften der Verfassung, wie Artikel 118 Absatz 7, der die Möglichkeit der Einrichtung von Nachbarschaftseinheiten in der Kommune zur Förderung einer ausgewogenen Entwicklung vorsieht, im Einklang. Im Bereich der Finanzen bestimmt Artikel 122 der Verfassung die Einrichtung eines Solidaritätsmechanismus, um einen Ausgleich zwischen finanzschwachen und finanzstarken Gemeindeverwaltungen herbeizuführen, der kommunaler Finanzausgleichsfonds genannt wurde.[137]

Aufgrund der Entwicklung des kommunalen Finanzausgleichsfonds können viele Gemeindeverwaltungen überleben. Es gab Gemeindeverwaltungen, die Aufgrund der wirtschaftlichen Entwicklung und der Einwohnerzahl besonders viel verdienten, wie die Kommunen in der Hauptstadt Chiles. Um diese Ungleichheiten zu verringern und um eine harmonische Entwicklung der gesamten Nation zu fördern, spielt dieser Fonds eine wichtige Rolle.

3. Koordinationsprinzip

Die Verpflichtung der Organe der Staatsverwaltung zur Koordination ist vor allem in Artikel 118 Absatz 8 und Artikel 123 der Verfassung, Artikel 5 Absatz 2 des Verfassungsorgangesetzes Nr. 18.575 über die allgemeinen Grundlagen der staatlichen Verwaltung und Artikel 10 des Gemeindegesetzes verankert. Trotz der Bemühungen des Gesetzgebers und dem klaren Auftrag des Verfassunggebers, die Koordination innerhalb der Staatsverwaltung zu fördern, kann man beobachten, dass die Umsetzung dieser Normen noch nicht abgeschlossen ist. Es ist noch viel zu tun, damit diese Vorschriften ihre Wirkung entfalten.

Artikel 118 Absatz 8 der chilenischen Verfassung legt fest, dass sich die öffentlichen Dienstleistungsanbieter mit den jeweiligen Gemeindeverwaltungen abzustimmen haben, wenn sie ihre Arbeit auf dem Gebiet einer Kommune durchführen wollen. Ferner bestimmt Artikel 123 der Verfassung, dass bei gemeinsamen Problemen der Gemeindeverwaltungen, aber auch bei Problemen zwischen den Gemeindeverwaltungen und anderen Behörden das Gesetz die Koordination der Behörden ermöglichen müsse. Anders als nach der ursprünglichen Fassung dieses Artikels war nach der Reform von 1991 das Finden von Lösungen für die Koordination zwingend erforderlich. Der Spielraum für die Koordination vergrößerte sich, weil nun auch die Koordination zwischen Gemeindeverwaltungen aus verschiedenen Regionen möglich war. Während der Diskussion über diese Reform wurde sogar die Möglichkeit der Einführung einer Regierung für die Metropolregionen in Betracht gezogen.[138] Sie sollte die

---

137 Mehr dazu Diez Urzúa, Personas y Valores, S. 84-87.

138 Der ursprüngliche Entwurf der Verfassungskommission berücksichtigte die Koordination zwischen Gemeindeverwaltungen und Behörden in Metropolregionen aufgrund der

Organisation dichter Großstadtregionen, wie Santiago, die aus vielen Gemeindeverwaltungen bestehen, verbessern. Die Idee wurde aber damals verworfen, weil sie städtische Zentralisierung, Bürokratie und Verhinderung der Beteiligung der örtlichen Gemeinschaft unterstützte.

Die chilenische Rechtsordnung verankert das Koordinationsprinzip auch in Artikel 5 Absatz 2 des Verfassungsorgangesetzes Nr. 18.575 über die allgemeinen Grundlagen der staatlichen Verwaltung. Er sieht vor, dass die Organe der staatlichen Verwaltung ihre Aufgaben in einer koordinierten Weise erfüllen müssen, um doppelte Arbeit oder Einmischungen in die eigenen Aufgaben zu vermeiden. Außerdem besagt Artikel 10 des Gemeindegesetzes, dass die Koordination von Aufgaben zwischen den Gemeindeverwaltungen und zwischen den Gemeindeverwaltungen und anderen Behörden durch direkte Kommunikation zustande kommen soll. Wenn es keine Einigung gibt, soll der Gouverneur der Provinz die erforderlichen Maßnahmen der Koordination auf Antrag eines betroffenen Bürgermeisters ergreifen, ohne dabei die Befugnisse und Aufgaben der jeweiligen Organe zu beschneiden.

Die Koordination zwischen den Gemeindeverwaltungen und zwischen ihnen und den anderen Organen des Staates spielt eine wesentliche Rolle, um die Verwaltung effizienter zu gestalten. Die Komplexität und Besonderheit der einzelnen Aufgaben dieser Organe verlangen, dass ihre Pläne und Programme aufeinander abgestimmt werden. Nur auf diese Weise werden die beschränkten finanziellen Mittel wirtschaftlich verwendet und es wird verhindert, dass die Maßnahmen eines Organs die Entwicklung anderer Organe beeinträchtigt. In den Gemeindeverwaltungen wirkt sich das Instrument der Koordination aufgrund der großen Anzahl von Aufgaben, die sich auf verschiedene Angelegenheiten beziehen, besonders positiv aus.

Artikel 4 des Gemeindegesetzes bezeichnet die Gemeindeverwaltung als ein Organ, das im Wesentlichen mit anderen Behörden der Verwaltung zusammenarbeiten soll. Es gibt Behörden, die vom Staat speziell für die Erfüllung bestimmter Aufgaben gegründet werden und die Kenntnisse, Ressourcen und ausgebildetes Personal haben. Allerdings benötigen diese Behörden die Hilfe der Gemeindeverwaltungen, weil nur diese im direkten Kontakt mit der örtlichen Gemeinschaft stehen. Daher sind die Gemeindeverwaltungen die idealen Partner für die ordnungsgemäße Durchführung der Programme und Projekte der Zentralregierung auf kommunaler Ebene, insbesondere wenn die erforderlichen gegenseitigen Koordinationsmaßnahmen erfolgen.

---

bekannten Schwierigkeiten dieser Gebiete. Allerdings fand es die Militärjunta besser, eine allgemeine Bestimmung zu schaffen, um ihren Anwendungsbereich nicht zu beschränken.

Verantwortliche für die Umsetzung des Koordinationsprinzips sind auf kommunaler Ebene die Bürgermeister, innerhalb der Provinz der Gouverneur und für die Region der Intendant. Leider herrscht in den chilenischen Gemeindeverwaltungen große Skepsis bezüglich einer Koordination bei der Erfüllung von Aufgaben. Die Kommunen arbeiten meist ohne Absprache. Das Misstrauen zwischen den Behörden ist groß und die Führungsverantwortlichen fürchten sich vor Koordination, da sie überwiegend als Einmischung in eigene Angelegenheiten angesehen wird. Die Gemeindeverwaltungen benötigen sachkundige Beratung und finanzielle Unterstützung, jedoch keine Einmischung. Deshalb sollten sich alle Behörden daran gewöhnen, gemeinsam und koordiniert zu arbeiten. Dazu ist erforderlich, die Verwaltungen zu harmonisieren.

Die Gemeindeverwaltungen sollten zudem mehr Befugnisse erhalten, so dass die Umsetzung dieses Prinzips gewährleistet werden kann. Der Staat braucht eine Politik, die von unten nach oben organisiert ist. Auf kommunaler Ebene sollte die gesamte öffentliche Tätigkeit artikuliert werden; nur dann können sich die Gemeindeverwaltungen um die Entwicklung der Gesellschaft und die Integration der sozialen, wirtschaftlichen, kulturellen, ökologischen und anderen wichtigen öffentlichen Maßnahmen auf ihrem Gebiet kümmern.

4. Subordinationsprinzip

Ein wichtigstes Merkmal der chilenischen Verwaltungsorganisation ist der hohe Grad der Abhängigkeit der Gemeindeverwaltungen von der Zentralregierung. Artikel 24 der chilenischen Verfassung stellt fest, dass die politische und administrative Staatsverwaltung dem Präsidenten der Republik obliegt. Dies ist ein Merkmal des Präsidialsystems Chiles, in welchem der Präsident der Republik als Machtzentrum des politischen Systems gilt. Er genießt eine sehr einflussreiche Stellung und die ganze Organisation der Staatsverwaltung steht unter seiner Kontrolle. Auf regionaler oder provinzialer Ebene übt er seine Macht durch seine Vertreter aus. Sowohl die Intendanten als auch die Gouverneure sind von ihm ernannt und können von ihm jederzeit entlassen werden. So dehnt sich seine Macht über das gesamte Gebiet aus.

Die Verfassung von 1980 schreibt das Modell des Einheitsstaates fest und sieht eine einheitliche Verwaltungsorganisation vor. Der Wunsch des Verfassunggebers, eine funktionale und geografische Dezentralisierung oder Dekonzentration des Landes vorzunehmen, ist unter diesen Voraussetzungen allerdings nur schwer umsetzbar. Das Subordinationsprinzip gilt ausdrücklich für die Gemeindeverwaltungen, die somit nur ein begrenztes Recht auf Selbstverwaltung genießen. Die Gemeindeverwaltungen sind angewiesen, ihre Aufgaben zu erfüllen, ohne ihre Zugehörigkeit und Unterordnung unter die Zentralregierung in Frage zu stellen.

II. Staatsorganisation der Republik Chile

1. Überblick

Die chilenische Verfassung regelt in Kapitel XIV, Artikel 110 bis 126 *bis* (*bis*: spanischer Begriff für Wiederholung, um einen neuen Artikel im Gesetz hinzuzufügen), die politische und administrative innere Staatsorganisation. Diese Vorschriften wurden mehrmals verändert. Die bedeutendste Reform geschah am 12. November 1991 durch das Gesetz Nr. 19.097.[139]

Die Verfassung von 1980 bestimmt, im Gegensatz zur Verfassung von 1925, die politischen und administrativen Aufgaben des Staates in einem Kapitel. Eine Überschrift befasst sich mit der politischen und administrativen Verwaltung der Regionen, eine weitere Überschrift mit der politischen und administrativen Verwaltung der Provinzen und schließlich eine weitere mit der administrativen Verwaltung der Kommune. Auf diese Weise trennt die Verfassung die Organe, die für bestimmte Aufgaben zuständig sind und grenzt deren politische Aufgaben ab. Der Verfassunggeber befürchtete, dass eine politische Ausrichtung der Kommunalverwaltung die Leistung der Gemeindeverwaltungen beeinträchtigen könnte. Die Intendanten und Gouverneure spielen ebenfalls eine wichtige Rolle in der administrativen Verwaltung ihrer Gebiete, der Intendant als Mitglied der Regionalregierung und der Gouverneur als Stellvertreter des Intendanten in der Provinz, welcher sich mit den Gemeindeverwaltungen seines Gebietes abstimmen soll.

Als besonders wichtig sind die Grundsätze der chilenischen Staatsorganisation zu nennen, die sich in Kapitel I der chilenischen Verfassung über die institutionellen Grundlagen des Staates befinden. Außerdem wurden zwei Verfassungsorgangesetze nach Inkrafttreten der Verfassung von 1980 erlassen, die die politische und administrative innere Staatsorganisation des Landes verwirklichen: das Verfassungsorgangesetz Nr. 19.175 vom 11. November 1992 über politische und administrative Verwaltung der Regionen und das Verfassungsorgangesetz Nr. 18.695 vom 31. März 1988 über die Gemeindeverwaltungen bzw. Gemeindegesetz.

Nach Artikel 3 der Verfassung regiert nur der Präsident der Republik den Staat. Die chilenische Verfassung statuiert dort ferner den Einheitsstaat. Die Verfassung fordert allerdings bei der administrativen Verwaltung eine Dezentralisierung und Dekonzentration, damit die Bedürfnisse der Bevölkerung besser befriedigt werden. Dezentralisierung und die Dekonzentration beziehen sich

139 Die politische Willensbildung vollzieht sich in der Bundesrepublik Deutschland bekanntlich auf drei Ebenen: In Bund, Ländern und Gemeindeverwaltungen. Vgl. Lenz, Entwicklungstendenzen und Anforderungen an die kommunale Selbstverwaltung, S. 6.

allerdings nur auf rein administrative Kompetenzen[140], d. h. die Umsetzung der politischen Entscheidungen der Regierung. Die dezentralisierten und dekonzentrierten Organe dürfen keine politischen Entscheidungen treffen. Die administrative Dezentralisierung und Dekonzentration hat der Gesetzgeber zu respektieren.[141]

Aus der Analyse der verfassungsrechtlichen Vorschriften ergibt sich, dass die Dezentralisierung und Dekonzentration des Landes nur die Entstehung von Organen unter strenger Kontrolle der Zentralregierung vorsieht. Chile bleibt daher ein stark zentralisiertes Land, sowohl in der Politik als auch in der Verwaltung.

Die Dezentralisierung in Chile ist aus verschiedenen Gründen Schranken unterworfen. Der Präsident der Republik ernennt unmittelbar oder mittelbar die führenden Persönlichkeiten vieler dezentralisierter Organe. Sie erhalten unzureichende Befugnisse und geringe finanzielle Ausstattung. Dies vertieft ihre Abhängigkeit. Die Zentralregierung mischt sich in die Arbeit der dezentralisierten Organe ein, die unter strenger Kontrolle des Staates stehen.

Der Prozess der Dezentralisierung in Chile ist nicht in der Lage, die Beteiligung der Bürger am öffentlichen Leben und die Demokratisierung des Landes zu fördern, die auch der Staatsverwaltung zugute kämen. Allerdings ist der Prozess der Dezentralisierung immer noch jung. Noch wird Chile mehr von einer Dekonzentration geprägt, diese bezieht sich jedoch lediglich auf rein administrative Unteraufgaben.[142]

Artikel 110 der Verfassung normiert eine einheitliche territoriale Aufteilung des Landes, die eine hierarchische Organisation der Verwaltung zur Folge hat. Jeder Versuch des Gesetzgebers, diese zu verändern, ist verfassungswidrig. Das chilenische Gebiet ist daher in Regionen und Provinzen für die administrative und politische Verwaltung unterteilt, die Provinzen gliedern sich für die administrative Verwaltung in Kommunen. Genau wie in den zwei vorherigen Verfassungen erhielt der chilenische Gesetzgeber aber die Befugnis, Regionen, Provinzen und Kommunen zu gründen, abzuschaffen, zu benennen sowie Grenzen zu verändern. Der Verfassunggeber wollte, dass die Organisation der inneren

140 Aus den Diskussionen der Verfassungskommission ergibt sich der klare Wille des Verfassunggebers, nur eine rein administrative Dezentralisierung des Landes zu schaffen. Die Kommission ließ den Einheitsstaat unangetastet, wie Alejandro Silva Bascuñán erklärte; was gewünscht war, war eine administrative Dezentralisierung im Rahmen eines Einheitsstaates und nicht eine Reform, die Chile in einen Bundesstaat abändern wollte. Actas Oficiales de la Comisión de Estudio de la Nueva Constitución, Sitzung Nr. 40 veranstaltet am 14. Mai 1974, S. 12 f.

141 Vargas Delgado, La Administración Comunal en la Constitución Política de la República y sus Reformas Constitucionales, in: Revista Chilena del Derecho, S. 302.

142 Cea Egaña, Derecho Constitucional Chileno, Band 1, S. 203.

administrativen und politischen Staatsverwaltung in Zukunft ohne eine Verfassungsreform verändert werden kann. Die Organisation des Landes ist trotz alledem durch das dort vorgesehene Quorum für solche Reformen geschützt.

Da man glaubte, dass der Präsident der Republik die Entwicklung der Organisation des Landes am besten beeinflussen kann, erhielt er erstmals durch die Reform von 1943 das Initiativrecht, Entwürfe bezüglich dieser Thematik in das Parlament einzubringen. Dies bestimmte auch die Verfassung von 1980 in Artikel 65 Absatz 3. Eine Neuheit nach der Reform von 2005 ist aber die Streichung des Verweises auf die Anzahl der Regionen. Heute ist nur die Metropolregion in der Verfassung erwähnt. Ein Verfassungsorgangesetz kann sich nunmehr mit der Gründung, Abschaffung und Bezeichnung der Regionen beschäftigen, was früher nur durch eine Verfassungsreform möglich gewesen wäre.

Artikel 114 der Verfassung besagt, dass der Gesetzgeber die Art und Weise der Dezentralisierung der administrativen Staatsverwaltung und die regionale Dekonzentration der Ministerien und öffentlicher Behörden bestimmen muss. Der Gesetzgeber ist auch verantwortlich für die Regelung der Methoden zur Gewährleistung einer ordnungsgemäßen Koordination zwischen den Organen der Staatsverwaltung. Der Verfassunggeber normierte an dieser Stelle ausdrücklich den Wunsch, eine administrative Dezentralisierung des Staates zu erreichen, genau wie dies vormals Artikel 107 der Verfassung von 1925 ausdrückte.

Ein wesentlicher Grundsatz für die politische und administrative innere Staatsorganisation ist eine harmonische und gerechte territoriale Entwicklung, wie Artikel 115 der Verfassung in Verbindung mit Artikel 1 Absatz 3 der Verfassung festlegt. Die Gesetze sollen diesen Grundsatz umsetzen und Kriterien der Solidarität bei der Verteilung der öffentlichen Mittel vorsehen. Die Regionalregierungen dürfen Verträge über öffentliche Investitionen mit anderen Regionalregierungen, einem oder mehreren Ministerien oder mit Gemeindeverwaltungen[143] schließen und Verbände mit natürlichen oder juristischen Personen bilden. Sie sollen gemeinnützige Aktivitäten und Initiativen verfolgen, um einen Beitrag zur Regionalentwicklung leisten. Wie schon bei der Diskussion der Verfassungsreform von 1991 erwähnt wurde, hat diese Bestimmung nur eine rein deklarative Wirkung. Sie ist unkontrollierbar und nicht einklagbar.

2. Regionen

Der Staat ist zurzeit in 15 Regionen gegliedert, die nur eine geringe politische Rolle spielen. Das Präsidialsystem und der Zentralstaat sind tief in der politi-

143 Vor der Verfassungsreform Nr. 20.390 vom 28. Oktober 2009 dürften Gemeindeverwaltungen in diesen Verträgen für öffentliche Investitionen nicht teilnehmen. Die Reform versucht damit die Zusammenarbeit zwischen Regionalregierung und Gemeindeverwaltung zu fördern.

schen Kultur verankert. Der Präsident übt die Kontrolle über den ganzen Staat aus.

Artikel 111 der chilenischen Verfassung besagt, dass die politische Verwaltung einer Region von einem Intendanten (Indentende) ausgeübt wird, der laut der Verfassung jederzeit vom Präsidenten der Republik ernannt und entlassen werden kann (exclusiva confianza). Der Intendant ist der Vertreter des Präsidenten der Republik in der Region. Desweiteren obliegt der Regionalregierung die administrative Verwaltung der Region, deren Ziel die soziale, kulturelle und wirtschaftliche Entwicklung der Region ist. Sie besteht aus dem Intendanten und dem Regionalrat. Der Intendant ist der Vorsitzende des Regionalrates und zugleich auch sein ausführendes Organ. Die Regionalregierung ist eine Rechtspersönlichkeit des öffentlichen Rechts und besitzt eigenes Vermögen.[144]

Der Intendant führt als Vorsitzender den Regionalrat[145], aber besitzt lediglich das Recht auf Meinungsäußerung innerhalb des Rates. Im Fall von Stimmengleichheit, welche sich nicht auf Überwachungsbefugnisse des Regionalrates bezieht, darf aber der Intendant mit seiner Stimme entscheiden. Innerhalb der Regionalregierung kümmert sich der Intendant um die Koordination, Überwachung und Kontrolle der öffentlichen Dienstleistungen der Region.

Der Regionalrat ist andererseits ein regulierendes, überwachendes und entscheidendes Organ, das die Beteiligung der regionalen Gemeinschaft verwirklichen soll.[146] Die Mitglieder des Rates werden von den Gemeinderatsmitgliedern

---

144 Die Regionalregierung genießt nur Rechtspersönlichkeit des öffentlichen Rechts und eigenes Vermögen „für die Ausführung ihrer Aufgaben", wie während der Diskussion des Entwurfes der Verfassungsreform diskutieret wurde. Das wurde so festgestellt, um die Abgeordneten zu beruhigen, weil sie dachten, dass diese Befugnis die Einheit des Staates bedrohen könnte.

145 Die Verfassungsreform Nr. 20.390 vom 28. Oktober 2009 hat die Struktur und Gestaltung des Regionalrates geändert. Der Intendant ist nicht mehr Vorsitzender. Er wird aus der Mitte des Regionalrates heraus gewählt. Der Regionalrat besteht jetzt aus direkt gewählten Mitgliedern der Gemeinschaft, die vier Jahre im Amt bleiben. Eine wichtige Funktion des Regionalrates ist jetzt die Genehmigung des Entwurfes des Haushalts der Region. Nach dieser Reform dürfen Senatoren und Abgeordnete der Region bei den Versammlungen des Rates anwesend sein, aber ohne Abstimmungsrecht. Der Rat bekommt somit mehr Einfluss, aber die Umsetzung dieser Reform braucht die entsprechende Änderung des Verfassungsorgangesetzes Nr. 19.175 über politische und administrative Verwaltung der Regionen. In der Zwischenzeit gelten die Bestimmungen über den Regionalrat, die hier beschrieben sind.

146 Der Regionalrat wurde vom ursprünglichen Text der Verfassung von 1980 als Beratungsorgan des Intendanten berücksichtigt, was durch die Verfassungsreform vom November 1991 geändert wurde, um diesem Organ eine größere Bedeutung zu geben. Das chilenische Verfassungsgericht bestätigte die neue Struktur und wichtige Bedeutung des Regionalrates, als dieses Gericht die Reform des Verfassungsorgangesetzes Nr. 19.175 vom 11. November 1992 über politische und administrative Verwaltung der Regionen

der Region gewählt, die sich dafür in einem Wahllokal in jeder Provinz der Region treffen. Der Intendant spielt die bedeutendste Rolle innerhalb der Regionalregierung und der Regionalrat ist deren Kontrollinstanz. Sowohl die Intendanten als auch die Regionalregierungen stehen mit dem Präsidenten der Republik über das Innenministerium in Verbindung und sind somit Teil der Verwaltungsorganisation des Staates.

Nach den Bestimmungen des Verfassungsorgangesetzes Nr. 19.175 über politische und administrative Verwaltung der Regionen muss die Regionalregierung nunmehr die harmonische und gerechte Entwicklung ihrer Gebiete im Rahmen der wirtschaftlichen, sozialen und kulturellen Entwicklung als Grundsatz berücksichtigen. In der Verwendung der öffentlichen Finanzmittel sowie bei sämtlichen staatlichen Dienstleistungen muss die Regionalregierung sich an den Grundsätzen der Gerechtigkeit, Effizienz und Effektivität orientieren. Darüber hinaus muss sie sich um die politische Beteiligung der regionalen Gemeinschaft und um die Erhaltung und Verbesserung der Umwelt kümmern.

Auf lokaler Ebene besitzt die Regionalregierung die allgemeinen Befugnisse zur Entscheidung über Investitionen von Mitteln aus dem nationalen Fonds zur regionalen Entwicklung[147] und zur Beratung der Gemeindeverwaltungen nach Anfrage, insbesondere bei der Ausarbeitung ihrer Pläne und Entwicklungsprogramme. Bedeutsam für die Kommunen ist auch die allgemeine Aufgabe der Regionalregierung, für den Bau, die Wiederherstellung, den Erhalt und die Verwaltung der Bürgersteige und Straßen zu sorgen. Hierzu darf die Regionalregierung Verträge mit den Gemeindeverwaltungen und staatlichen Behörden schließen. Darüber hinaus muss die Regionalregierung in Abstimmung mit den Gemeindeverwaltungen bei Programmen und Projekten betreffend die Ausstattung und den Erhalt der Infrastruktur der Kommunen mitwirken. Sie muss

---

und anderer Gesetze über Bebauungspläne überprüfte. Das chilenische Verfassungsgericht führte an, dass das Ziel der höheren Verwaltung der Region zum großen Teil durch die Befugnisse des Regionalrates ausgeführt wird. Der Verfassunggeber hat die Regionalregierung beauftragt, damit die Region ihre soziale, kulturelle und wirtschaftliche Entwicklung erreichen kann. Siehe Entscheidung des chilenischen Verfassungsgerichts vom 15. November 2001, Rol N° 341, zusammengestellt in: Jurisprudencia Constitucional, Sentencias pronunciadas entre 1998 y 2002, Band V, Santiago de Chile, 2002, S. 479.

147 Wie der Artikel 74 des Verfassungsorgangesetzes Nr. 19.175 vom 11. November 1992 über politische und administrative Verwaltung der Regionen besagt, ist der nationale Fonds zur regionalen Entwicklung ein öffentliches Investitionsprogramm mit Zielen der regionalen Entwicklung und der territorialen Kompensation, die zur Finanzierung von Maßnahmen in den verschiedenen Bereichen der sozialen, wirtschaftlichen und kulturellen Entwicklung der Region im Hinblick auf eine harmonische und gerechte regionale Entwicklung gerichtet ist.

auch das Geld für die Finanzierung von sozialen Programmen und Leistungen unter den Gemeindeverwaltungen der Region aufteilen.

Es ist festzustellen, dass viele der Funktionen der Regionalregierung sich mit den gemeinsamen Aufgaben der Gemeindeverwaltungen überschneiden, so dass das Verhältnis und die Koordination zwischen den beiden Organen von entscheidender Bedeutung für die lokale und regionale Entwicklung sind. Darum statuiert das Verfassungsorgangesetz Nr. 19.175 über politische und administrative Verwaltung der Regionen in Artikel 21, dass die Gemeindeverwaltungen ihre Entwicklungspläne, Geschäftsbedingungen ihrer Dienstleistungen, Geschäftsbedingungen für Projekte und Investitionen und ihren Haushalt an die Regionalregierungen zur Kenntnisnahme geben müssen.

Trotz der Befugnisse der Regionalregierung ist festzustellen, dass eine regionale Selbstverwaltung in Chile nicht existiert. Der Verfassunggeber betont das Modell des Einheitsstaates und erkannte den Regionen als Gebietseinheiten keine autonome Rechtspersönlichkeit zu. Er gab ihnen auch keine Legislativbefugnisse. Das System der autonomen Regionen, welches, als die Verfassung in Chile in Kraft trat oder als die Reform von 1991 erlassen wurde, in Europa schon existierte, beeinflusste aber gleichwohl die chilenische Regionalisierung.[148]

Es existiert auf regionaler Ebene eine Vielzahl von staatlichen Organen, die die administrative Dekonzentration Chiles verwirklichen. Sie sind dem Intendanten unterstellt, obwohl diese Organe ebenfalls Teil der hierarchischen Struktur der Zentralregierung und deshalb unter die Führung der Ministerien gestellt sind. Der Grund für diese Vorgehensweise ist darin zu erblicken, dass die Regionen das erforderliche Personal für die Lösung der lokalen Angelegenheiten brauchten. Obwohl das Ministerium nur eine eingeschränkte und mittelbare Einmischung auf regionaler Ebene ausübt, die sich fast nur auf eine technische Beratung bezieht, entfaltet diese in der Praxis große Wirkung. Die Intendanten besitzen kaum politisches Gewicht im Vergleich zu den Ministern. Der Intendant wird vom Präsidenten der Republik ernannt und entlassen und muss daher die Befehle, die meist aus den Ministerien kommen, in jedem Falle befolgen. Er vertritt die Interessen der Zentralregierung und nicht die Interessen der Region.

Die Ministerien dekonzentrieren sich mit Ausnahme des Innenministeriums, des Verteidigungsministeriums, des Auswärtigen Amtes und des Generalsekretariates des Präsidenten *(Secretaría General de la Presidencia*, abgekürzt *SEGPRES)* auf regionaler Ebene durch die Regionalsekretariate der Ministerien. Sie arbeiten als direkte Berater des Intendanten innerhalb ihres Zuständigkeitsbereiches über Strategien, Pläne, Programme und Projekte der Regionalentwick-

148 Hernández Emparanza, Notas sobre algunos aspectos de la reforma a las bases de la institucionalidad, en la reforma constitucional de 2005: Regionalización, probidad y publicidad de actos, S. 22 f.

lung. Sie sind auch Vertreter der zuständigen Ministerien in der Region und damit von den technischen Richtlinien der Ministerien abhängig. Somit müssen sie auch Regionalpolitik ausüben und sind für die Koordination der Arbeit der anderen Dienstleistungsbehörden ihres Sektors zuständig.

Des Weiteren existieren Regionalbehörden (Direcciones Regionales), welche eine Nationalbehörde auf regionaler Ebene vertreten, wie z. B. SERNATUR, SENCE, CONAF etc. Sie sind Folge der territorialen Dekonzentration dieser Behörden, so dass der Regionaldirektor (Director Regional) unter der Hierarchie des Nationaldirektors (Director Nacional) steht, obwohl er ebenfalls dem Intendanten durch die jeweiligen Regionalsekretariate der Ministerien untergestellt ist.

Schließlich unterteilt sich die chilenische Staatsverwaltung in Regionalsekretariate der Ministerien für Planung (Secretarías Regionales Ministeriales de Planificación), die speziell der technischen Beratung des Intendanten dienen. Diese Organe spielen eine wichtige Rolle auf kommunaler Ebene. Auf Anfrage der Gemeindeverwaltungen unterstützen sie die Kommunen bei der Schaffung, Gestaltung und Bewertung von Projekten zum Thema kommunale Investition. Die Regionalsekretariate der Ministerien für Planung identifizieren die Sektoren und Bereiche, in denen extreme Armut herrscht oder hoher Rückstand verortet ist. Sie schlagen ebenfalls Strategien, Programme oder Maßnahmen zur Überwindung dieser Situationen vor.

3. Bedeutungslosigkeit der Provinzen

Die aktuellen 54 Provinzen in Chile verloren ihre führende Rolle, die sie in der Vergangenheit inne hatten, aufgrund der territorialen Aufteilung des Landes und wurden durch die Regionen ersetzt. Sie behielten ihren Namen und übernahmen die Aufgaben der alten Bezirke. Das politische und administrative Verwaltungsorgan der Provinz ist die Provinzregierung (Gobernación). Sie ist ein territoriales, dekonzentriertes Organ des Intendanten, das für die Erleichterung seiner Arbeit und für die Verwaltung des gesamten Gebietes der Region geschaffen wurde. An der Spitze der Provinzregierung steht der Gouverneur, der für die Überwachung der öffentlichen Behörden der Provinz sorgt und jederzeit vom Präsidenten der Republik ernannt und entlassen werden kann. Das Verfassungsorgangesetz Nr. 19.175 über politische und administrative Verwaltung der Regionen bezeichnet in Artikel 4 die Aufgaben des Gouverneurs für die innere politische Verwaltung und in Artikel 45 dessen Befugnisse für die administrative Verwaltung. An der Seite des Gouverneurs arbeitet der Provinzrat für Wirtschafts- und Sozialfragen als Beratungsorgan, der die Beteiligung der örtlichen Gemeinschaft innerhalb der Provinz ermöglicht. Der Gouverneur führt den Rat als Vorsitzender.[149]

Der Gouverneur besitzt auch Befugnisse auf kommunaler Ebene. Bei Unstimmigkeit und auf Anfrage der Bürgermeister soll er die Behörden und die Gemeindeverwaltungen seines Gebietes koordinieren. Die Verfassung stellt fest, dass ein spezielles Gesetz die Kompetenzprobleme zwischen Behörden und Gemeindeverwaltungen regulieren werde. Da dieses Gesetz noch nicht verabschiedet wurde, ist der Gouverneur bei derlei Kompetenzproblemen zuständig, wie die Übergangsvorschrift Nr. 2 des Gemeindegesetzes besagt. Auf Anfrage der Gemeindeverwaltungen muss er sie auch beraten, insbesondere bei der Vorbereitung und Durchführung von Programmen und Projekten.

Aufgrund der geringen politischen und administrativen Aufteilung des Staates im Vergleich mit den vorherigen Verfassungen bekommen die Gouverneure die Befugnis zur Ernennung von Delegierten, um ihre Aufgaben in einem oder mehreren Standorten der Provinz besser zu erfüllen.

4. Gemeindeverwaltungen

Eine ewige Frage bei der Kommunalverwaltung in Chile ist der Aufgabenbereich der Gemeindeverwaltungen. Für einige Autoren sind die Gemeindeverwaltungen für die politische und administrative Verwaltung der Kommune zuständig, weil beide Zuständigkeiten zu ihrer Natur gehören. Für andere haben sich die Gemeindeverwaltungen nach dem ausdrücklichen Text der Verfassung lediglich um die administrative Verwaltung der Kommune zu kümmern.

Chile hat sich für die Trennung von beiden Zuständigkeiten entschieden. Der Verfassunggeber dachte, wie zu früheren Zeiten, dass die Politik eine exklusive Befugnis des Präsidenten der Republik sei. Die Zentralisierung der politischen Macht dient der Bewahrung des Zentralstaates. Während der Präsident die Zentralregierung führt, organisiert und überwacht, kümmern sich die Verwaltungsorgane nur um Dienstleistungen. Die chilenische Rechtsordnung entscheidet sich für diese Form der inneren Organisation des Staates, so dass die Gemeindeverwaltungen nur eine sekundäre Rolle bei der Lokalpolitik spielen. Sie sind keine Entscheidungsorgane, sondern nur ausführende Organe der Zentralregierung. Keine andere Auslegung ergibt sich aus der Verfassung von 1980, weil sie ausdrücklich die Trennung zwischen politischen und administrativen Zuständigkeiten ausführte, welche das Gemeindegesetz zu vertiefen hatte.

In Chile gibt es derzeit 345 Gemeindeverwaltungen, die für die Verwaltung von 346 Kommunen zuständig sind.[150] In der Geschichte Chiles kann man einen

149 Dieser wirtschaftliche und soziale Provinzrat wurde von der Reform des Jahres 1991 mit dem Ziel der Erhöhung der Beteiligungskanäle innerhalb der Provinz für viele Zwischengruppen geschaffen, die sich auf regionaler Ebene nicht vertreten können.

ständigen Anstieg der Anzahl der Gemeindeverwaltungen aufgrund der Erschließung neuer Gebiete beobachten. Chile ist ein großes Land – mehr als doppelt so groß wie Deutschland –, das nach der Unabhängigkeit noch nicht komplett erschlossen war. Die Bevölkerungsanzahl war sehr gering und siedelte sich im Schwerpunkt in den großen Städten an. Daher existierten im Jahre 1810 nur etwa 30 Gemeindeverwaltungen – damals als *cabildos* bekannt. Im Jahre 1854 stieg ihre Anzahl auf 53 und im Jahre 1887 wurde die Anzahl von 76 erreicht. Mit dem Inkrafttreten des Gesetzes der kommunalen Selbstverwaltung sind weitere 195 Gemeindeverwaltungen entstanden. Die Zahl der Gemeindeverwaltungen stieg schnell an. Im Jahre 1904 gab es bereits 300 Gemeindeverwaltungen und im Jahre 1918 erhöhte sich ihre Zahl auf 318. Am 22. Dezember 1925 wurde durch den Erlass des Gesetzesdekrets Nr. 803 die Anzahl der Kommunen auf 338 festgelegt. In den frühen 70er Jahren reduzierte sich die Anzahl der Kommunen auf 308, die jedoch nur durch 280 Gemeindeverwaltungen verwaltet wurden.[151]

5. Rechtsstellung der Gemeindeverwaltungen

Die Gemeindeverwaltungen sind durch eine besondere Rechtsnatur geprägt. Auf der einen Seite sind sie dezentrale Organe der öffentlichen Staatsverwaltung, auf der anderen Seite sollen sie selbstverwaltete Organe und eine Instanz für die politische Beteiligung der örtlichen Gemeinschaft sein.

Als dezentrale Organe der öffentlichen Staatsverwaltung sind die Gemeindeverwaltungen ein Teil der Organisationstruktur der Exekutive, wie ausdrücklich Artikel 1 des Verfassungsorgangesetzes Nr. 18.575 über die allgemeinen Grundlagen der staatlichen Verwaltung ausführt. Artikel 1 führt ausdrücklich alle Organe auf, die Teil der Staatsverwaltung sind und hebt hervor, dass die Gemeindeverwaltungen auch Teil der Staatsverwaltung sind. Dies ist eines der wesentlichen Merkmale der chilenischen Gemeindeverwaltungen, die hierarchisch und administrativ von der Zentralregierung abhängig sind. Sowohl Artikel 110 Absatz 1 als auch Artikel 118 Absatz 1 der Verfassung und Artikel 1 Absatz 1 des Gemeindegesetzes stellen fest, dass die Gemeindeverwaltungen keine politischen Organe sind. Sie kümmern sich nur um die administrative Verwaltung. Die Gemeindeverwaltungen besitzen keine politischen Befugnisse. Diese sind ausschließlich den von der Verfassung genannten Organen vorbehalten, wie dem Präsidenten der Republik, den Ministerien und eingeschränkt den Intendanten und Gouverneuren. Dies hat zur Folge, dass es in Chile keine echte

150 Santiago, Hauptstadt Chiles, hat keinen Oberbürgermeister, sondern 52 eigenständige Gemeindeverwaltungen.

151 Valdebenito Infante, Evolución Jurídica del Régimen Municipal en Chile (1541-1971), S. 37.

kommunale Selbstverwaltung gibt, weil zur Selbstverwaltung auch politische Befugnisse gehören. Die Gemeindeverwaltungen sind als Teil der Staatsverwaltung nur Organe, die sich um die Verwaltung der jeweiligen Kommunen sorgen und damit die unterste Stufe im staatlichen Verwaltungsbau darstellen.[152]

Nach der gesetzlichen Definition liegt ein wichtiges Ziel der Gemeindeverwaltungen in der Absicherung der Beteiligung der örtlichen Gemeinschaft am wirtschaftlichen, sozialen und kulturellen Aufschwung der Kommune. Die örtliche Gemeinschaft ist durch Kommunalwahlen, Befragungen und Volksabstimmungen, durch Beteiligung im kommunalen Wirtschafts- und Sozialrat und – am wichtigsten – durch die Bürgerinitiativen am Leben der Gemeinde beteiligt. Die Gemeindeverwaltung ermöglicht und koordiniert die Beteiligung der Gemeinschaft. Der Gemeinderat durch seine gewählten Mitglieder wird damit zum Kern der Demokratie auf kommunaler Ebene, weil die Probleme und Lösungen der Interessen der Gemeinschaft in seiner Mitte diskutiert werden.

Als Teil der Verwaltungsorganisation des Staates sind die Gemeindeverwaltungen in hohem Maße von der Zentralregierung abhängig. Sie unterstützen die Zentralregierung bei der Umsetzung ihrer Programme auf dem jeweiligen Gebiet der Kommune. Um die Ordnung aufrechtzuerhalten, benötigt die Zentralregierung die finanzielle Kontrolle über die Gemeindeverwaltungen, um koordiniert und effizient zu funktionieren. Daher ist die Stellung der Gemeindeverwaltungen als Instanz für die Verwirklichung der politischen Beteiligung der örtlichen Gemeinschaft stark eingeschränkt. Sie sind nicht in der Lage, selbstständig die Angelegenheiten der örtlichen Gemeinschaft zu bearbeiten, so dass sie immer auf Hilfe der Zentralregierung bei jedwedem Projekt angewiesen sind. Das chilenische Rechtssystem versteht die Gemeindeverwaltung nur als ein beratendes oder ausführendes Organ der Zentralregierung mit wenig Macht, was der Beteiligung der örtlichen Gemeinschaft nicht zugute kommt.

Der Gemeinderat erfüllt seine Ziele ebenfalls nicht. Die Ratsmitglieder vertreten mehr die Interessen der politischen Parteien als die der Kommune. Auf der anderen Seite vertreten sie nicht alle Bereiche der Gemeinschaft und besitzen nur wenige Befugnisse. Die Führung der Gemeindeverwaltung ist in den Händen des Bürgermeisters konzentriert und der Gemeinderat wirkt mehr als Überwachungsorgan. Außerdem sind die Mechanismen, die die Verfassung für die Beteiligung der örtlichen Gemeinschaft schuf, von geringer Bedeutung, weil sie in der Kommunalverwaltung nicht wirken.

Ein wesentliches Merkmal der chilenischen Gemeindeverwaltung ist ihre gesetzliche Herkunft. Man findet in der chilenischen Rechtsordnung keine Anerkennung der natürlichen Herkunft der Gemeindeverwaltungen. Es existiert

152 Baeza Fernández, Manual Jurídico Municipal, S. 44.

keine Anerkennung der speziellen Besonderheiten der Kommunen, sondern eine Staatsordnung, die von oben nach unten aufgezwungen wurde.

6. Gemeindeordnung

Das Kommunalrecht ist zunächst derjenige Teil des Verwaltungsrechts innerhalb des öffentlichen Rechts, der die Rechtsstellung der Kommunen innerhalb des Staates, ihre Organisation sowie ihre Aufgaben, Instrumente und Finanzen regelt. Aufgrund der besonderen Merkmale der Gemeindeverwaltungen und der speziellen Wirkung ihrer Arbeit auf die Gemeinschaft schuf der Gesetzgeber ein eigenes Gesetz für die Gemeindeverwaltungen.[153]

Am 31. März 1988 erließ die Militärjunta das Verfassungsorgangesetz Nr. 18.695 über die Gemeindeverwaltungen bzw. Gemeindegesetz. Mit besonderem Auftrag aus der Verfassung regelt das Gemeindegesetz die Organisation und die Arbeitsweise der Gemeindeverwaltungen. Für die Regelung der kommunalen Einkommen wurde das Gesetzesdekret Nr. 3.063 von 1979 über die kommunalen Einkünfte und für die Organisation des Personals der Gemeindeverwaltung das Gesetz Nr. 18.883 vom 29. Dezember 1989 über die Satzung der kommunalen Angestellten erlassen. Außerdem gibt es eine Reihe von Gesetzen, die zur direkten Anwendung auf kommunaler Ebene gelangen, wie das kommunale Gerichtsbarkeitsgesetz (Gesetz Nr. 15.231 vom 8. August 1963 über die Organisation und Befugnisse der örtlichen Gerichte), das allgemeine Gesetz über städtische Planung und Bau (der Text wurde durch das Gesetzesdekret Nr. 458 vom 13. April 1976 festgesetzt), das Gesetz über Bürgerinitiativen und Verbände (Gesetz Nr. 19.483 vom 30. November 1996) etc. Schließlich kann der Bürgermeister durch die Ausübung seiner Regelungsbefugnis Gemeindeverordnungen (ordenanzas), Gemeindevorschriften (reglamentos) und Gemeindedekrete (decretos municipales) erlassen, die sich auf die Lösung der eigenen Probleme der Kommune beziehen. Diese Normen unterscheiden sich von Gemeindeverwaltung zu Gemeindeverwaltung.

---

153 In Chile existiert nur eine Gemeindeordnung für den gesamten Staat. In Deutschland hingegen gibt es keine Bundesgemeindeordnung, die das Kommunalrecht umfassend regelt. Es gibt im Bundesrecht nur Vorschriften, die versuchen, die Rechts- und Wirtschaftseinheit zu wahren. In diesem Sinne enthält das Grundgesetz Bestimmungen, die zum großen Teil durch Landesgesetze konkretisiert werden müssen. Ferner gibt es eine große Anzahl von Bundesgesetzen, durch die der Bund mittelbar oder unmittelbar auf die Tätigkeit der Gemeindeverwaltungen und Gemeindeverbände Einfluss nimmt. Diese Ordnungen betreffen verschiedene Themen, die im größeren Teil wesentlich für die Erfüllung der Aufgaben der Gemeindeverwaltungen sind, wie zum Beispiel das Baugesetzbuch, das Städtebauförderungsgesetz, das Bundessozialhilfegesetz, das Kinder- und Jugendhilfegesetz, das Passgesetz etc. Vogelgesang/Lübking/Jahn, Kommunale Selbstverwaltung, Rdnr. 3-6.

Nach dem Erlass im Jahre 1988 wurde das Gemeindegesetz mehrmals modifiziert. Schon vor der Rückkehr zur Demokratie im Jahre 1990 wurden bereits fünf Reformen verabschiedet.

Seit der Rückkehr zur Demokratie im Jahre 1990 bis zum Abschluss dieser Untersuchung wurden noch 34 weitere Reformgesetze des Gemeindegesetzes verabschiedet (seit seinem Inkrafttreten im Jahre 1988 sind es insgesamt 39 Reformgesetze) und sein Text wurde viermal konsolidiert, koordiniert, systematisiert und aktualisiert. Der aktuelle und gültige Text des Gemeindegesetzes wurde durch das Gesetzesdekret Nr. 1 des Innenministeriums am 26. Juli 2006 veröffentlicht.[154]

7. Dezentralisierung des Staates in Chile

a. Überblick

Das öffentliche Recht ist in Chile zentralistisch geprägt. Dies entspricht der alten Tradition Spaniens, die von den Franzosen übernommen wurde. Das chilenische öffentliche Recht konzentriert sich auf die Förderung der Einheit der Nation und trug zur Entwicklung einer mächtigen Zentralregierung bei, die die Dezentralisierung mehr duldet als akzeptiert. Die lokale Macht hat nach dieser Vorstellung eine sekundäre Bedeutung.[155]

In den letzten Jahren ist die administrative Zentralisierung des Staates in Chile durch die Schaffung neuer Organe, die unmittelbar von der Zentralregierung abhängig sind, gewachsen. Dies führt zu unklarer Kompetenzverteilung in der öffentlichen Verwaltung. Zudem ist es ein Beleg für den fehlenden Respekt vor der verfassungsrechtlichen Ordnung. Auf der einen Seite fordern nämlich die Verfassung und die Gesetze die Dezentralisierung im Land, auf der anderen Seite zentralisiert die Zentralregierung die Staatsverwaltung.

Um das Ziel einer effektiven öffentlichen Verwaltung zu erreichen, müsste die Staatsorganisation Chiles dezentralisiert werden. Die Vorschriften der Verfassung müssen umgesetzt und die Aufgaben und Befugnisse jedes Organs konkretisiert werden. Nur dann können sich die Organe effektiv um ihre eigenen Angelegenheiten kümmern. Wenn sich der Staat hingegen permanent einmischt und damit die Selbstverwaltung behindert, übernimmt er die komplette Verantwortung für jedes verwaltungsrechtliche Handeln. Wenn die einzelnen lokalen Verwaltungsträger ohne Verantwortung handeln, hält sich die Bevölkerung vom

154 Der Präsident der Republik erließ dieses Gesetz aufgrund einer neuen Befugnis, die er seit der Verfassungsreform Nr. 20.050 von 2005 besitzt. Gemäß Artikel 64 Absatz 5 ff. der Verfassung darf der Präsident der Republik ohne weitere Ermächtigung Texte für die Konsolidierung, Koordination und Systematisierung von Gesetzen erlassen, wenn dies sinnvoll für die Auswirkung des Gesetzes erscheint.

155 Rufián L., Gestión Municipal Descentralizada, S. 10.

öffentlichen Leben fern. Die Dezentralisierung ist also nicht als eine Bedrohung des Einheitsstaates zu sehen, sondern dient vielmehr der Stärkung des Staates. Schon der Preußische Staatsminister Freiherr vom und zum Stein konstatierte, dass eine größere Beteiligung der Bevölkerung an der öffentlichen Verwaltung die Distanz zwischen Bürger und Staat verringern und damit den Staat stärken werde.[156]

Trotz der verfassungsrechtlichen Verankerung des Grundsatzes der Dezentralisierung als grundlegendes Prinzip der chilenischen staatlichen Ordnung hat der Gesetzgeber die Dezentralisierung bis zum heutigen Tag noch nicht umgesetzt.

b. Begriff der Dezentralisierung

Die Dezentralisierung ist ein gradueller Prozess, der innerhalb zentralistisch organisierter Staaten den Übertrag von Verwaltungsaufgaben auf regionale Ebene ermöglicht. Sie wurde auch als Zuteilung oder Verteilung von Aufgaben und Befugnissen von einer Zentralbehörde zu den Organen der regionalen oder lokalen Verwaltung definiert.[157]

Die dezentralisierten Behörden erhalten durch diesen Prozess das notwenige Maß an Selbstverwaltung, um den vielfältigen Problemen vor Ort effizient zu begegnen. Sie bekommen nicht nur Aufgaben, sondern auch die Befugnisse, um die Aufgaben erfüllen zu können. Die dezentralisierten Behörden demokratisieren das Verhältnis zwischen Macht und Regierung, so dass die Entscheidungen von den betroffenen Organen getroffen werden können.

c. Dezentralisierte Einheitsstaaten

Das Konzept des Einheitsstaates steht nicht konträr zu der Idee der Dezentralisierung. Im Staat können dezentralisierte Organisationen existieren, die eine rationelle, harmonische und ausgewogene Entwicklung der Regionen und eine wirksame Beteiligung der Bevölkerung ermöglichen.[158]

Die Einheit des Staates muss durch die Beteiligung aller seiner Glieder an der Verwirklichung staatlicher Ziele gestärkt werden. Nur eine gemeinsame und koordinierte Arbeit der gesamten Nation wird zur Bildung einer starken Nation und eines wohlhabenden Staates beitragen. Dies schließt natürlich die Kontrolle und Überwachung der Zentralregierung nicht aus, die sich auf die Rechtmäßigkeit der Amtsführung beziehen sollen. Die fachliche Kontrolle der Entscheidungen der Amtsführung hingegen steht der Idee der Dezentralisierung entge-

---

156 Burgi, Kommunalrecht, S. 20 f.

157 Tapia Valdés, Descentralización, Regionalización y Neosubsidiariedad, S. 181.

158 Vío Valdivieso, Manual de la Constitución 1980, S. 169.

gen, da sie politische, wirtschaftliche oder technische subjektive Kriterien einfügt, die der Freiheit selbstverwalteter Systeme entgegenstehen.

Die Mitwirkung der Zentralregierung kann durch Koordination, Zusammenarbeit und Beratung verwirklicht werden, um staatliche Programme durchzuführen. Schließlich finden die Grundsätze der Subsidiarität und Solidarität in dezentralisierten Staaten stets Anwendung.

d. Elemente und Besonderheiten der Dezentralisierung

Die administrative Dezentralisierung eines Landes ermöglicht eine Differenzierung zwischen dem allgemeinen öffentlichen Interesse und dem lokalen Interesse. Angelegenheiten der örtlichen Gemeinschaft werden am besten von den Behörden, die einen intensiven Kontakt zu den Bürgern und Verständnis für die lokalen Probleme besitzen, erledigt. Dies stärkt einerseits die lokale Demokratie und andererseits die Effizienz der Verwaltung.

Die dezentralisierten Organe sind durch mehrere kumulative Merkmale gekennzeichnet: Es sind Organe mit einer Rechtspersönlichkeit des öffentlichen Rechts, sie nehmen öffentliche Aufgaben mit hoheitlichen Befugnissen wahr und besitzen eigenes Vermögen; ihre Mitglieder werden in der Regel unmittelbar durch eine Volkswahl gewählt; sie haben eine eigene Satzung für ihre interne Ordnung, die durch ihre eigenen autonomen inneren Organe geschaffen wird; und sie haben ein internes Kontrollsystem, das die Existenz einer externen gesetzlichen Aufsicht nicht ausschließt.[159]

Ein wesentliches Element einer administrativen Dezentralisierung ist die Übergabe von Kompetenzen an ein durch das Gesetz geschaffenes öffentliches Organ mit Rechtspersönlichkeit des öffentlichen Rechts, also die Übertragung von Entscheidungsgewalt. Außerdem soll das Organ eine angemessene und wirksame Finanzierung erhalten und trotz Kontrolle seine Autonomie nicht einbüßen müssen.[160]

e. Gründe für eine Dezentralisierung des Staates

In der Doktrin findet man eine Reihe von Argumenten für die Dezentralisierung eines Staates. Erstens ist die Dezentralisierung ein entscheidender Faktor zur Stärkung der Demokratie. Obwohl die Dezentralisierung keine Voraussetzung für die Entstehung eines demokratischen Staates ist, sind durch Dezentralisierung Prozesse erkennbar, die sich auf die folgende Faustformel übertragen lassen: je höher die politische und administrative Dezentralisierung ist, desto demokratischer ist die Arbeitsweise des Staates. Durch die Übertragung von

159 Cea Egaña, Derecho Constitucional Chileno, Band 1, S. 201 f.

160 Heras de Pablo, La suspensión y revocación de los actos administrativos municipales, S. 204.

Kompetenzen ermöglicht die Dezentralisierung eine verstärkte Beteiligung der örtlichen Gemeinschaft. Dies lässt die Schlussfolgerung zu, dass ein Land durch Dezentralisierung ein höheres demokratisches Niveau erreichen kann.

Eine andere Auffassung besagt, dass Effizienz und Wirkung der administrativen Staatsverwaltung durch den Grad der Dezentralisierung bestimmt werden können. Dieser Sichtweise ist jedoch nicht uneingeschränkt zuzustimmen. Die öffentliche Verwaltung kann effizienter und effektiver in einem dezentralisierten Staat aufgrund der Nähe zu den Bürgern, der Verbesserung der Reaktionsfähigkeit des Staates, der Beseitigung bürokratischer Faktoren und der Optimierung der Nutzung von finanziellen und personellen Ressourcen arbeiten. Nichtsdestotrotz kann man nicht leugnen, dass es andere wesentliche Faktoren gibt, die die Geschäftsführung und Verwaltung einer Organisation scheitern lassen können. Da wären als Faktoren unter anderem die Korruptionsfälle aufgrund des Mangels an Kontrolle, die Unfähigkeit des Personals der Verwaltung, der Egoismus auf lokaler Ebene und die Konflikte und Rivalitäten zwischen den verschiedenen Ebenen der Verwaltung. Gleichwohl kann man feststellen, dass bei angemessener Durchführung von Kontrollmaßnahmen die Dezentralisierung die Staatsverwaltung effizienter und wirksamer gestalten kann.

Es wird vertreten, dass Dezentralisierung die Beteiligung der Bürger fördert. Allerdings ist unmittelbare Beteiligung der Gemeinschaft nicht mit Demokratie zu verwechseln, weil die Existenz einer repräsentativen Demokratie keine unmittelbare Beteiligung der Bevölkerung vorsieht. Wichtig ist, ob die Dezentralisierung auch die Teilnahme der Bevölkerung am öffentlichen Leben eines Staates zur Folge hat. Unter Berücksichtigung, dass die am besten geeignete Ebene für die Beteiligung der Bürger die Kommune ist, können dezentralisierte Gemeindeverwaltungen eine Vielzahl von Beteiligungsmöglichkeiten der lokalen Gemeinschaft anbieten, damit sich diese in öffentlichen Angelegenheiten einmischen kann. Eine bloße Dezentralisierung reicht daher nicht. Der Gesetzgeber sollte sicherstellen, dass die Gemeindeverwaltungen die Beteiligung durchsetzen. Die Kette der Dezentralisierung sollte Bestandteil der staatlichen Ordnung werden, in die in einem Einheitsstaat alle vom Präsidenten der Republik bis zum einzelnen Bürger einbezogen werden.

Im Jahre 1997 stellte der Staatssekretär für regionale und administrative Entwicklung Marcelo Schilling fest, dass die Regierung ihre Politik der Dezentralisierung auf drei wesentliche Argumente stützt: Zunächst stützt sie sich auf das Argument, dass die Dezentralisierung aufgrund der Annäherung des Entscheidungsprozesses an die Bürger die Demokratie konsolidiert. Zweitens stützt sie sich auf die Hypothese, dass die Amtsführung der Verwaltung aufgrund der besseren Organisation der Ausgaben verbessert werden kann. Schließlich basiert sie auf der Überzeugung, dass die Dezentralisierung mehr Flexibilität bringt, um die Verwaltung an die Geschwindigkeit der Veränderungen der heutigen Zeit anzupassen.[161]

Während die Zentralisierung zur Verbesserung der Koordination der staatlichen Behörden und zur Erhaltung der Einheit ihrer Arbeit beiträgt, ermöglicht die Dezentralisierung dem Staat, das gesamte Hoheitsgebiet zu erreichen. Man spricht von Zentralisierung, wenn die öffentlichen Behörden ihre Hauptadresse in der Hauptstadt haben oder direkt in Abhängigkeit von der Zentralregierung wirken. Die Organe der Staatsverwaltung genießen in diesem Fall nicht genügend Befugnisse, um über Investitionen oder Programme selbst zu entscheiden. Die Zentralisierung schafft langsame und aufgeblähte Behörden und eine ausufernde Bürokratie. Aufgrund der Zentralisierung fühlen sich die Bürger von der Staatsverwaltung ausgeschlossen und ohne Möglichkeit, bei den öffentlichen Angelegenheiten mitzuwirken; dies führt in der Regel zu Unzufriedenheit und Frustration. Die existierenden Beteiligungsmechanismen und die Kommunalwahl selbst sind nur mittelbare Instrumente, die keine konkrete Mitwirkung ermöglichen und damit zu einer Schwächung des Staates führen. Wenn die Entscheidungsträger sich in einer einzigen Stadt konzentrieren, versuchen die großen Unternehmen ihren Wohnsitz in dieser Stadt einzurichten mit der Folge, dass die Regionen ohne politischen und wirtschaftlichen Einfluss bleiben. Dezentralisierung hingegen erhöht die Geschwindigkeit und Effizienz der Amtsführung, erlaubt unmittelbare Kontrolle durch die Betroffenen und eine bessere Verteilung der Ressourcen nach Bedarf.[162]

f. Entstehung der Dezentralisierung in Chile

Das jeweilige System der politischen und administrativen Organisation der Verwaltung in Chile hat seine Wurzeln in der Verfassung von 1833, die eine einheitliche zentrale Präsidialrepublik einrichtete, in der die gesamte Verwaltung des Landes in die Hände des Präsidenten der Republik gelegt wurde. Intendanten und Gouverneure waren ausführende Vertreter des Präsidenten der Republik, die nur für die Umsetzung seiner Beschlüsse zuständig waren.[163]

Der Verfassunggeber von 1925 wusste, dass der Zustand der Nation eine Dezentralisierung des Landes verlangte. Sie sollte jedoch den Einheitsstaat nicht gefährden, vor allem nach den schlechten Erfahrungen des chilenischen Föderalismus und der separatistischen Strömungen des amerikanischen Doppelkontinents. Die politische Zentralisierung des Staates wurde von Politikern nie kritisiert, weil sie die Ordnung und Stabilität im Land gewährleistete. Sie wollten nur eine administrative Dezentralisierung vorschlagen. Der Präsident der

161 Schilling Rodríguez, Balance y perspectiva de la descentralización, S. 33.
162 Estévez Gazmuri, Elementos de Derecho Constitucional, S. 368 f.
163 Guerra, La Constitución de 1925, S. 507.

Republik Arturo Alessandri Palma, der das politische System Italiens persönlich während seines kurzen Exils kennenlernte, wollte in Chile ein ähnliches System etablieren und versuchte die Verfassungskommission von diesem Modell zu überzeugen. Trotz der politischen Einheit des italienischen Staates gewährleistet die Verfassung eine administrative Dezentralisierung. Dies machte auf Palma einen großen Eindruck. Sein Wunsch war das Leben in den Provinzen zu fördern, ohne die Einheit des Staates zu gefährden, um die Traditionen und Eigenschaften der einzelnen Regionen des Landes durch Dezentralisierung zu erhalten.[164]

Viele Jahre später und kurz nach seiner Machtübernahme schlug der Präsident der Republik Eduardo Frei Montalva eine Verfassungsreform mit einer Dezentralisierung der Staatsverwaltung vor. Sie wurde als notwendige Voraussetzung für die Verbesserung des politischen Systems angesehen, wurde jedoch vom Senat abgelehnt.[165]

Mit der Militärregierung begannen in Chile radikale Reformen, um eine dezentrale Organisation des Landes zu schaffen, die aufgrund der Abhängigkeit der Behörden von der Zentralregierung mehr als eine bloße Dekonzentration zu qualifizieren ist. Die Reformen waren von der liberalen Wirtschaftstheorie der Schaffung eines kleinen und modernen Staates beeinflusst, wonach die Verteilung der Kompetenzen von wesentlicher Bedeutung ist. Nach der Rückkehr zur Demokratie im Jahre 1990 versuchte die Regierung eine andere Grundlage der Dezentralisierung zu schaffen. Sie demokratisieren die staatlichen Strukturen durch direkte Volkswahl ihrer Führungspersönlichkeiten.

Weder die Verfassung von 1925, die in Artikel 107 eine schrittweise administrative Dezentralisierung forderte, noch die Verfassung von 1980 haben grundlegende Änderungen in diesem Bereich vorgenommen. Deshalb sind bis heute noch die gleichen Merkmale, die schon im Jahre 1833 die Organisation des Staates gestalteten, sichtbar.

g. Aktueller Zustand der Dezentralisierung in Chile

In Chile gibt es keine echte Dezentralisierung. Trotz der weitgehenden Übertragung von Aufgaben und Ressourcen von der Zentralregierung auf lokale Behörden kann von Dezentralisierung infolge des Mangels an Übertragung politischer Macht keine Rede sein. Die chilenische Dezentralisierung bezieht sich lediglich auf die Zuweisung von „administrativen" Aufgaben. Deshalb erfolgt

164 Actas Oficiales de la Constitución de 1925, S. 176 f.

165 Evans de la Cuadra, Chile, Hacia una Constitución Contemporánea. Tres reformas constitucionales, S. 33 f. Obwohl die Verfassung von 1925 als Ziel die Dezentralisierung des chilenischen Verwaltungssystems festlegte, wurden die Mechanismen, die der Verfassunggeber dafür schuf, nie wirksam. Andrade Geywitz, Elementos de Derecho Constitucional Chileno, S. 647.

statt einer Dezentralisierung der politischen Macht nur eine territoriale Dekonzentration der Aufgaben. Der Mangel an politischen Befugnissen bei dezentralisierten Organen und damit die Unfähigkeit, politische Entscheidungen zu treffen, verhindern bislang die Umsetzung einer echten Dezentralisierung. Im Gegenteil ist eher eine starke Tendenz zur Zentralisierung seiner politischen Institutionen festzustellen.

Die aktuelle politische und administrative Organisation der Verwaltung Chiles hat ihren Ursprung im Gesetzesdekret Nr. 212 vom Dezember 1973, welches die Nationalkommission für die Verwaltungsreform *(Comisión Nacional de la Reforma Administrativa*, abgekürzt *CONARA)*, verabschiedete. Anstelle der alten Untergliederung des Landes in 25 Provinzen wurden 13 Regionen gegründet, ähnlich wie in Spanien und Frankreich. Diese politische und administrative Organisation des Staates schuf keine Dezentralisierung, sondern ermöglichte, dass die Exekutive die Kontrolle über das ganze Land übernehmen konnte. Es gab eine klare Hierarchie in der Verwaltung und die Zentralregierung konnte sich stets einmischen, was die Selbstverwaltung der Regionen, der Provinzen und der Gemeindeverwaltungen verhinderte.

Der Artikel 3 der chilenischen Verfassung enthält den Grundsatz der administrativen Dezentralisierung des Staates. Zentralisierung und Konzentration der Kompetenzen ist nur noch ein ergänzender Mechanismus. Der Artikels 3 der Verfassung heißt: „Der Staat Chile ist ein Einheitsstaat. Seine Verwaltung wird funktional und geographisch in Übereinstimmung mit dem Gesetz dezentralisiert oder gegebenenfalls dekonzentriert. Die Organe des Staates werden die Stärkung der Regionalisierung des Landes und die gerechte und solidarische Entwicklung zwischen den Regionen, Provinzen und Kommunen des nationalen Gebietes fördern.“ Diese Norm enthält einen umfassenden Befehl. Alle Organe des Staates sind damit verpflichtet die Regionalisierung des Landes zu fördern.

Die chilenische Rechtsordnung enthält fünf Mechanismen der Dezentralisierung. Der erste Mechanismus ist die administrative Dezentralisierung selbst. Sie verwirklicht sich durch die Schaffung von einer Einrichtung des öffentlichen Dienstes mit Rechtspersönlichkeit und eigenem Vermögen, die unter Aufsicht des Präsidenten der Republik verbleibt. Der zweite Mechanismus ist die Dekonzentration, die gesetzlich vorgesehen ist. Sie erlaubt die Übergabe von Befugnissen an ein untergeordnetes Organ, das auf einem bestimmten Fachgebiet Entscheidungen treffen darf. Solche Organe sind dem oberen Organ untergeordnet. Der dritte Mechanismus ist die Delegation. Sie besteht aus der Übergabe von Befugnissen von einem oberen Organ auf ein untergeordnetes Organ durch Erlass eines Verwaltungsakts, der im Wesentlichen widerruflich ist. Der vierte Mechanismus ist die Beauftragung, die in Artikel 37 des Verfassungsorgangesetzes Nr. 18.575 über die allgemeinen Grundlagen der staatlichen Verwaltung und für die Gemeindeverwaltungen in Artikel 8 Absatz 1 des Gemeindegesetzes geregelt ist. Wenn das Gesetz es erlaubt, darf eine Behörde die Durchführung eines Auftrages oder die Verwaltung ihres Vermögens an Dritte weitergeben. Der fünfte und letzte Mechanismus ist die Übertragung von Aufgaben von einer Behörde auf eine andere in Orten, wo es keine bestimmte Behörde gibt. Dafür schließen die leitenden Führungspersönlichkeiten beider Behörden Verträge, die von den Ministerien oder Intendanten unterzeichnet werden müssen.[166]

Die Zentralisierung kann nicht allein durch Erlass von Rechtsnormen abgeschafft werden. Vielmehr müssen die Führungskräfte, die Angestellten und die Bevölkerung überzeugt werden, dass die Dezentralisierung für die Verbesserung der Staatsverwaltung zwingend erforderlich ist. Darüber hinaus müssen Bürger und Staatsbeamte die Vorteile der Dezentralisierung kennen, um sie erfolgreich zu realisieren.[167]

Es ist wichtig, dass die Politik den Weg weist, damit der Staat die Dezentralisierung irgendwann erreicht. Trotz aller Sonntagsreden der Politiker für die Dezentralisierung, werden nach wie vor die wichtigen Investitionen des Staates in der Metropolregion betätigt. Deshalb überraschen die Ankündigungen einiger Behörden im Hinblick auf die Schaffung und Entwicklung einer großen zentralen Metropole in Chile nicht. Viele denken, dass Santiago sich aufgrund der Globalisierung in eine große finanzielle und geschäftsfreundliche Stadt entwickeln muss.[168] Deshalb gibt es einen klaren Widerspruch zwischen dem offiziellen Diskurs und der Realität.

Schließlich muss noch erwähnt werden, dass die regionale und kommunale Heterogenität des Landes die Entwicklung der Dezentralisierung in Chile hindert. Viele Gebiete besitzen nicht ausreichende Ressourcen und haben nicht die Fähigkeiten, sich selbst zu organisieren. Daher bedürfen sie wirtschaftlicher und politischer Unterstützung. Sie sind von der Hilfe des Zentralstaates abhängig.[169]

h. Dezentralisierung des Staates auf kommunaler Ebene

Die Lage der Gemeindeverwaltungen innerhalb des Staates ist in Kapitel XIII der chilenischen Verfassung geregelt. Die Kommunen sind die kleinste räumliche und administrative Ebene des Landes und die Gemeindeverwaltungen sind die Organe, die für ihre Verwaltung zuständig sind. Als Teil der Verwaltungsorganisation des Staates stehen sie mit dem Präsidenten der Republik durch das Innenministerium in Verbindung, innerhalb des Ministeriums durch das Staatssekretariat für regionale und administrative Entwicklung (Subsecretaría de

---

166 Baeza Fernández, Manual Jurídico Municipal, S. 25.

167 Aylwin Azócar, Minuta sobre algunos aspectos políticos institucionales del proceso de descentralización, S. 39 f.

168 González Torres, Reflexión y análisis del proceso de descentralización en Chile, S. 59.

169 Espinoza/Marcel, Descentralización Fiscal: El caso de Chile, S. 25.

Desarrollo Regional y Administrativo). Noch dazu stehen sie auch mit anderen öffentlichen Organen auf Regional- und Provinzebene in Verbindung. Allerdings sind die Gemeindeverwaltungen weder den Intendanten noch den Gouverneuren hierarchisch zugeordnet. In diesem Sinne sind die Gemeindeverwaltungen administrative, dezentralisierte Organe mit einer begrenzten Selbstverwaltung.[170]

Nach den Leitlinien des französischen Verwaltungssystems wurde in Chile eine allgemeine kommunale Rechtsordnung geschaffen, die eine identische Struktur für die verschiedenen Kommunen gestaltete, ohne zwischen ländlichen, städtischen oder gemischten Gemeindeverwaltungen zu unterscheiden. Sie berücksichtigte die Besonderheiten des Landes nicht, in dem die Kommunen aufgrund des großen Gebietes unterschiedliche Eigenschaften und Bedürfnisse haben.[171]

III. Konzept und Regelung der Gemeindeverwaltung nach Art. 118 der Verfassung

Das Kapitel XIV der Verfassung bezieht sich auf die politische und administrative innere Staatsverwaltung und wurde in fünf Titel unterteilt. Der dritte Titel bezieht sich auf die Kommunalverwaltung, d. h. die allgemeinen Regeln über die Organisation und Befugnisse der Gemeindeverwaltungen.[172]

---

170 Baeza Fernández, Manual Jurídico Municipal, S. 39.

171 Während beispielweise die Regierung für die Gemeindeverwaltung von Santiago im Jahre 1997 eigene Einnahmen von über mehr als 40 Milliarden Pesos vorgesehen hat, wurden für die Gemeindeverwaltung von Villa O'Higgins, eine Kommune im äußersten von Chile, nur 83 Millionen Pesos vorgesehen. Hierzu Schilling Rodríguez, Balance y perspectiva de la descentralización, S. 35.

172 Die kommunalrechtlichen Verfassungsbestimmungen in Deutschland finden sich in den Abschnitt "Der Bund und die Länder". Der Text hat nicht ausdrücklich wie in der Weimarer Reichsverfassung die kommunale Selbstverwaltung gewährgeleistet. Er sagt, dass der Bund die verfassungsmäßige Ordnung in den Ländern gewährleistet, wozu auch die Existenz einer kommunalen Selbstverwaltung gehört. Art. 28 ist umfassend und delegiert viele Aufgaben an die Länder, damit sie eine landesrechtliche Ordnung schaffen können, die dem Grundgesetz gerecht werden muss. Der Text hat viele Freiheiten an die ländichen Gesetzgeber abgetreten aber auch Verantwortung, weil jedes Bundesland seinen eigenen Weg finden muss, um die kommunale Selbstverwaltung zu regeln. Das Recht der Selbstverwaltung ist eine institutionelle Garantie, die vom Gesetzgeber nicht beseitigt werden kann. Es ist wesentlich für das deutsche Gemeinderecht, die kommunale Selbstverwaltung in jeder örtlichen Gemeinschaft zu respektieren. Deswegen wurden in die Verfassung Normen aufgenommen, um dieses Recht zu gewährleisten. Mehr dazu Gönnenwein, Gemeinderecht, S. 27 ff.

1. Gemeindeverwaltung als Vertreterin der Gemeinschaft

Die lokale Macht ist diejenige, die die Lokalinteressen vertritt und ihre Bedürfnisse befriedigt. Sie soll vermeiden, Lokal- und Staatsinteressen zu vermischen. Darüber hinaus sollte die zentrale politische Macht keine Gewalt über die Gemeindeverwaltungen besitzen, da sie nicht die notwendigen Hintergrundinformationen und nicht die Nähe zum Volk hat. Wenn die Zentralregierung auf lokaler Ebene mitwirkt, kann sie sogar die allgemeinen Interessen der Nation missachten, denen sie jedoch verpflichtet ist.[173]

Die Gemeindeverwaltungen sind in der staatlichen Ordnung Deutschlands eine dritte Hoheitsebene neben Bund und Ländern. In diesem Sinne sind die Gemeindeverwaltungen kein verlängerter Arm des Staates, besitzen aber, anders als der Bund und die Länder, keine Staatsqualität. Die Gemeindeverwaltungen erlauben die Partizipation der Gesellschaft an der Verwaltung; das ist nicht mehr als eine Selbstorganisation der Gesellschaft, aber mindestens ein erhöhter Grad an Partizipation des unpolitischen Bürgers am Staat. Der Bund hat kaum Gesetzgebungsbefugnisse auf dem Gebiet des Kommunalrechts und deshalb haben die Länder verschiedene Kommunalrechtsordnungen erlassen. Obwohl die Gemeindeordnungen in jedem Bundesland unterschiedlich sind, lassen sie sich grob zwei hauptsächlichen Typen zuordnen, der norddeutschen und der süddeutschen Ratsverfassung. Die norddeutsche Ratsverfassung finden wir in Niedersachsen, in Nordrhein-Westfalen und teilweise in Schleswig-Holstein. Die süddeutsche Ratsverfassung gibt es in Bayern und Baden-Württemberg. Die anderen Bundesländer haben Modelle gewählt, die sich an die oben genannten Typen anlehnen.[174] Die Stadtstaaten Berlin, Hamburg und Bremen nehmen eine Sonderstellung ein, weil Landes- und Kommunalrecht ineinanderfließen. Sie haben keine spezielle Gemeindeordnung, die Landesverfassung ist zugleich Kommunalverfassung.[175]

Der Artikel 118 der chilenische Verfassung beginnt den Titel „Kommunalverwaltung“ mit dem Satz: „Die lokale Verwaltung jeder Kommune oder Gruppe von Kommunen, die durch Gesetz bestimmt wird, obliegt einer Gemeindeverwaltung“. Die Verfassung erklärt damit, dass die Ausführung der kommunalen Gesetzgebung und alles, was sich auf lokale Angelegenheiten bezieht, von einem einzigen und speziell zu diesem Zweck geschaffenen Organ wahrgenommen werden muss, nämlich der Gemeindeverwaltung.

---

173 Lastarria, Estudios Políticos i Constitucionales, S. 163 f.

174 Scholler, Grundzüge des Kommunalrechts in der Bundesrepublik Deutschland, S. 17 f.

175 Stober, Kommunalrecht in der Bundesrepublik Deutschland, S. 24.

Der Zuständigkeitsbereich der Gemeindeverwaltung ist die Kommune oder eine Gruppe von Kommunen, die zu diesem Zweck durch Gesetz festgelegt wurde. Eine Gemeindeverwaltung kann also mehr als eine Kommune verwalten. Heutzutage gibt es in Chile allerdings nur eine Gemeindeverwaltung, die zwei Kommunen verwalten muss. Zu der Gemeindeverwaltung Kap Horn gehört die Kommune der chilenischen Antarktis. Grund dieser verfassungsrechtlichen Vorschrift ist, keine Gemeindeverwaltungen in Kommunen ohne ausreichende Entwicklungsmöglichkeiten zu gründen.[176]

Die Gemeindeverwaltungen besitzen einen begrenzten territorialen Machtbereich, so dass sie sich nur um die Probleme in einem bestimmten Teil des Staatsgebietes kümmern können. Dies ist kein exklusives Recht der Gemeindeverwaltung, denn andere Behörden dürfen auch in diesem Bereich mit Zustimmung eines Gesetzes wirken.

Genauso wie in der Verfassung von 1925 kann man heutzutage auch eine gesetzliche, einheitliche und untergeordnete Gemeindeverwaltung finden: Gesetzlich, weil Gründung und Organisation einer Gemeindeverwaltung von einem Legislativakt abhängt; einheitlich, weil jede Gemeindeverwaltung nach den gleichen Regeln strukturiert ist, und schließlich untergeordnet, weil sie trotz des verfassungsrechtlichen Begriffs keine Selbstverwaltung besitzt, so dass sie in vielen Aspekten von den zentralen Behörden abhängig bleibt.[177]

Gemäß Artikel 118 Absatz 1 der chilenischen Verfassung bestehen die Gemeindeverwaltungen aus dem „Bürgermeister", der die höchste Führungsposition besitzt, und dem „Rat". Im Gegensatz zur Verfassung von 1925 wird der Bürgermeister als Mitglied der Gemeindeverwaltung betrachtet und sogar als ihr wichtigstes Mitglied.[178] Der Gemeinderat ist zu einem lediglich regulierenden, überwachenden und entscheidenden Organ geworden, das den Bürgermeister unterstützt. Der Rat hat somit seine alte Bedeutung und Vorrangstellung verloren. Darüber hinaus führt der Bürgermeister nicht nur den Rat als Vorsitzender, sondern ist auch Mitglied. Er hat wie die anderen Mitglieder das Recht auf Meinungsäußerung und das Abstimmungsrecht. Der Bürgermeister hat ein mächtiges Amt innerhalb der Gemeindeverwaltung inne und im Vergleich zu den anderen Ratsmitgliedern besitzt er mehr Befugnisse.

Der Absatz 3 des Artikels 118 ist eine Bestimmung, die von Anfang an in der Verfassung von 1980 steht. Seine Stelle innerhalb der Verfassung wurde aber mehrmals durch Reformen verändert. Sein Ziel ist, genauso wie bei den Gouverneuren im Fall von Artikel 117, die Benennung von Delegierten an einem oder mehreren Standorten, um das ganze Gebiet besser zu verwalten.

---

176 Silva Bascuñán, Tratado de Derecho Constitucional, Tomo III, La Constitución de 1925, S. 468.

177 Bernaschina González, Derecho Municipal Chileno, S. 22.

178 Guerra, La Constitución de 1925, S. 490.

2. Politische und administrative Staatsverwaltung

Die verschiedenen Behörden des Staates üben politische und administrative öffentlichen Aufgaben aus, die oft schwer zu unterscheiden sind. Laut Verfassung sind die Gemeindeverwaltungen nur administrative Organe, d. h. die einzigen, die ausdrücklich keine politische Aufgaben und Befugnisse besitzen. Sie nehmen allerdings von Natur aus politische Aufgaben wahr. Als Vertreter der Gemeinschaft sollen sie nämlich auch ihre Interessen verteidigen, was mehr Politik als administrative Verwaltung bedeutet.

Die Gemeindeverwaltungen wurden in Chile als ausführende Organe der Zentralregierung für die Umsetzung der öffentlichen Programme auf kommunaler Ebene konzipiert. Deshalb dürfen sie keine politischen Entscheidungen treffen und genießen nur eine begrenzte Selbstverwaltung. Trotz des Mangels an Entscheidungskompetenzen verhalten die Gesellschaft, die politischen Parteien und die Regierung sich, als ob die Gemeindeverwaltungen politische Organe wären. Die Zentralregierung trifft sogar mit den Bürgermeistern politische Vereinbarungen. Als demokratische und gewählte Organe gehören die Gemeindeverwaltungen zur Politik und sollten deshalb nicht gezwungen werden, sich aus der Politik herauszuhalten.[179]

Der Zentralismus und die Einrichtung einer autoritären Regierung waren in den früheren schwierigen Jahren nach der Unabhängigkeit Chiles die einzige Möglichkeit, um Ordnung und Stabilität im Land zu gewährleisten. Das Land benötigte ein hierarchisches System mit Gemeindeverwaltungen als kleinste administrative öffentliche Entität des Staates, die unter der strengen Kontrolle der Exekutive bleiben mussten. Aber nach zweihundert Jahren ist es an der Zeit, die Macht und Kontrolle des Staates zu dezentralisieren. Die Gesellschaft hat diese Entwicklung verstanden und verlangt von den Führungspersönlichkeiten seit langem mehr Beteiligung. Aber was die Verfassung als Grundsatz proklamiert, findet im Allgemeinen keine Umsetzung. Die Macht bleibt zentralisiert und die Natur der Autonomie der Gemeindeverwaltungen bleibt ohne Anerkennung. Somit ist die Gemeinschaft von einer echten Mitwirkung ausgeschlossen, die jedoch eine Voraussetzung für eine moderne politische und administrative Verwaltung darstellt.

Ohne politische Befugnisse können die Gemeindeverwaltungen keine wichtige Entscheidungen für die Verbesserung der Verwaltung der örtlichen Gemeinschaft treffen, was natürlich der Selbstverwaltung Grenzen auferlegt. Ihr Tätigkeitsfeld ist auf dasjenige, was ihnen durch die Zentralregierung zugewie-

179 Ein solches System ist geradezu böse, denn die Verfassung richtete eine politische Gemeindeverwaltung, die lediglich mit administrativen Kompetenzen ausgestattet ist. Pozo, La situación actual del Municipio Chileno y el problema de la “Municipalización”, S. 3 f.

sen wird, beschränkt. Den Kommunen genügt dies nicht. Nur durch die Gewährleistung der politischen Selbstverwaltung wird sich die Nation entwickeln können, weil sie weitgehend auf der aktiven Beteiligung ihrer örtlichen Gemeinschaften gegründet wurde.

Während der Diskussion der Verfassungsreform von 1997 wurden zwei Vorschläge abgelehnt, die die Gemeindeverwaltungen in ein politisches Organ umgestalten wollten. Einige Abgeordnete wollten sogar den Begriff „Gemeinderegierung" in Bezug auf politische Befugnisse statuieren. Damals erklärte der Innenminister Figueroa, dass die chilenische Verfassung ganz klar zwischen politischer und administrativer Verwaltung unterscheidet. Unter politischen Aufgaben versteht er die Aufgaben, bei denen die Tätigkeit des Staates am Interesse der ganzen Gemeinschaft orientiert ist, während die administrativen Aufgaben der Ausführung der täglichen Aktivitäten des Staates dienen, damit die üblichen Bedürfnisse in Einklang mit der Politik der Regierung befriedigt werden können. Nach Figueroa würden diese Änderungen dazu führen, die verfassungsrechtliche Struktur komplett zu ändern, was jedoch nicht gewünscht sei. Nach den Ausführungen des Senators Ríos bedeutet die Schaffung von Regionalregierungen nicht, dass die wesentlichen politischen Befugnisse des Staates, wie die öffentliche Ordnung, die Sicherheit, die Verteidigung oder die Außenbeziehungen, ebenfalls übertragen werden müssen. Nach dessen Ansicht bedeutet der Begriff „Regierung" im Sinne der letzten Reformen Aufbau von Institutionen oder Organisationen mit Befugnissen auf bestimmten Gebieten, die aber keinesfalls die Befugnisse, die die Verfassung ausschließlich der Zentralregierung zugewiesen hat, beeinträchtigen dürfen. Senatorin Feliú erklärte schließlich, dass die politischen Befugnisse zum Präsidenten der Republik gehören. Dies sei ein historischer Grundsatz der chilenischen Staatsordnung. Lehre und Rechtsordnung unterscheiden zwischen politischer und administrativer Verwaltung, wobei die politische Verwaltung sich auf die Ausarbeitung von Plänen und Programmen von nationalem Charakter bezieht und von den Ministerien ausgeübt wird.[180]

In Bezug auf politische Aufgaben stellt der Artikel 24 der Verfassung fest, dass die politische und administrative Verwaltung des Staates dem Präsidenten der Republik obliegt, der auch Staatschef ist. Außerdem heißt es in Absatz 2, dass die Macht des Präsidenten sich auf alles erstreckt, was sich auf die Erhaltung der öffentlichen Ordnung im Inneren und den Schutz der äußeren Sicherheit der Republik bezieht und sich im Einklang mit der Verfassung und den Ge-

180 Zitiert im zweiten gemeinsamen Bericht des Ausschusses für Regierung, Dezentralisierung und Regionalisierung und des Ausschusses für Verfassung, Gesetzgebung, Gerechtigkeit und Verordnung des Senats, über den Entwurf der Verfassungsreform über die Kommunalverwaltung, erste Instanz, Formular Nr. 1608-06, vom 10. Juli 1996.

setzen befindet. Bei der Ausübung dieser Aufgabe wird er von Ministern auf sektoraler Ebene und von Intendanten und Gouverneuren auf regionaler und provinzialer Ebene unterstützt. Zu der administrativen Verwaltung gehören andererseits die Aufgaben, die von geeigneten Organen zur Durchführung der Beschlüsse der politischen Behörden und zur dauerhaften Erfüllung der nationalen, regionalen, provinzialen und kommunalen Bedürfnisse ausgeübt werden müssen. Die administrativen Organe kümmern sich um die Funktionsfähigkeit des Landes. Sie treffen die erforderlichen Maßnahmen zur Umsetzung von Gesetzen und Anordnungen der Regierung. Der Bürgermeister ist eine administrative Führungspersönlichkeit. Die Gemeindeverwaltung wird als eine „territoriale administrative Einheit" und nicht als eine „politische Einheit" konzipiert. Daher ist der Begriff „Gemeinderegierung" in Chile nicht anwendbar.[181]

Gemäß Artikel 118 der Verfassung kann man feststellen, dass die Autonomie, die Rechtspersönlichkeit des öffentlichen Rechts und das eigene Vermögen nur im Rahmen der administrativen Organisation der Verwaltung konzipiert wurden. Deshalb lautet die Überschrift des Titels III des Kapitels XIV der Verfassung „Administrative Kommunalverwaltung" und nicht „Politische und administrative Kommunalverwaltung", so wie es bei den Regionen der Fall ist.

Die mächtige Position des Staates gegenüber den Gemeindeverwaltungen soll jede Gefahr eines Missbrauchs der Kommunalverwaltung verhindern, was aufgrund der Unfähigkeit vieler Gemeindeverwaltungen auch nötig ist. Aus diesem Grund ist die chilenische kommunale Selbstverwaltung keine Gewährleistung einer Autonomie gegenüber dem Staat, sondern bedeutet lediglich die Schaffung eines administrativen dezentralisierten Organs innerhalb der öffentlichen Verwaltung des Staates. Die Gemeindeverwaltungen erhalten eine beschränkte Autonomie, weil sie eine gewisse Portion Freiheit benötigen, um sich besser mit anderen Organen und Personen auszutauschen. Aber eine autarke kommunale Selbstverwaltung ist nicht gewünscht.[182]

3. Begriff der Gemeindeverwaltungen in der Verfassung

Artikel 118 Absatz 4 der Verfassung definiert die Gemeindeverwaltungen als „selbstverwaltete Körperschaften des öffentlichen Rechts mit eigener Rechtspersönlichkeit und eigenem Vermögen, deren Ziel die Befriedigung der Bedürfnisse der örtlichen Gemeinschaft und die Absicherung ihrer Beteiligung am wirtschaftlichen, sozialen und kulturellen Aufschwung der Kommune ist." Die-

---

181 Subsecretaría de Desarrollo Regional y Administrativo, Manual de Gestión Municipal, S. 11 f.

182 Aylwin/Alfonso/Oyadener, Análisis Crítico del Régimen Municipal y Proposiciones para una Nueva Legislación, S. 16.

se Bestimmung wurde von der Verfassungskommission verabschiedet und seitdem wurde nur ein Wort verändert. Die Verfassungsreform von 1991 fügte das Wort „selbstverwaltete" hinzu.[183]

Aus dieser Definition der Gemeindeverwaltungen ergibt sich der Wille des Verfassunggebers zur Gewährleistung einer kommunalen Selbstverwaltung. Aber dies soll nicht dazu führen, die Selbstverwaltung in Chile mit der Selbstverwaltung in anderen Ländern zu verwechseln, wie z. B. die deutsche kommunale Selbstverwaltung. Die Selbstverwaltung bezieht sich grundsätzlich auf die Befugnis zum Setzen eigener Normen. Die chilenische Definition hingegen bezeichnet eine administrative Selbstverwaltung im strengen rechtlichen Sinne. Die Gemeindeverwaltungen dürfen als juristische Personen ihre Interessen unabhängig von der regionalen und nationalen Ebene innerhalb ihrer Kompetenzen selbst verwalten.[184]

Da die Gemeindeverwaltungen als juristische Personen konzipiert sind, bezeichnet die Definition sie als eine Körperschaft. Sie besitzen Rechtspersönlichkeit und bestehen aus zwei Organen für die Wahrnehmung ihrer Aufgaben, nämlich aus dem Bürgermeister und aus dem Rat. Sie arbeiten für die Erreichung ihrer Ziele zusammen. Diese Körperschaft ist auch Teil der Organe der öffentlichen administrativen Staatsverwaltung, wie ausdrücklich im Verfassungsorgangesetz Nr. 18.575 über die allgemeinen Grundlagen der staatlichen Verwaltung normiert ist.

Das chilenische Zivilgesetzbuch – chilenisches BGB – definiert die juristische Person als eine fiktive Person, fähig für die Ausübung von Rechten und die Übernahme von zivilen Pflichten, die gerichtlich und außergerichtlich vertreten werden kann. Die juristischen Personen des öffentlichen Rechts unterscheiden sich von den juristischen Personen des Zivilrechtes in ihrer Entstehung. Sie entstehen durch einen Akt des Staates. Der Staat hat die exklusive Befugnis zur Übertragung von Rechtspersönlichkeit. Darüber hinaus dienen sie öffentlichen Zwecken, wofür sie staatliche Mittel erhalten. Mit Ausnahme gewisser Gesetze werden ihre Befugnisse grundsätzlich von Bestimmungen des öffentlichen Rechts geregelt. Das chilenische Zivilgesetzbuch betrachtet in Artikel 547 Absatz 2 die Gemeindeverwaltungen seit langem als Körperschaften des öffentlichen Rechts. Die Verfassung hat somit diese Situation nur bestätigt. Es war dennoch von großer Bedeutung, weil verschiedene Autoren, wie Mario

183 Die Verfassungsreform Nr. 19.097 von 1991, die in der Definition der Gemeindeverwaltungen das Wort „Selbstverwaltung" einbezog, hat ein bestehendes Merkmal der Gemeindeverwaltungen explizit bestätigt, die bereits von der Lehre und Rechtsprechung anerkannt wurde. Die Erwähnung war dennoch wichtig, um ein klares Zeichen gegen eine übermäßige Zentralisierung des Landes zu setzen.

184 Nogueira Alcalá, Análisis de la Reforma Constitucional y la Reforma de la Ley Orgánica Constitucional de Municipalidades, S. 2.

Bernaschina, die Rechtspersönlichkeit der Gemeindeverwaltungen nicht anerkennen wollten. Für diese Autoren besitzen die Gemeindeverwaltungen keine eigene Rechtspersönlichkeit, sondern lediglich die des Gesamtstaates. Da die Verfassung nun ausdrücklich betont, dass die Gemeindeverwaltungen eine eigene Rechtspersönlichkeit besitzen, bestehen nunmehr keine Zweifel in Bezug auf ihre juristische Persönlichkeit.[185]

Die Gemeindeverwaltungen haben eine eigene Rechtspersönlichkeit, d. h. sie sind Träger von Rechten und Pflichten, was nichts anderes bedeutet als die Bildung eines dezentralen administrativen Staatsverwaltungsorgans. Die Definition der Gemeindeverwaltungen als Körperschaften „des öffentlichen Rechts" bedeutet, dass ihre Gründung, ihre Aufgaben und ihre Organisation in der Verfassung genannt sind. Die Bestimmungen der Kommunalrechtsordnung befinden sich somit in der Verfassung und im Gemeindegesetz.

In der Verfassung steht auch, dass die Gemeindeverwaltungen eigenes Vermögen besitzen. Dies ist ein Merkmal der Rechtspersönlichkeit, das ausdrücklich betont wurde. Die finanzielle Leistungsfähigkeit der Gemeindeverwaltung ist sehr wichtig für ihre administrative Selbstverwaltung. Der Verfassunggeber sorgt dafür, dass die Gemeindeverwaltungen ausreichende Mittel für die Erfüllung ihrer Ziele erhalten.

Schließlich erwähnt die Definition die Ziele der Gemeindeverwaltungen. Das allgemeine Ziel der Gemeindeverwaltungen ist „die Verwaltung der Kommune", wie in Artikel 118 Absatz 1 der Verfassung und 1 Absatz 1 des Gemeindegesetzes zum Ausdruck kommt. Dies ist ihre wesentliche Rolle und auf diese sollen sich ihre Anstrengungen konzentrieren. Außerdem bestimmte der Gesetzgeber zwei spezifische Aufgaben, die am Ende der Definition genannt werden. Es ist die Befriedigung der Bedürfnisse der örtlichen Gemeinschaft und die Sicherung ihrer Beteiligung an wirtschaftlichen, sozialen und kulturellen Aufschwung der Kommune. Man darf nicht vergessen, dass die Gemeindeverwaltungen als Teil der administrativen öffentlichen Organisation des Staates gemeinsame Aufgaben mit dem Staat wahrnehmen, die ebenfalls die Arbeit der Kommunen beeinflussen.[186]

4. Aufgaben und Befugnisse der Gemeindeverwaltungen

Die Verfassung von 1980 beendete eine Tradition, die im Jahre 1823 begann, und führte Aufgaben und Befugnisse der Gemeindeverwaltungen nicht aus-

185 Valdebenito Infante, Evolución Jurídica del Régimen Municipal en Chile (1541-1971), S. 81. Siehe auch Fernández Richard, La municipalidad, órganos que la componen y sus atribuciones, in: Gaceta Jurídica, S. 26.

186 Baeza Fernández, Manual Jurídico Municipal, S. 43 f.

drücklich aus. Sie besagt, dass die Verpflichtung ihrer rechtlichen Ausgestattung dem Gesetzgeber obliege.[187]

Der Artikel 118 Absatz 5 der Verfassung bezieht sich auf die Aufgaben und Befugnisse der Gemeindeverwaltungen. Der Gesetzgeber muss sie im Gemeindegesetz bestimmen. Darüber hinaus muss der Gesetzgeber die Bedingungen zur Berufung einer „unverbindlichen Volksbefragung" oder eines Bürgerentscheides bestimmen. Aus diesem Grund ist der Gesetzgeber das einzige Organ, das die Aufgaben der Gemeindeverwaltungen gestaltet. Die einzige Einschränkung hierfür ist, dass die Aufgaben sich nur auf Fragen der lokalen Verwaltung beziehen müssen.

Obwohl die wesentlichen Aufgaben und Befugnisse im Gemeindegesetz normiert sind, existieren weitere weniger bedeutsame Vorschriften in anderen Gesetzen. Laut Verfassungsgericht ist es nicht zu empfehlen, den Anwendungsbereich der Verfassungsorgangesetze mehr als notwendig und von der Verfassung erlaubt zu erweitern. Andernfalls würde damit das chilenische Rechtssystem seine ausgewogene und angemessene Flexibilität verlieren, angesichts der Tatsache, dass das Quorum für diese Art von Gesetzen sehr hoch ist. Diese Aufgaben dürfen lediglich die Wahrnehmung einer Funktion oder die Ausübung einer wesentlichen Befugnis nicht beeinträchtigen.[188]

5. Möglichkeit der Bildung von Gemeindeverbänden

Artikel 118 Absatz 6 bezieht sich auf die Befugnis der Gemeindeverwaltungen, sich mit anderen zusammenzuschließen, um besser ihre Aufgaben wahrnehmen zu können. Die Ähnlichkeit der Aufgaben und die Vorteile in bestimmten Fällen der Zusammenarbeit würden bestimmten Gemeindeverwaltungen helfen, viele personelle und finanzielle Ressourcen einzusparen.

Für den Verfassunggeber war die Förderung der interkommunalen Zusammenarbeit von Wichtigkeit. Er versuchte durch diese Regelung solche Initiativen zu legitimieren und zu unterstützen. In diesem Sinne ermächtigte er die Gemeindeverwaltungen ausdrücklich zur Gründung und Integration von Körperschaften oder Stiftungen.[189] Solche Institutionen müssen drei wesentliche

---

187 Wie bereits einige Mitglieder der Verfassungskommission der Verfassung von 1925 meinten, wurde während der Diskussion der aktuellen Verfassung darauf hingewiesen, dass die Ernennung von kommunalen Befugnissen und Pflichten keine Aufgabe der Verfassung ist, sondern des Gesetzes. Die Entwicklung der Gesellschaft empfiehlt, dass der Gesetzgeber sich um die Bestimmung der Gemeindeverwaltungen kümmert. Actas Oficiales de la Constitución de 1925, S. 373.

188 Entscheidung des chilenischen Verfassungsgerichts vom 19. April 1988, Rol Nr. 54, zitiert von: Pfeffer Urquiaga, Constitución Política de la República de Chile, S. 656 f.

189 Diese Befugnis gilt jedoch nur als Ausnahme. Das chilenische Verfassungsgericht führte im Urteil vom 29. Februar 1988, Rol Nr. 50 aus, dass die Übertragung von kommunalen

Merkmale erfüllen: Sie müssen Institutionen des Privatrechts sein; sie dürfen keinen Profit erstreben; und sie müssen als festgelegtes Ziel die Förderung und Verbreitung von Kunst, Kultur und Sport oder die Unterstützung von Projekten über Kommunal- und Produktionsentwicklung haben.

Während der Diskussion dieser Norm wurde die Möglichkeit der Einbeziehung anderer Ziele für die Körperschaften oder Stiftungen vorgeschlagen, wie die wirtschaftliche Entwicklung der Kommune. Der Verfassunggeber hielt dies aber für zu riskant, dass lukrative Tätigkeiten sich in diesen Institutionen verstecken könnten, was wiederum gegen die Grundsätze der Verfassung verstieße. Der Sport wurde im Jahre 1997 als weiteres Ziel hinzugefügt, weil er eine Aktivität ist, die wegen ihrer Bedeutung vom Staat gefördert werden müsse. Schließlich wurde im Jahr 2009 die Unterstützung von Projekten über Kommunal- und Produktionsentwicklung als ein weiteres Ziel hinzugefügt.

Eine weitere wichtige Form der Partnerschaft ist die Bildung von Gemeindeverbänden. Eine Lösung, um gemeinsam mit verstärkter Kraft die Probleme bewältigen zu können, ist die seit Jahren verstärkte Gründung von Gemeindeverbänden. Diese Gruppen, die meist sporadisch und für einen bestimmten Zweck gegründet wurden, haben enorme Vorteile. Sie erlauben die Vertretung von gemeinsamen Interessen gegen die höhere politische Instanz, selbst auch auf internationaler Ebene. Außerdem haben sich mit der Globalisierung und den engeren internationalen Beziehungen der Länder die Möglichkeiten der Zusammenarbeit erweitert. Folglich findet man heutzutage viele Kommunalorganisationen auf regionaler, kontinentaler und globaler Ebene, die immer stärkere Wirkung entfalten.

Erst im späten 19. Jahrhundert und im 20. Jahrhundert kümmerte sich die chilenische Gesetzgebung um die Förderung der Zusammenarbeit von mehreren Gemeindeverwaltungen, damit diese ihre gemeinsamen Interessen besser verfolgen können. Diese, zunächst sporadischen Gruppen, bekamen dauerhaften Charakter nach dem nationalen Gemeindekongress in Viña del Mar im März 1942. Bei dieser Gelegenheit verabschiedeten die Gemeindeverwaltungsvertreter die Grundlagen der „Nationalen Union der Gemeindeverwaltungen von Chile“ (Unión Nacional de Municipalidades de Chile). Ihr Ziel war die Förderung der interkommunalen Zusammenarbeit als ein Instrument der Kooperation zwischen den Gemeindeverwaltungen. Im Jahre 1951 gründeten die Gemeindeverwaltungsvertreter das „Nationale Bündnis der Gemeindeverwaltungen Chiles“ (Confederación Nacional de Municipalidades de Chile), das nicht nur die För-

---

Aufgaben auf andere Einrichtungen verfassungswidrig sei, weil die Verfassung selbst einem bestimmten Organ speziell die Wahrnehmung dieser öffentlichen Aufgaben übertragen hat. Zitiert von: Pfeffer Urquiaga, Constitución Política de la República de Chile, S. 657.

derung der Beziehungen zwischen den Gemeindeverwaltungen verfolgte, sondern auch die Verteidigung ihrer Interessen und Rechte. Durch das Gesetz Nr. 15.575 vom 15. Mai 1964 bekam das Bündnis eine eigene Rechtspersönlichkeit des öffentlichen Rechts.[190]

Nach der Rückkehr der Demokratie und der Volkswahl der Führungspersönlichkeiten der Gemeindeverwaltung begann in Chile das Interesse an der Regulierung und Organisation der Arbeit zwischen den Gemeindeverwaltungen zu wachsen. Eine der Änderungen des Gemeindegesetzes der Reform von 1992 erlaubte sogar, dass zwei oder mehr Gemeindeverwaltungen, unabhängig davon, ob sie zur gleichen Provinz oder Region gehören, Gemeindeverbände gründen dürfen, um gemeinsam ihre Probleme zu lösen oder ihre Ressourcen besser auszunutzen. Nach langer Arbeit wurde in einem Kongress an der Technischen Universität Federico Santa María in Viña del Mar mit dem Slogan „Zusammenarbeit, Entwicklung und Selbstverwaltung“ am 10. Mai 1993 der „chilenische Gemeindeverband“ (Asociación Chilena de Municipalidades) gegründet. Am Kongress nahmen Vertreter von 321 der 334 Gemeindeverwaltungen, die bis zu diesem Zeitpunkt im ganzen Land existierten, mit mehr als 1.200 Delegierten, darunter Bürgermeister und Ratsmitglieder, teil. Diese Organisation benötige nicht lange, um die Unterstützung von 100 % der Gemeindeverwaltungen in Chile zu erhalten. Heutzutage vertritt der chilenische Gemeindeverband die 345 Gemeindeverwaltungen Chiles.

Der chilenische Gemeindeverband ist eine Organisation mit einem politischen und technischen Charakter, der als nationaler Vertreter der Gemeindeverwaltungen, die dem Verband freiwillig beitreten, arbeitet. Der Verband übt seine Aufgaben in einem pluralistischen und autonomen Sinne aus und betont stets den egalitären Charakter seiner Mitglieder. Sie sind institutionell vertreten, d. h. vertreten sind die Gemeindeverwaltungen als solche und nicht etwa ihre Führungsämter. Seine Aufgabe ist die Vertretung der Gemeindeverwaltungen vor öffentlichen, privaten, nationalen und internationalen Einrichtungen. Sein wichtigstes Ziel ist die politische und technische Unterstützung seiner Mitglieder bei der Vertiefung der Demokratie, Dezentralisierung, Dekonzentration sowie die Verbesserung und Modernisierung der Kommunalverwaltung. Seine Meinung ist von der Exekutive und der Legislative häufig gefragt, wenn die Themen sich auf kommunale Projekte und mögliche Reformen auf diesem Sektor beziehen. Der chilenische Gemeindeverband sorgte für die Verteidigung der Interessen seiner Mitglieder, in dem er eine breite Palette von Ausbildungsmöglichkeiten anbot, um die Fähigkeiten des Personals und die Kompetenzen der Führungskräfte zu verbessern.

190 Valdebenito Infante, Evolución Jurídica del Régimen Municipal en Chile (1541-1971), S. 177.

Gemeinsam mit dem chilenischen Gemeindeverband gibt es im ganzen Land viele Verbände, die verschiedene Interessen der Kommunen repräsentieren. So entstanden verschiedene regionale Partnerschaften von Gemeindeverwaltungen und territoriale Gebietskörperschaften, die gemeinsam geographische, historische, touristische oder produktive Interessen haben.

Für die Regierung ist die Bildung von Gemeindeverbänden ein Instrument der Integration, welches die Arbeit der Gemeindeverwaltungen erstarken lassen wird. Deshalb war es sehr beunruhigend, dass die Verfassung und das Gemeindegesetz nichts bezüglich der Rechtspersönlichkeit der Gemeindeverbände aussagte. Es gab keine verfassungsrechtliche oder gesetzliche Anerkennung solcher Verbände. Deshalb haben die Gemeindeverbände immer noch keine Rechts- und Geschäftsfähigkeit, um ihre Ziele zu verfolgen, was ein großes Hindernis für ihre Tätigkeit bedeutet.

Aus diesem Grund gab die Regierung am 13. Juli 2007 einen Entwurf einer Verfassungsreform zur Änderung des Kapitels XIV an das Parlament weiter, der darauf abzielte, den Gemeindeverbänden private Rechtspersönlichkeit zu geben. Der Entwurf erhielt die Unterstützung von verschiedenen politischen Parteien und wurde im Parlament als Gesetz Nr. 20.346 verabschiedet und am 14. Mai 2009 veröffentlicht. Die Verfassungsreform erlaubt nunmehr den Zusammenschluss von Gemeindeverwaltungen zu Gemeindeverbänden, die eine Rechtspersönlichkeit des Privatrechts inne haben. Allerdings ist zu bedenken, dass diese Verfassungsreform erst wirksam wird, wenn das Gemeindegesetz reformiert wird.

Nach dem jeweiligen Zustand sind die Ziele der Gemeindeverbände die Pflege von gemeinsamen Tätigkeiten, die Ausführung von Arbeiten der lokalen Entwicklung, die Stärkung von Managementinstrumenten, die Durchführung von Programmen im Zusammenhang mit Umweltschutz, Tourismus, Gesundheit oder sonstigen Zwecken der Gemeindeverwaltung, die Ausbildung und Fortbildung der Angestellten der Gemeindeverwaltung und die Koordination mit nationalen und internationalen Institutionen zur Verbesserung des Kommunalsystems.

Die Abkommen, die die Gemeindeverwaltungen bei Gründung eines Gemeindeverbandes unterzeichnen, müssen unter anderem die Verpflichtungen jedes Mitgliedes, die finanziellen und materiellen Ressourcen, die jedes Mitglied beitragen soll, das Personal, das jedes Mitglied zur Verfügung stellen wird, und die Gemeindeverwaltung, die sich um Verwaltung und Management der Dienstleistungen oder Arbeiten des Verbandes kümmern wird, festlegen. Die Vereinbarungen bedürfen der Zustimmung des Rates der jeweiligen Gemeindeverwaltungen.

Schließlich existiert eine Reihe von Einschränkungen für diese Organisationen. Sie dürfen keine Kredite aufnehmen, die Gemeindeverwaltungen dürfen nicht für die Schulden des Verbands bürgen und ihre Gläubiger können aufgrund von Schulden nicht die Gemeindeverwaltungen in Anspruch nehmen. Im Hinblick auf die Angestellten der Gemeindeverwaltungen, die in den Gemeindeverbänden einen Auftrag ausführen, gilt die Begrenzung der Zeitdauer des Auftrags des Gemeindegesetzes nicht.

Relevant für die Entwicklung der Zusammenarbeit zwischen den Gemeindeverwaltungen ist auch Artikel 110 des Gesetzes Nr. 19.175 über politische und administrative Verwaltung der Regionen, dessen Text durch das Gesetzesdekret Nr. 1-19.175 des Innenministeriums am 8. November 2005 konsolidiert, koordiniert, organisiert und aktualisiert wurde. Dieser Artikel sieht vor, dass in jeder Region, in der ein Metropolgebiet entsteht, ein regionaler Koordinationsrat für kommunale Maßnahmen vorgesehen ist. Sein Ziel ist die Planung und Koordination gemeinsamer kommunaler Maßnahmen zur Prävention und Lösung von Problemen der Gemeindeverwaltungen der Metropolregion, die auf Zusammenarbeit angewiesen sind. Die Mitglieder dieses Rates sind die Bürgermeister der Gemeindeverwaltungen der Metropolregion. Der Bürgermeister der Gemeindeverwaltung, in deren Gebiet sich die regionale oder provinzielle Hauptstadt befindet, wird den Rat als erster Vorsitzender führen. Ihre Tätigkeit beschränkt sich auf Empfehlungen oder Vorschläge. Trotzdem ist die Arbeit der Tagungen, zu denen auch wichtige lokale Akteure und Führungskräfte eingeladen werden können, besonders wichtig für die Koordination und die Zusammenarbeit der Kommunen.[191]

6. Beteiligung der örtlichen Gesellschaft

Artikel 118 Absatz 2 verlangt vom Gesetzgeber Bestimmungen über die Beteiligung der örtlichen Gemeinschaft an Aktivitäten der Gemeindeverwaltung, um die Modalitäten und Möglichkeiten der Mitwirkung der Bürger an der Verwaltung ihrer Kommunen auszugestalten. Diese Norm wurde in der Reform von 1997 als Folge der Abschaffung des kommunalen Wirtschafts- und Sozialrates verabschiedet, der vor allem die Beteiligung der örtlichen Gemeinschaft sicherte. Es war im Sinne des Verfassunggebers, dass die Beteiligung der örtlichen Gemeinschaft nicht nur durch dieses Organ gewährleistet werden sollte, sondern sich in einer Vielzahl von nicht ausdrücklich von der Verfassung genannten Beteiligungsformen manifestieren sollte.

Der zweite Teil des Absatzes 5 des Artikels 118 bezieht sich auf die Möglichkeit der Durchführung eines Bürgerentscheides oder einer „unverbindlichen

191 Das Verfassungsreformgesetz N° 20.390 vom 28. Oktober 2009 bezieht sich auch auf die Metropolgebiete. Nach Artikel 123 Absatz 2 der Verfassung soll der Gesetzgeber die Verwaltung von Metropolgebieten regulieren und die Bedingungen und Voraussetzungen für ihre Festlegung bestimmen.

Volksbefragung", damit die Bürger sich über die im Gemeindegesetz bestimmten Angelegenheiten der Kommune äußern können. Nur der Bürgermeister mit der Zustimmung des Rates oder zwei Drittel der Ratsmitglieder oder ein durch Gesetz festgelegter Teil der Bürger dürfen zum Bürgerentscheid oder zur „unverbindlichen Volksbefragung" aufrufen. Am Anfang war nur ein Bürgerentscheid vorgesehen, aber dieses Instrument wurde kaum genutzt.[192] Die Entscheidung eines Bürgerentscheides ist in Chile verbindlich, alle Bürger der Kommune müssen teilnehmen und ihre Voraussetzungen sind sehr hoch angesetzt. Deshalb wurde die „unverbindliche Volksbefragung" eingeführt, die relativ niedrigen Voraussetzungen unterliegt. Sie kann sogar nur auf einen Teil der Kommune beschränkt werden und die Führungskräfte sind an das Ergebnis nicht gebunden. Das war zumindest die Idee, denn das Gesetz, erforderlich für ihre Umsetzung, wurde für verfassungswidrig erklärt und kein neues Gesetz ist bisher verabschiedet worden.[193]

Eine weitere Möglichkeit für die Beteiligung der örtlichen Gemeinschaft, die sich im Absatz 7 des Artikels 118 der Verfassung verbirgt, ist die Schaffung von „benachbarten Einheiten" innerhalb der Kommune. Hier handelt sich um eine administrative Unterteilung der Kommune zur Erleichterung ihrer Organisation, die eine ausgewogene Entwicklung der Gemeinde und eine angemessene Kanalisierung der Mitwirkung der Bürger ermöglicht. Anders als unter der Verfassung von 1925 darf der Gesetzgeber die Anzahl der Nachbarschaftsorganisationen innerhalb einer „benachbarten Einheit" nicht begrenzen. Die Verfassung schweigt zu Bürgerinitiativen, deren Gründung jedoch wegen der Vereinigungsfreiheit nicht eingeschränkt werden darf.[194]

7. Koordination der Gemeindeverwaltungen mit anderen Staatsorganen

Artikel 118 Absatz 8 der chilenischen Verfassung bezieht sich auf die Koordination zwischen den Gemeindeverwaltungen und den öffentlichen Behörden,

---

192 Nach der Entscheidung des chilenischen Verfassungsgerichts vom 27. Februar 1990 waren die einzigen gültigen Angelegenheiten für eine Volksabstimmung – nach der aktuellen Gesetzordnung – diejenigen, die sich auf spezifische Investitionen der kommunalen Entwicklung beziehen. Zitiert von: Verdugo Marinkovic/ Pfeffer Urquiaga, Constitución Política de la República de Chile 1980, S. 255.

193 Die Bestimmungen über die „unverbindlichen Volksbefragungen" wurden vom chilenischen Verfassungsgericht durch seine Entscheidung Rol Nr. 284 vom 2. Februar 1999 verfassungswidrig erklärt.

194 So hat sich auch das chilenische Verfassungsgericht in seiner Entscheidung vom 14. Mai 1991, Rol Nr. 126 ausgedrückt, zusammengestellt in: Fallos del Tribunal Constitucional pronunciados entre el 23 de diciembre de 1985 y el 23 de junio de 1992, Santiago de Chile, 1993, S. 390-398.

deren Arbeit Einfluss auf die Kommunen ausübt. Diese Bestimmung entspricht einem großen Wunsch des Verfassunggebers zur Koordination der öffentlichen Arbeit des Staates. Er versuchte nicht nur eine erhebliche Rationalisierung der Ressourcen, sondern auch eine Optimierung der Arbeit des Personals, den Abbau von Bürokratie und die Erleichterung der Organisation des Staatsapparates. Diese Bestimmung wurde anlässlich der Reform von 1997 verbessert, um die Rolle der Gemeindeverwaltungen und der Behörden bei der Koordination zu klären. Der Verfassunggeber war der Meinung, dass der ursprüngliche Text keinem Organ die Verantwortung zur Koordination auferlegt hat. Daher warfen sich die Gemeindeverwaltungen und die Behörden untereinander den Mangel an Koordination vor. Die aktuelle Norm besagt eindeutig, dass die öffentlichen Behörden sich auf kommunaler Ebene an die Gemeindeverwaltungen wenden müssen. Die Gemeindeverwaltungen erhielten die Führung der Koordination, obwohl diese Regel praktisch nicht beachtet wird.

In Artikel 10 des Gemeindegesetzes ist das Grundprinzip der Koordination erörtert. Es gibt jedoch andere Bestimmungen, die die Koordination auf kommunaler Ebene fördern. Der letzte Absatz des Artikels 7 des Gemeindegesetzes sieht vor, dass der Bürgermeister und der Rat bei der Herstellung und Durchführung des kommunalen Entwicklungsplanes (plan comunal de desarrollo) unter anderem die notwendige Koordination mit anderen öffentlichen Behörden der Kommune suchen sollen. Die Gemeindeverwaltungen können ebenfalls gemäß Artikel 8 des Gemeindegesetzes Vereinbarungen mit anderen Organen der Staatsverwaltung für die Erfüllung ihrer Aufgaben treffen.

Die Kommunen müssen sich bezüglich des öffentlichen Verkehrs nach Artikel 26 b) des Gemeindegesetzes mit den zuständigen Einrichtungen der Staatsverwaltung einigen. Artikel 63 k) und l) stellen jeweils fest, dass der Bürgermeister die Koordination zwischen der Gemeindeverwaltung und den anderen Staatsorganen sowie zwischen Staatsorganen innerhalb der Kommune leiten soll.

8. Übertragung von Zuständigkeiten auf die Gemeindeverwaltungen

Die Vereinbarungen zwischen öffentlichen Institutionen werden von der chilenischen Rechtsordnung als Mechanismus zur Übertragung von Zuständigkeiten akzeptiert, wie Artikel 35 des Verfassungsorgangesetzes Nr. 18.575 über die allgemeinen Grundlagen der staatlichen Verwaltung besagt. In diesem Gesetz ist der Grundsatz der Übertragung von Zuständigkeiten durch Vereinbarungen zwischen den Organen der Staatsverwaltung festgeschrieben. Diese Regel wurde für Behörden, die keine territoriale Vertretung besitzen, konzipiert.

Der letzte Absatz des Artikels 118 der Verfassung bezieht sich auf die Übertragung von Zuständigkeiten von Ministerien, öffentlichen Diensten und regionalen Regierungen auf die Gemeindeverwaltungen. Die gesetzliche Übertragung kann nur durch ein verfassungsrechtliches Organgesetz aufgrund alleiniger Initiative des Präsidenten der Republik erfolgen. Was übertragen wird, ist die Ausführung der Funktion und nicht die Funktion selbst. Nur die Aufgaben, die in Artikel 4 des Gemeindegesetzes geregelt sind, dürfen übertragen werden.

Nach der Verfassungsreform von 1997 muss sich der Gesetzgeber um die Bestimmung der Übertragung von Zuständigkeiten kümmern. Das Gesetz zur Umsetzung dieser Reform wurde jedoch noch nicht verabschiedet, so dass diese Maßnahmen auf kommunaler Ebene keine Wirkung haben.

IV. Kommunale Selbstverwaltung

1. Überblick

Die kommunale Selbstverwaltung hat sich als abstraktes Konzept im Laufe der Zeit entwickelt. Aus diesem Grund ist es schwierig, über synonyme Konzepte zu sprechen, wenn man die deutsche kommunale Selbstverwaltung, das britische *self government*, die französische *pouvoir municipal* oder die Freiheiten der spanischen Gemeindeverwaltungen miteinander vergleicht. Obwohl viele Gesetzesordnungen der Welt den Grundsatz der kommunalen Selbstverwaltung gewährleisten, erkennt man sofort einen großen Unterschied zwischen den verschiedenen Systemen, wenn man ihre Bedeutung und Wirkung untersucht.

2. Relevanz der kommunalen Selbstverwaltung

Der Begriff Selbstverwaltung ist Mittel zum Zweck und Selbstzweck zugleich, denn aus ihm erfolgt eine leistungsfähige Verwaltung, aber auch die gesellschaftliche Freiheit, um eine leistungsfähige Verwaltung zu schaffen.[195]

Die Entfernung der Zentralregierung macht es unmöglich, die verschiedenen Probleme einer Ortschaft zu erkennen. Darüber hinaus wird eine übermäßige zentrale Einmischung die Kanäle der Beteiligung der Bürger versiegen lassen. Aus diesem Grund verlieren Länder ohne kommunale Selbstverwaltung die einzigartige Gelegenheit, zu einer staatsbürgerlichen Erziehung der Bevölkerung auf kommunaler Ebene beizutragen, um sie für die wichtigen Herausforderungen der Entwicklung der Nation vorzubereiten.

In den letzten Jahrzenten hat sich das Streben nach kommunaler Selbstverwaltung mit dem Kampf um Demokratie verbunden, weil eine kommunale

195 Sauberzweig, Entwicklungstendenzen und Anforderungen an die kommunale Selbstverwaltung, S. 51.

Selbstverwaltung die demokratische Entwicklung und Gestaltung der örtlichen Gemeinschaft sichert, legitimiert und garantiert. Die Autonomie der Kommune fördert die Beteiligung der Gesellschaft und verwirklicht damit die Demokratie. Deshalb ist die kommunale Selbstverwaltung, wenn eine demokratische Regierung mit Gewalt gestürzt wurde, das erste Opfer der neuen Verhältnisse.[196]

Im Fall Deutschlands geht es um ein Modell einer gestuften Demokratie, wie insbesondere Artikel 28 GG zeigt. Obwohl diese Bestimmung nicht so eindeutig wie Artikel 11 Abs. 4 der Bayerischen Verfassung ist, wonach die Selbstverwaltung der Gemeindeverwaltungen „dem Aufbau der Demokratie von unten nach oben" dient, erkennt man klar die Einbeziehung der Gemeindeverwaltungen und Kreisverwaltungen in den Aufbau der Demokratie. Eine demokratisch gewählte Volksvertretung ist in den Ländern, Kreisen und Gemeindeverwaltungen erforderlich.[197]

3. Begriff der kommunalen Selbstverwaltung

Der Begriff Selbstverwaltung besitzt derzeit eine komplett andere Bedeutung als die, die ihm ursprünglich in einem philosophischen und rechtlich-politischen Sinne von Autoren wie Thukydides, Xenophon und Aristoteles verliehen wurde. Für sie bedeutete Selbstverwaltung die Befugnis zum Erlass eigener Gesetze. Heutzutage hat der Begriff ungenaue Merkmale, so dass „Selbstverwaltung" schwer zu definieren ist. Das gilt insbesondere für Spanien, wo der Begriff der Selbstverwaltung mehrfach genutzt wird, nämlich für Nationalitäten und Regionen des Landes, für Universitäten, für autonome Gemeinschaften (comunidades autónomas) und für Kommunen. Darum ist die Selbstverwaltung so verschiedenartig und auch schwer auslegbar. Dies wurde auch vom spanischen Verfassungsgericht in der Entscheidung Nr. 4/1981 vom 2. Februar 1981 festgesellt. Später fügte das spanische Verfassungsgericht in seiner Entscheidung Nr. 27/1987 vom 27. Februar 1987 hinzu, dass der Gesetzgeber für die Gestaltung und Definition der institutionellen Selbstverwaltung zuständig ist.[198]

In Deutschland versteht man unter kommunaler Selbstverwaltung nach dem Bundesverfassungsgericht „ihrem Wesen und ihrer Intention nach Aktivierung der Beteiligten für ihre eigenen Angelegenheiten, die die in der örtlichen Ge-

---

196 Die Zwecke der Selbstverwaltungsgarantie sind die Demokratieverwirklichung auf der Ortsstufe und die Dekonzentration und Dezentralisierung innerhalb der Länder. Vgl. Stern, Das Staatsrecht der Bundesrepublik Deutschland, S. 406 f.

197 Mehr dazu Püttner, Handbuch der kommunalen Wissenschaft und Praxis, S. 3-5. In Deutschland erscheint die kommunale Selbstverwaltung des 19. Jahrhunderts als Vorläufer und erste Ausprägung der Demokratie gegenüber der monarchischen Staatsverwaltung.

198 Marazuela Bermejo, El Principio de Autonomía Local en el Ordenamiento Español, S. 374.

meinschaft lebendigen Kräfte des Volkes zur eigenverantwortlichen Erfüllung öffentlicher Aufgaben der engeren Heimat zusammenschließt mit dem Ziel, das Wohl der Einwohner zu fördern und die geschichtliche und heimatliche Eigenart zu wahren."[199]

Die Europäische Charta der kommunalen Selbstverwaltung wurde in Straßburg am 15. Oktober 1985 unterzeichnet. Die zögerliche Ratifizierung der Länder, die Vorbemerkungen einiger Länder und die fehlenden Sanktionen wirkten zugunsten ihrer Festigung. Allerdings gilt sie als ein wichtiges Instrument auf internationaler Ebene und ist Beispiel für viele Länder. In einigen Staaten wie Deutschland, Spanien, die Niederlande und Dänemark kommt sie sogar seit Jahren zur territorialen Anwendung. Im deutschen Recht hat die Charta den Rang eines einfachen Bundesgesetzes. In Artikel 3 Nr. 1 der Charta heißt es: „Kommunale Selbstverwaltung bedeutet das Recht und die tatsächliche Fähigkeit der kommunalen Gebietskörperschaften, im Rahmen der Gesetze einen wesentlichen Teil der öffentlichen Angelegenheiten in eigener Verantwortung zum Wohl ihrer Einwohner zu regeln und zu gestalten." Dieses Konzept besitzt einen umfassenden Charakter, der notwendig für die Anpassung der Norm an die verschiedenen Modelle der Mitgliedstaaten der Europäischen Gemeinschaft war. Der Begriff spricht aber nicht über die finanzielle Selbstverwaltung, sondern nur über die sog. regulatorische und administrative Selbstverwaltung.

4. Inhalt der kommunalen Selbstverwaltung

Die kommunale Selbstverwaltung ist in den verschiedenen Rechtsordnungen der Welt unterschiedlich geregelt. Inhalt und Wirkung unterscheiden sich von Land zu Land. Unter diesen Umständen existieren eine Selbstverwaltung der Regulierung, eine politische und administrative Selbstverwaltung und schließlich eine finanzielle Selbstverwaltung. Diese drei Freiheiten bezeichnen eine vollständige kommunale Selbstverwaltung. Unabhängig von den besonderen Merkmalen dieser Freiheiten ist zu erkennen, dass alle eine wesentliche Rolle bei der Gestaltung der kommunalen Selbstverwaltung spielen. Ohne Selbstregulierung, ohne eigene administrative und politische Befugnisse auf lokaler Ebene und ohne die notwendigen Finanzmittel für die Durchführung dieser Aktivitäten werden die Kommunen niemals unabhängig handeln können.

---

199 BVerfGE 11, 266 (275 f). Die kommunale Selbstverwaltung bedeutet die bürgerschaftliche oder staatsbürgerliche Selbstverwaltung, so dass die Kommunen als vom Staat ausgegliederte, verselbständigte juristische Person des öffentlichen Rechts, mit eigenen Finanzen, im eigenen Namen und durch eigene Organe handeln können. Jede Gemeindeverwaltung hat ihren eigenen Wirkungskreis, wo sie ihre Angelegenheiten mit Unabhängigkeit von dem Aufgabenbereich des Bundes bzw. der Länder wahrnimmt. Vogelgesang/Lübking/Jahn, Kommunale Selbstverwaltung, Rdnr. 47 f.

Zu der kommunalen Selbstverwaltung in Deutschland gehört kein bestimmter Aufgabenkatalog, sondern die Befugnis, alle Angelegenheiten der örtlichen Gemeinschaft, die nicht durch Gesetz bereits anderen Trägern öffentlicher Verwaltung zugewiesen sind, ohne besonderen Kompetenztitel anzunehmen. Die Kommunen haben außer der Garantie für ein verfassungsrechtliches Aufgabenverteilungsprinzip ihre Unabhängigkeit für die Angelegenheiten der örtlichen Gemeinschaft gesichert. Der Gesetzgeber darf den Gemeindeverwaltungen nur aus Gründen des Gemeininteresses, wenn auf anderem Wege eine ordnungsgemäße Aufgabenerfüllung nicht sicherzustellen wäre, und wenn die den Aufgabenentzug tragenden Gründe gegenüber dem verfassungsrechtlichen Aufgabenverteilungsprinzip überwiegen, eine Aufgabe mit relevantem örtlichen Charakter entziehen. Im Sinne von Art. 28 Abs. 2 Satz 1 GG versteht man die Angelegenheiten der örtlichen Gemeinschaft als diejenigen Bedürfnisse und Interessen der Gemeinschaft, die zum Ort gehören oder einen spezifischen Bezug zu der Kommune und ihren Einwohnern haben.[200]

Für das Bundesverfassungsgericht sind Merkmale der Selbstverwaltungsangelegenheiten zum einen die räumliche (örtliche) und zum anderen die soziale (Gemeinschaft) Komponente. Schutzobjekt der kommunalen Selbstverwaltung seien die örtlichen Angelegenheiten, die nach den Worten des Bundesverfassungsgerichts nur solche Aufgaben sind, „die in der örtlichen Gemeinschaft wurzeln oder zu örtlichen Gemeinschaft einen spezifischen Bezug aufweisen und von dieser örtlichen Gemeinschaft eigenverantwortlich und selbstständig bewältigt werden können."[201]

Die kommunale Selbstverwaltung kann aus einer Reihe von Elementen bestehen, deren Existenz von der historischen und rechtlichen Tradition des jeweiligen Landes abhängen wird. Unter diesen Elementen kann man die folgenden finden: Die Wahl der Führungspersönlichkeiten, die Mechanismen für die Auswahl des Gemeindepersonals, die Bestimmung der internen Struktur der Gemeindeverwaltung, das System der Haftung von Beamten, die Koordination und

---

200 BVerfGE 79, 127 (127). Die Bürgerschaftlichkeit, die Eigenverantwortlichkeit und die Allzuständigkeit sind drei wesentliche Strukturelemente, die nach dem Grundgesetz die kommunale Selbstverwaltung ausmachen. Bürgerschaftlichkeit bedeutet die Art und Weise der kommunalen Willensbildung, d. h., dass die wesentlichen Entscheidungen durch die vom Volk gewählte Vertretung getroffen werden und nicht zuletzt, dass Bürger an der Verwaltung maßgeblich mitwirken. Eigenverantwortlichkeit bedeutet die Selbstständigkeit gegenüber dem Staat und Allzuständigkeit den Umfang des gemeindlichen Aktionsbereichs. Oebbecke, Kommunale Selbstverwaltung am Ende dieses Jahrhunderts, S. 42 f.

201 BVerfGE 8, 122 (134). Die örtlichen Aufgaben müssen nicht enumerativ abschließen, denn der Aufgabenbereich ist vielmehr ein ständiger historischer Entwicklungsprozess, d. h. ein entwicklungsdynamischer Aufgabenkreis. Schwab, Kommunale Selbstverwaltung heute: Neubestimmung der Angelegenheit der örtlichen Gemeinschaft?, S. 12 f.

keine Subordination gegenüber der Zentralregierung sowie vor allem die Existenz von Befugnissen und finanziellen Mitteln für die Erfüllung ihrer Ziele.

5. Grundlage der finanziellen Eigenverantwortung

Die kommunale Selbstverwaltung bezieht sich nicht nur auf die administrative Autonomie, sondern auch auf die politische und steuerliche Autonomie. Die politische Selbstverwaltung ist die Fähigkeit zum Erlass eines eigenen Organgesetzes und die steuerliche Selbstverwaltung die Organisation eines eigenen Finanzsystems, welches den Gemeindeverwaltungen eine finanzielle Unabhängigkeit sichert.

Ein wesentliches Element der kommunalen Selbstverwaltung ist die Freiheit der Gemeindeverwaltungen bei der Verwaltung ihrer Finanzen. Dazu gehören nicht nur die Freiheit zur Aufstellung ihres Budgets und die Verfügung über eigene Ressourcen, sondern auch die Verfügung über eigenes Einkommen, d. h. sie erhalten auch die Befugnis zur Bestimmung und Anforderung von Steuern laut der Verfassung und der Gesetze. Oft reichen diese Einnahmen aufgrund der Anzahl der Aufgaben, die die Zentralregierung an die Kommunen delegiert, nicht aus. Deshalb besteht auch parallel zur finanziellen Selbstverwaltung die Garantie der Zurverfügungstellung von ausreichenden Mitteln für die Durchführung der von der Verfassung und den Gesetzen bestimmten Aufgaben. Häufig reichen die Einnahmen der Kommunen aber selbst für die Finanzierung der eigenen Aufgaben nicht aus. Dann muss die Zentralregierung die Gemeindeverwaltungen unterstützen. Aber wenn die finanzielle Hilfe nur für die Zahlung von bestimmten Programmen erteilt wird, können die Gemeindeverwaltungen nicht selbst entscheiden, wo sie das erhaltene Geld investieren. Dies schadet der Unabhängigkeit der Gemeindeverwaltungen, weil sie auf diese Weise nur als bloße durchführende Organisationen der Zentralregierung ausgenutzt werden und keine autonomen Entscheidungen treffen können.

Die einzigen Ressourcen, mit denen die Gemeindeverwaltung eine gewisse wirtschaftliche Unabhängigkeit erzielt, sind diejenigen, die unmittelbar durch Gesetz zugewiesen werden. Die Verfügbarkeit anderer Ressourcen hängt immer von politischen Entscheidungen ab.[202]

6. Schranken der kommunalen Selbstverwaltung

Da die Gemeindeverwaltungen dem Staat untergeordnet sind, kann die Selbstverwaltung gesetzlich beschränkt werden, ihr Wesenskern muss aber unangetastet bleiben. So müssen die Gemeindeverwaltungen die Rechtsordnung, die regi-

202 Nogueira Alcalá, Análisis de la Reforma Constitucional y la Reforma de la Ley Orgánica Constitucional de Municipalidades, S. 5.

onalen und nationalen Entwicklungspläne und die Einheit des Staates respektieren.[203]

Beispielhaft seien folgende Einschränkungen der kommunalen Selbstverwaltung erwähnt: Rechtsstaatlichkeit, Einheit und Solidarität, finanzielles Gleichgewicht, Hierarchie der Normen, Gleichheit und Achtung der Grundrechte und der öffentlichen Grundfreiheiten, Achtung der lokalen institutionellen Hierarchie, Koordination, Zusammenarbeit, Treue zur Verfassung, Territorialitätsprinzip und Unterwerfung der Buchführung unter die Haushaltsordnung.

7. Kommunale Selbstverwaltung in Deutschland

Die Kommunen spielen eine wesentliche Rolle in der Organisation eines Landes. Sie erlauben einerseits aufgrund ihrer unmittelbaren Nähe zu den Bürgern ihre Mitwirkung und Beteiligung in der öffentlichen Verwaltung und stellen andererseits einen wichtigen Faktor für den Aufbau und die Stärkung der Staatsorganisation dar. Die kommunale Selbstverwaltung erscheint heute als die große Hoffnung für die Erhaltung und Entwicklung der Demokratie in der Welt und deshalb ist es so wichtig, dass diese Garantie in der Verfassung mit auswirkenden Bestimmungen gewährleistet wird.[204]

Die deutsche kommunale Selbstverwaltung ist als Idee und Modell längst zu einem Exportartikel geworden, denn sie betont die Rechtsstaatlichkeit und erleichtert die Teilnahme der Bevölkerung in kommunalen Angelegenheiten.

Das Prinzip der Selbstverwaltung gehört zu der deutschen Staats- und Verwaltungsorganisation. Außerhalb des kommunalen Bereichs wird die Selbstverwaltung als funktionale Selbstverwaltung bezeichnet, wie bei den Industrie- und Handelskammern, den Handwerkskammern und Innungen, den Anwalts- und Ärztekammern, den Universitäten und verfassten Studentenschaften etc., d. h. im wirtschaftlichen, berufsständischen, akademischen, studentischen, kulturellen und sozialen Bereich. Es ist für Deutschland besonders wichtig, Teile der Exekutive nach Maßgabe der Selbstverwaltung auszugestalten, denn das Selbstverwaltungsprinzip verkörpert einen freiheitlichen Weg in der neuzeitlichen Entwicklung der autoritären deutschen Staats- und Verwaltungsorganisation.[205]

In Bezug auf die Herleitung der kommunalen Selbstverwaltung unterscheidet die deutsche Lehre zwischen Eigenrecht der Gemeinden (naturrechtliche

---

203 Posada, El Régimen Municipal de la Ciudad Moderna, S. 167.

204 Die demokratisch legitimierten Kommunalorgane müssen die Demokratie auf kommunaler Ebene mit Leben füllen. Dafür brauchen sie geeignete Entscheidungskompetenzen, die in Deutschland Art. 28 GG gewährleistet. Schmidt, Die institutionelle Garantie der kommunalen Selbstverwaltung und das Grundgesetz, S. 34.

205 Hendler, in Handbuch der kommunalen Wissenschaft und Praxis, S. 4.

Lehre) und vom Staat abgeleitetem Recht (rechtspositivistische Lehre). Unabhängig davon hat jedenfalls das Grundgesetz der Bundesrepublik Deutschland den Gemeindeverwaltungen das Recht auf einen Gewährleistungsbereich einräumt. Somit sind die Gemeindeverwaltungen als ursprüngliche Gebietskörperschaften vom Staat anerkannt, dürfen aber die Ausübung der Selbstverwaltung nur im Rahmen der Gesetze wahrnehmen.[206]

Trotz der großen finanziellen Schwierigkeiten der letzten Zeit und der Mitwirkung der Europäischen Gemeinschaft ist die kommunale Selbstverwaltung im Bewusstsein des deutschen Volkes tief verwurzelt. Den Kommunen in Deutschland ist es bewusst, dass sie die eigenen Angelegenheiten der örtlichen Gemeinschaft in eigener Verantwortung regeln dürfen. Sie kümmern sich selbst um die örtlichen Angelegenheiten und vertreten die Interessen ihrer Gemeinde, so dass der Staat diesen Gewährleistungsbereich respektieren muss. Der Gesetzgeber soll sich daher davon hüten, den Begriff der kommunalen Selbstverwaltung nur als feierliches Schlagwort zu betrachten. Die gemeindliche Selbstverwaltung ist vielmehr unantastbar und versetzt die Gemeindeverwaltung in die Lage, ihre Selbstverwaltungsangelegenheiten zu erfüllen.[207]

Die Selbstverwaltungsgarantie wurde in Art. 28 GG in den Abschnitt „Der Bund und die Länder" aufgenommen. Die Länder üben stärker als der Bund die Regelungsgewalt über die Gemeinden aus, so dass diese Pflichten in den Ländern verwirklicht werden.[208]

Die Gemeindeverwaltungen gehören neben Bund und Länder zu den öffentlichen Gebietskörperschaften. Ihre Einordnung in Art. 28 GG im Staatsorganisationsrecht zeigt, dass die Kommunen als Organisationseinheiten konzipiert wurden. Sie werden repräsentiert von ihren verfassungsmäßigen Organen, aber Träger ist das Volk im Ganzen, die Bürgerschaft.[209]

Nach Art. 28 Abs. 2 Satz 1 GG wird den Gemeinden das Recht gewährleistet, alle Angelegenheiten der örtlichen Gemeinschaft im Rahmen der Gesetze in eigener Verantwortung zu regeln. Diese Bestimmung garantiert den Gemeindeverwaltungen einen eigenen Aufgabenbereich und die Befugnis zu eigenverantwortlicher Führung der Geschäfte innerhalb dieses Bereichs. Das Grundgesetz begrenzt aber den Aufgabenbereich und ermöglicht gesetzliche Einschränkungen.[210]

Schutzobjekt der kommunalen Selbstverwaltung sind die örtlichen Angelegenheiten, die nach den Worten des Bundesverfassungsgerichts nur solche Aufgaben sind, „die in der örtlichen Gemeinschaft wurzeln oder auf die örtliche

206 Zuhorn/ Hoppe, Gemeinde-Verfassung, S. 44 f.
207 Urschlechter, Kommunale Selbstverwaltung in unserer Zeit, S. 950.
208 Scholler, Grundzüge des Kommunalrechts in der Bundesrepublik Deutschland, S. 14 f.
209 Bull, DVBl. 2008, S. 9.
210 Gabriel, Kommunale Selbstverwaltung in Deutschland, S. 156.

Gemeinschaft einen spezifischen Bezug haben und von dieser örtlichen Gemeinschaft eigenverantwortlich und selbstständig bewältigt werden können."[211] Diese örtlichen Angelegenheiten bilden Verwaltungsaufgaben des örtlichen Wirkungskreises.

Nach dem hier zum Ausdruck kommenden Universalitätsprinzip sind die Gemeindeverwaltungen mithin allzuständig, d. h. sie entscheiden über die Kommunalverwaltung, soweit örtliche Angelegenheiten betroffen sind. Die Gemeindeverwaltungen dürfen auch alle in ihrem Wirkungsbereich entstehenden Aufgaben an sich ziehen (Aufgabenfindungsrecht), soweit sie sich an der gesamtstaatlichen Kompetenzordnung messen. Nach deutschem Recht müssen die örtlichen Aufgaben nicht enumerativ aufgeführt sein, weil der Aufgabenbereich einem ständigen historischen Entwicklungsprozess unterliegt, es handelt sich um einen entwicklungsdynamischen Aufgabenkreis.[212]

Es gibt auch andere Bestimmungen, die der Sicherung der Eigenständigkeit der kommunalen Selbstverwaltung dienen. Art. 93 Abs. 1 Nr. 4 b GG gewährleistet den Gemeindeverwaltungen ein subjektives Recht zur Abwehr von Eingriffen in das Selbstverwaltungsrecht. Mit der Kommunalverfassungsbeschwerde haben die Gemeindeverwaltungen die Klagebefugnis in Verwaltungsstreitverfahren gegen staatliche Maßnahmen, die das kommunale Selbstverwaltungsrecht beeinträchtigen. Art. 106 Abs. 5, 5a und 6 GG regelt die finanzverfassungsrechtlichen Garantien, so dass die Gemeindeverwaltungen einen Anspruch auf Ausgleich finanzieller Belastungen gegen den Staat haben. Aus diesem Grund erhalten die Gemeinden einen Anteil an dem Aufkommen der Einkommensteuer, der von den Ländern an ihre Gemeinden auf der Grundlage der Einkommensteuerleistungen ihrer Einwohner weiterzuleiten ist. Außerdem steht den Gemeinden das Aufkommen der Grundsteuer und Gewerbesteuer und das Aufkommen der örtlichen Verbrauch- und Aufwandsteuern zu. Den Gemeinden ist ebenso das Recht einzuräumen, die Hebesätze der Grundsteuer und Gewerbesteuer im Rahmen der Gesetze festzusetzen. Schließlich erhalten die Gemeinden ab dem 1. Januar 1998 einen Anteil an dem Aufkommen der Umsatzsteuer.[213]

Die kommunale Selbstverwaltung ist auch in den Landesverfassungen, Gemeinde- und Kreisordnungen gewährleistet, um die Ordnung des Staates zu sichern. Die Garantie des Grundgesetztes ist aber die verfassungsrechtliche Grundlage für alle anderen Normen.

Die kommunale Selbstverwaltung enthält in Deutschland keine unbegrenzte Autonomie, denn Gemeinden und Kreise besitzen keine Staatsqualität. Sie

211 BVerfGE 8, 122 (134). Vgl. BVerfGE 79, 127 (127).

212 Schwab, Kommunale Selbstverwaltung heute: Neubestimmung der Angelegenheit der örtlichen Gemeinschaft?, S. 12 f.

213 Vogelgesang/Lübking/Jahn, Kommunale Selbstverwaltung, Rdnr. 60 f.

schaffen selbst keine formellen Gesetze, sondern verwalten sich im Rahmen der staatlichen Gesetze selbst. Innerhalb des Konzepts der kommunalen Selbstverwaltung spielt die Mitwirkung der örtlichen Bürgerschaft an der Verwaltung eine immer größer werdende Rolle.[214]

Für eine moderne Staatsverwaltung ist es notwendig die Beteiligung der Bürger sicherzustellen. Die Gewährleistung einer kommunalen Selbstverwaltung wie in Deutschland kann helfen, die Kräfte der Bürger in den Kommunal- und Staatseinrichtungen für das öffentliche Wohl zu mobilisieren. Die Selbstverwaltung hat in Deutschland zu Beginn des 19. Jahrhunderts eine Form gefunden, die Vorbild für die kommunale Selbstverwaltung in der ganzen Welt ist.[215]

Die Gewährleistung der kommunalen Selbstverwaltung führt zur Dezentralisierung des Staates, denn Eigenverantwortlichkeit bedeutet Dezentralisierung. Die Kommunen sollen entscheiden, wie die örtlichen Aufgaben wahrzunehmen sind und nicht der Staat. Die Kommunen genießen Rechtssubjektivität, und als juristische Personen des öffentlichen Rechts sind sie berechtigt, Eingriffe des Staates abzuwehren. Der Schutz der Kommunen ist somit durch die Selbstverwaltungsgarantie gewährleistet.[216]

Obwohl die Tendenz hin zur Modernisierung und Professionalisierung der Verwaltung führt, auch *new public management* genannt, darf man nicht vergessen, dass dieses ohne Mit- und Einwirkung der Bürger nicht erfolgreich sein kann. Das Subsidiaritätsprinzip muss bis zum Einzelnen durchgreifen und nicht bei den untersten Behörden und Verwaltungseinrichtungen hängen bleiben. Nur mit der Stärkung der integrativen Komponente der politisch-demokratischen Funktion der kommunalen Selbstverwaltung wird eine bürgerliche Mitwirkung und Verantwortungsübernahme möglich. Die administrative und politische Komponente einer Gemeindeverwaltung gehört zu ihrer Natur und der Staat soll sie nicht einschränken, sondern fördern.[217]

Ob die Garantie der kommunalen Selbstverwaltung im Grundgesetz eine mitgliedschaftlich-partizipatorische Komponente aufweist, lässt sich ohne weiteres negativ beantworten. Das Grundgesetz verlangt vielmehr eine demokratische Vertretung auf lokaler Ebene, die unabhängig vom Land und Bund die Entscheidungen für die Kommune treffen muss. Aus diesem Grund entfernt sich das aktuelle Konzept der kommunalen Selbstverwaltung vom Stein´schen Gedankengut, das eine bürgerschaftlich-demokratische Dimension inne hatte. Un-

214 Püttner, Kommunale Selbstverwaltung, S. 1172.

215 Wie Reichsfreiherr vom und zum Stein sagte: „Die Nation sollte daran gewöhnt werden, ihre eigenen Geschäfte zu verwalten." Zitiert von: Gern, Deutsches Kommunalrecht, Rdnr. 5; vgl. Vogelgesang/Lübking/Jahn, Kommunale Selbstverwaltung, Rdnr. 25.

216 Oebbecke, Kommunale Selbstverwaltung am Ende dieses Jahrhunderts, S. 48 f.

217 zit.: Knemeyer, DVBl. 2000, S. 879.

ter den heutigen Rahmenbedingungen ist es daher schwierig, die Partizipation der Zivilgesellschaft zu pflegen.[218]

Schließlich ist zu beachten, dass die – unpolitische –Selbstverwaltungskonzeption mit der Realität in Konflikt steht. Viele Studien zeigen, dass die Kommunen ebenso politische Entscheidungen treffen wie andere staatliche Instanzen und diese in Deutschland nur als Rechtfertigung für eine ausgeprägte bürokratische Herrschaft in den Gemeindeverwaltungen betrachtet werden. Eine starke Parteipolitisierung der Kommunalpolitik muss daher vermieden werden, was die Verfassung durch die Förderung einer direkten Beteiligung der Bürger am demokratischen Willensbildungsprozess sichern kann.[219]

8. Kommunale Selbstverwaltung in Chile

Wenn man die kommunale Selbstverwaltung aus dem Blickwinkel der chilenischen Geschichte betrachtet, stellt man fest, dass die Gemeindeverwaltungen der Zentralregierung komplett untergeordnet sind. Abgesehen von den erfolglosen Versuchen des Gesetzes der kommunalen Selbstverwaltung im Jahre 1891 durften die Gemeindeverwaltungen nicht ihre eigenen Angelegenheiten der lokalen Gemeinschaft in eigener Verantwortung erledigen. Nur besondere Umstände einiger Gemeindeverwaltungen, vor allem zu Beginn dieser jungen Nation, als die Zentralregierung das gesamte Gebiet aufgrund der Distanz nicht regieren konnte, machten eine unabhängige Arbeit der Gemeindeverwaltungen möglich. Diese effektive Selbstverwaltung verschwand im Laufe der Jahre. Mit dem Erlass der Verfassung von 1833 verschwand sie voll und ganz, denn diese Verfassung schuf eine starke Zentralregierung. Mit den Jahren begannen die Forderungen nach mehr politischer Freiheit und in Anlehnung an die Lage anderer Staaten begann in Chile der Aufbau einer kommunalen Selbstverwaltung.[220]

Obwohl die kommunale Selbstverwaltung in Chile ausdrücklich im Text der Verfassung vom Jahre 1991[221] aufgeführt ist, entfaltet sie kaum praktische Wirkung. Vorbehaltlich der Volkswahl der Gemeindemitglieder gibt es mehrere Gesetze, die entgegen dem verfassungsrechtlichen Grundsatz der kommunalen

218 Henneke, DVBl. 2007, S. 1257. Vgl. Bull, DVBl. 2008, S. 8.

219 Vgl. Bogumil/ Holtkamp, Kommunalpolitik und Kommunalverwaltung: Eine policyorientierte Einführung, S. 48 f.

220 Guzmán S., El Municipio Autónomo, S. 25.

221 Obwohl diese Reform den Begriff „Selbstverwaltung" für die Definition der Gemeindeverwaltungen nutzt, gab es keine wirkliche Veränderung in diesem Bereich. Die Selbstverwaltung, die ausdrücklich in der Verfassung anerkannt wurde, fand schon bevor Anerkennung von Lehre und Rechtsprechung in Chile. Die Reform war nur einen Beitrag zur Klärung und Festigung der existierenden administrativen kommunalen Selbstverwaltung.

Selbstverwaltung eine absolute Kontrolle über die Gemeindeverwaltungen durch die Zentralregierung erlauben.[222]

Chile ist nicht bereit, aufgrund seiner Tradition und Kultur der Selbstverwaltung umzusetzen. Die Geschichte und rechtliche Entwicklung Chiles sei durch die Einheit des Staates, einen hohen Grad an Zentralisierung und durch die Präsenz einer starken Exekutive gekennzeichnet. Nur unter diesen Bedingungen sei die erforderliche Stabilität für die Entwicklung des Landes und seiner Bewohner erreicht worden.

Der hochwertige Beitrag der kommunalen Selbstverwaltung wird weder in seinem Wesen noch in seinen Eigenschaften kritisiert. Seine enorme soziale und demokratische Qualität ist erkennbar. Verwiesen wird aber auf die negative Auswirkung der kommunalen Selbstverwaltung in Ländern mit bescheidener kultureller Entwicklung. Kommunale Selbstverwaltung funktioniere in entwickelten demokratischen Staaten, gehöre also zu Ländern mit einem Entwicklungsstand weit über dem von Chile.[223]

Die kommunale Selbstverwaltung ist in Chile in Artikel 118 Absatz 4 der Verfassung und Artikel 1 Absatz 2 und Artikel 14 Absatz 1 des Gemeindegesetzes geregelt. Die Gemeindeverwaltungen sind als „selbstverwaltete Körperschaften" definiert. Damit wurde klargestellt, dass die Gemeindeverwaltungen nicht einer anderen Behörde untergeordnet sind. Sie stehen nicht in einem hierarchischen Verhältnis oder in Abhängigkeit zum Präsidenten der Republik oder

---

222 Während der Diskussion des Entwurfes der Verfassungsreform von 1991 wurde im Senat heftig darüber diskutiert, ob der Begriff „Selbstverwaltung" sich nur auf die administrative Funktion oder generell auf die politische und administrative Funktion beziehen sollte. Die administrative Selbstverwaltung erkennt einem Staatsorgan die Fähigkeit zu, sich alleine zu verwalten. Das Organ unterstehe nur dem Recht und nicht anderen Einrichtungen. Diese Auffassung unterscheide sich von der politischen Selbstverwaltung, die auch legislative Befugnisse gewährleiste. Die Senatoren stellten fest, dass der Nationale Sicherheitsrat (Consejo de Seguridad Nacional) in Chile volle Autonomie inne hat, weil er die Bestimmungen über seine Organisation, Betrieb und Öffentlichkeit seiner Gespräche selbst regeln kann. Im Gegensatz dazu haben die Nationale Zentralbank und der Allgemeine Chilenische Rechnungshof eine Selbstverwaltung nur bei der Wahrnehmung ihrer Aufgaben. Deshalb wäre besser diese Form der Selbstverwaltung ausdrücklich als „administrative Selbstverwaltung" zu bezeichnen, um Fehlinterpretationen auszuschließen. Nicht desto trotz wurde im Senat beschlossen, diese Empfehlung nicht zu übernehmen. Die Gemeindeverwaltungen wurden schließlich als „selbstverwaltete" Körperschaften bezeichnet, obwohl der Begriff sich nur auf eine administrative Selbstverwaltung bezieht. Zitiert im ersten gemeinsamen Bericht des Ausschusses für Regierung, Dezentralisierung und Regionalisierung und des Ausschusses für Verfassung, Gesetzgebung, Gerechtigkeit und Verordnung des Senats, über den Entwurf der Verfassungsreform über Regierung und Verwaltung der Regionen und Provinzen und Verwaltung der Kommune, Formular Nr. 357-06, vom 5. August 1991.

223 Guerra, La Constitución de 1925, S. 476.

seinen Ministern. Deshalb sollen sie aber mit den Organen der Staatsverwaltung zusammenarbeiten.

Die Auswirkungen der chilenischen kommunalen Selbstverwaltung sind die folgende: Sie ist erstens von rein administrativer Natur, da die Gemeindeverwaltungen lediglich als Organe der Staatsverwaltung betrachtet werden. Die Gemeindeverwaltungen müssen sich zweitens als Organe der Staatsverwaltung der Verfassung und ihren Gesetzen unterordnen. Der Legalitätsgrundsatz besagt, dass die Gemeindeverwaltungen nicht mehr Aufgaben oder Befugnisse als die, die von der Rechtsordnung ausdrücklich vorgesehen sind, erhalten dürfen. Drittens ist der Staat Chile ein Einheitsstaat und die Kommunalorganisation soll ihn nicht gefährden, wie in Artikel 3 der Verfassung und Artikel 1 des Verfassungsorgangesetzes Nr. 18.575 über die allgemeinen Grundlagen der staatlichen Verwaltung steht. Viertens sollen die Gemeindeverwaltungen innerhalb der nationalen und regionalen Pläne mitwirken. Der Intendant ist gemäß Artikel 9 des Gemeindegesetzes für die Einhaltung dieser Verpflichtung zuständig. Fünftens müssen die Gemeindeverwaltungen gemäß Artikel 118 Absatz 8 der Verfassung sich untereinander und mit den anderen öffentlichen Behörden koordinieren. Artikel 123 der Verfassung bestimmt Formen der Koordination. Dies ist auch in Artikel 5 Absatz 2 des Verfassungsorgangesetzes Nr. 18.575 über die allgemeinen Grundlagen der staatlichen Verwaltung und Artikel 10 des Gemeindegesetzes aufgeführt. Diese Schranken wurden vom Allgemeinen Chilenischen Rechnungshof in seinen Gutachten Nr. 16.818 und 18.597 des Jahres 1993, so dass deutlich ist, dass die kommunale Selbstverwaltung der chilenischen Verfassung nur schwer realisierbar ist.[224]

Die finanzielle Selbstverwaltung ist in Artikel 122 der Verfassung gewährleistet.[225] Sie bestimmt verschiedene Formen für die Finanzierung der Gemeindeverwaltungen. Artikel 122 besagt, dass das Haushaltsgesetz der Nation Mittel zur Deckung der Kosten der Gemeindeverwaltungen zur Verfügung stellen kann, dass die Gesetze auch unmittelbar Einnahmen für sie festlegen können, und dass die regionalen Regierungen Ressourcen für die Kommunen bereitstellen können. Schließlich stellt Artikel 122 die Grundlagen für die Schaffung eines solidarischen Mechanismus zur Umverteilung der eigenen Einnahmen der Gemeindeverwaltungen, den sog. kommunalen Finanzausgleichsfonds, auf. Für

224 Der Allgemeine Chilenische Rechnungshof schuf eine interessante Verwaltungsrechtsprechung über die kommunale Selbstverwaltung und bestätigte den administrativen Status der Gemeindeverwaltungen. Siehe Beschlüsse des Allgemeinen Chilenischen Rechnungshofs Nr. 18.646 vom 29. Juli 1992, Nr. 16.818 vom 6. Juli 1993, Nr. 18.597 vom 23. Juli 1993 und Nr. 34.631 vom 17. Dezember 1993.

225 Der Art. 106 Abs. 5 und 6 GG regelt in Deutschland die finanzverfassungsrechtlichen Garantien, so dass die Gemeindeverwaltungen einen Anspruch auf Ausgleich finanzieller Belastungen gegen den Staat haben.

die Stärkung der kommunalen Selbstverwaltung spielt das Gesetz über die kommunalen Einkünfte eine wesentliche Rolle. Das Gesetz soll darauf achten, dass die Gemeindeverwaltungen die notwendigen Mittel für die Durchführung ihrer Tätigkeiten erhalten. Bezüglich der Finanzen steht den Gemeindeverwaltungen lediglich ein begrenzter Spielraum zu. Sie müssen die Vorschriften für die Finanzverwaltung des Staates befolgen, die im Gesetzesdekret Nr. 1.263 von 1975 aufgeführt sind.

Als Voraussetzung für die Umsetzung einer kommunalen Selbstverwaltung in Chile betrachtet man eine kulturelle und bildungspolitische Entwicklung der Gemeinschaft, die sich um ihre eigenen Angelegenheiten sorgen kann. Nur ein Volk, das intellektuell und kulturell einen bestimmten Reifegrad besitzt, kann den Anforderungen eines autonomen Systems gerecht werden. Man benötigt kompetente Führungskräfte, um diesen Prozess zu begleiten, fähiges Personal und eine organisierte Gemeinschaft, die engagiert an der Lösung ihrer gemeinsamen Probleme mitarbeitet.

Außerdem sollte die Verfassung den Gemeindeverwaltungen das Recht zur Erhebung einer Klage vor Gericht gegen Missbräuche des Gesetzgebers oder der Zentralregierung gewährleisten, wenn die kommunale Selbstverwaltung nicht respektiert wird.

Die kommunale Selbstverwaltung kann nur gestärkt werden, wenn die Kommunen die notwendige wirtschaftliche und rechtliche Kraft für die Erfüllung ihrer gesetzlichen Pflichten erhalten. Dazu genügt nicht nur die verfassungsrechtliche Garantie, vielmehr müsste auch im Gemeindegesetz die kommunale Selbstverwaltung ihre Konkretisierung erfahren.

V. Politische Struktur der Gemeindeverwaltung nach Art. 119 der Verfassung

1. Bürgermeister

a. Rechtsstellung des Bürgermeisters

Der Bürgermeister ist die höchste Führungspersönlichkeit der Gemeindeverwaltung. In diesem Sinne ist er für ihre Leitung, Verwaltung und Überwachung verantwortlich, wie Artikel 56 des Gemeindegesetzes besagt. Dies entspricht dem Willen des Verfassunggebers, ein starkes Einzelorgan für die Leitung und Verwaltung der gesamten Körperschaft zu schaffen. Unter der Verfassung von 1925 sollte der Gemeinderat die wichtigsten Aufgaben der Gemeindeverwaltung erledigen. Dort herrschte in der Regel eine rege Diskussionskultur, so dass dringende Entscheidungen oftmals nicht rechtzeitig getroffen wurden. Deshalb versuchte der Verfassunggeber die Gemeindeorganisation neu zu ordnen. Er verzichtete auf die Dispersität der Macht, um ein effizientes System zu schaffen, in dem die Entscheidungen und Verantwortungen nur von einer Person getragen werden. Nach der Rückkehr zur Demokratie im Jahre 1990 versuchte die Regierung, den Gemeinderat wieder zu etablieren. Trotz der Verfassungsreformen bleibt der Bürgermeister aber das beherrschende Organ innerhalb der Gemeindeorganisation. Er nimmt die großen und wichtigsten Aufgaben, Befugnisse und Verantwortungen bei der Verwaltung der Körperschaft wahr.

Der Bürgermeister ist zusammen mit dem Gemeinderat ein wesentlicher Bestandteil der Gemeindeverwaltung. Sie sind die Organe, die die Gemeindeverwaltung als eine Körperschaft des öffentlichen Rechts mit eigener Rechtspersönlichkeit lebendig werden lassen. Beide Organe üben die Befugnisse und Aufgaben der Gemeindeverwaltung aus, wofür sie auch die Unterstützung einer großen Anzahl von Einrichtungen erhalten.

b. Aufgaben des Bürgermeisters

Gemäß Artikel 56 des Gemeindegesetzes ist der Bürgermeister für die allgemeinen und wesentlichen Funktionen der Leitung, Verwaltung und Überwachung der Arbeitsweise der Gemeindeverwaltung zuständig.

Als höchste Führungspersönlichkeit der Gemeindeverwaltung muss der Bürgermeister wesentliche Pflichten erfüllen. Er muss rechtzeitig mit Zustimmung des Rates den kommunalen Entwicklungsplan, den Gemeindehaushalt und den Bebauungsplan aufstellen, die Gesundheits- und Bildungspolitik der Gemeindeverwaltung konzipieren, Anweisungen an die anderen angegliederten Dienstleistungszentren geben und die allgemeinen Richtlinien für die Ausschreibungen formulieren sowie Aufträge, Generalgenehmigungen (concesiones) und Genehmigungen erteilen.

Eine weitere Aufgabe des Bürgermeisters ist die Offenlegung des Jahresberichts im Rat bis spätestens April. Eine Zusammenfassung seiner Rede muss er anschließend an die Bürger der Kommune verteilen.

Der Bürgermeister als oberste Führungspersönlichkeit der Gemeindeverwaltung besitzt erhebliche Befugnisse, welche in einigen Fällen wegen der notwendigen Zustimmung des Rates begrenzt sind. Aus diesem Grund werden diese Befugnisse als exklusive und gemeinsame Befugnisse bezeichnet.

Die exklusiven Befugnisse des Bürgermeisters beziehen sich auf repräsentative Aufgaben, Organisation des Personals, Verwaltung von Vermögen, Koordination und Leitung. Zu den Aufgaben des Bürgermeisters gehören die gerichtliche und außergerichtliche Vertretung der Gemeindeverwaltung, die Einberufung des Gemeinderates sowie der Vorsitz im Gemeinderat und im kommunalen Wirtschafts- und Sozialrat. Im Bereich des Personalwesens macht er die Vorschläge an den Rat für die Bestimmung der internen Organisation der Gemeindeverwaltung und entscheidet über die Ernennung und Entlassung der

Gemeindebeamten. Desweiteren muss der Bürgermeister den Grundsatz der öffentlichen Redlichkeit wahren und die Verwaltungsvorschriften zur Durchführung disziplinarischer Maßnahmen für das Personal durchsetzen. Dies steht in Übereinstimmung mit der allgemeinen Befugnis der internen Kontrolle der Gemeindeverwaltung im Rahmen ihrer Zuständigkeit. Im Bereich des Vermögens ist der Bürgermeister für die Verwaltung der finanziellen Mittel der Gemeindeverwaltung sowie für die kommunalen und nationalen Güter innerhalb der Kommune zuständig. Er ist auch für die Erteilung, Verlängerung und den Abschluss von Gemeindegenehmigungen und für den Ein- und Verkauf von Immobilien verantwortlich. Der Bürgermeister koordiniert die Arbeit der Gemeindeverwaltung mit der Zentralverwaltung und in Verbindung mit anderen öffentlichen Behörden die Tätigkeit dieser Behörde innerhalb der Kommune. Als Leiter der Gemeindeverwaltung erlässt er allgemeine oder konkrete Beschlüsse, überträgt einen Teil der Ausübung seiner exklusiven Zuständigkeiten den Gemeindebeamten oder anderen von ihm ernannten Delegierten, führt die Tätigkeiten aus und schließt die notwendigen Verträge für die ordnungsgemäße Erfüllung der Aufgaben der Gemeindeverwaltung, beruft Bürgerentscheide über lokale Angelegenheiten ein und erlaubt die Nutzung von Fahrzeugen der Gemeindeverwaltung außerhalb der Arbeitszeiten.

Außerdem genießt der Bürgermeister zusammen mit dem Gemeinderat eine Reihe von gemeinsamen Befugnissen, für deren Ausübung er die vorherige Zustimmung des Rates benötigt. Diese Befugnisse umfassen Angelegenheiten der Kommunalplanung, Gebühren und Steuern, Vermögen, Zuschüsse und Beiträge, Rechtsstreitigkeiten, Verträge, Gesetzgebung, Bürgerentscheide, Personal, Genehmigungen für den Alkoholverkauf, für die Festsetzung der Einkaufszeiten für Alkohol sowie für die Vorführung von pornografischen Filmen. Das Initiativrecht steht dem Bürgermeister zu und bei Stimmengleichheit gibt seine Stimme den Ausschlag.

Eine weitere Pflicht des Bürgermeisters besteht in der Ausführung der Beschlüsse des Gemeinderates. Er muss den Gemeinderat über eine Reihe von Angelegenheiten im Zusammenhang mit seiner Arbeit informieren, wie beispielweise über die Vergabe von Generalgenehmigungen, die privaten und öffentlichen Ausschreibungen, den direkten Zuschlag für Dienstleistungen der Gemeindeverwaltung, die Einstellung des Personals und in schriftlicher Form über die verschiedenen Angebote und ihre Bewertung. Der Rat soll Informationen sofort in der nächsten öffentlichen Sitzung nach dem Vorfall zur Kenntnis nehmen. Der Bürgermeister hat die Pflicht, dem Gemeinderat die Finanzplanung vorzulegen und diesen über die vorgeführten Projekte der Gemeindeverwaltung zu informieren. Desweiteren muss er quartalweise über die Zustände aller Projekte sowie die damit verbundenen Einnahmen und Ausgaben Rechnung ablegen. Er muss innerhalb von fünfzehn Tagen jeden Antrag des Rates oder den seiner Mitglieder beantworten, unabhängig davon, ob die Fragen an ihn oder an die Organe der Gemeindeverwaltung gerichtet sind. Er sollte den Rat über den Haushalt der Investitionen, den kommunalen Entwicklungsplan und den Bebauungsplan informieren. Eine weitere Funktion des Bürgermeisters liegt darin, den Kommunalentwicklungsplan für Bildung in der zweiten Septemberhälfte an den Rat zu übergeben.

Der Bürgermeister ist aufgrund seiner allgemeinen leitenden Befugnisse und seiner Rechtsstellung als Verwalter und Überwacher der Kommunaltätigkeit auch berechtigt, zum Schutz der Interessen der Gemeindeverwaltung, eine bestimmte Anzahl von Aufgaben auszuführen, die nicht ausdrücklich im Gesetz erwähnt sind.

Der Bürgermeister muss in Übereinstimmung mit den Vorschriften über Transparenz und Verwaltungsredlichkeit eine Erklärung über sein Vermögen innerhalb von dreißig Tagen nach seinem Amtsantritt abgeben.

In Bezug auf das Personal muss der Bürgermeister eine hierarchische Kontrolle über alle Beamten der Gemeindeverwaltung ausüben, sowohl in Bezug auf die Effizienz und Wirksamkeit ihrer Leistungen als auch auf die Rechtmäßigkeit und Zweckmäßigkeit ihres Handelns. Er muss auf die Einhaltung der geltenden Rechtsordnung, die Pläne der Gemeindeverwaltung und die speziellen Aufträge achten. Es ist seine Pflicht, alle Aufgaben gerecht und objektiv auszuüben und sich vor allem um die Einhaltung von Arbeitsbedingungen zu kümmern, um eine effiziente Leistung der Beamten gewährleisten zu können.

Der Bürgermeister hat das Recht auf Vergütung – ohne das Recht auf Bezahlung von Überstunden – und das Recht auf die Verwendung eines kommunalen Fahrzeuges, welches er jedoch nur für Tätigkeiten in Ausübung seines Amtes verwenden darf. Die Einschränkungen der Bewegungsfreiheit und die Verwendung vom Erkennungszeichen gelten für ihn nicht.

c. Wahl des Bürgermeisters

Die Verfassung von 1980 bezieht sich ausschließlich auf die Wahl von Ratsmitgliedern für jede Gemeindeverwaltung. Da der Bürgermeister als Ratsmitglied betrachtet wird, gelten die Bestimmungen auch für ihn. Desweiteren bestimmt die Verfassung nur die Voraussetzungen für die Gemeinderatsmitglieder. Das spezielle Verfahren für die Benennung des Bürgermeisters soll im Gemeindegesetz geregelt werden.

Das Verfahren für die Wahl des Bürgermeisters erfolgt wie bei den Gemeinderatsmitgliedern im Rahmen einer allgemeinen Volkswahl, gleichzeitig mit der Wahl der Gemeinderatsmitglieder, aber auf einem getrennten Wahlzettel, durch direkte Abstimmung der Bürger für die Kandidaten, die in der Kommune für die Wahl des Bürgermeisters eingeschrieben sind. Die Amtszeit beträgt vier Jahre und er kann wiedergewählt werden. Gewählt ist der Kandidat mit der höchsten Stimmenanzahl. Enthaltungen und ungültige Stimmen werden als nicht abgegebene Stimmen gewertet und bleiben bei der Berechnung einer Mehrheit außer Betracht. Im Fall einer Stimmengleichheit entscheidet das regionale Wahlgericht (tribunal electoral regional) öffentlich durch eine Verlosung.

Für jede Gemeindeverwaltung wird nur ein Bürgermeister gewählt. Diese Reform wurde bereits mit der Verfassung von 1925 aufgrund der Schwierigkeiten, die sich aus der Arbeit von drei Bürgermeistern ergaben, verabschiedet.

Die Voraussetzungen für die Wahl des Bürgermeisters sind die gleichen wie bei der Wahl des Gemeinderates. Nach der Reform von 2004[226] wird jedoch von jedem Kandidaten eine bestimmte Qualifikation verlangt. Der Kandidat muss einen Schulabschluss haben, der zum ersten Mal bei der Wahl des Jahres 2008 gefordert wurde.

Der Bürgermeister wird gemäß Artikel 40 Absatz 2 des Gemeindegesetzes als Gemeindebeamter betrachtet. Allerdings ergibt sich aus den Bestimmungen des Gesetzes Nr. 18.883 über die Satzung der kommunalen Angestellten (estatuto administrativo para funcionarios municipales), dass nur die Regeln der Rechte und Pflichten und der administrativen Verantwortung auf ihn angewendet werden. Anwendung finden auch die Bestimmungen über die Redlichkeit der öffentlichen Verwaltung, die im Verfassungsorgangesetz Nr. 18.575 über die allgemeinen Grundlagen der staatlichen Verwaltung stehen.

Das Gemeindegesetz enthält eine Aufzählung von Fällen, in denen eine Person nicht fähig ist, das Amt des Bürgermeisters auszuüben. Dieses Amt ist unvereinbar mit der Ausübung irgendeiner anderen Tätigkeit des öffentlichen Dienstes, die mit öffentlichen oder staatlichen Mitteln bezahlt wird.[227] Eine Ausnahme bildet eine Beschäftigung als Dozent, die jedoch zwölf Wochenstunden nicht überschritten darf. Es ist auch verboten, dass der Bürgermeister während seiner Amtszeit, entweder selbst oder als Vertreter einer anderen Person, Verträge abschließt oder Bürgschaften zugunsten der jeweiligen Gemeindeverwaltung übernimmt oder ein entscheidendes Verfahren gegen die Gemeindeverwaltung als Kläger führt.

---

226 Das Gemeindegesetz in seiner ursprünglichen Fassung und bis zur Reform von 1992 verlangte auch einen Schulabschluss für das Amt des Bürgermeisters. Für die Regierung war diese Voraussetzung im Jahre 1992 nicht im Einklang mit der vorherrschenden Tendenz des Weltwahlrechts. Sie besagte, dass die gleichen Voraussetzungen für das aktive und passive Wahlrecht gefordert werden sollen. Varas Alfonso/ Mohor Abuauad, Reforma Regional, Provincial y Municipal, S. 86.

227 Um die Beamtenkarriere nicht zu beschädigen, sieht das Gemeindegesetz in Artikel 59 Absatz 2 vor, dass die Beamten, die zum Bürgermeister gewählt worden sind, Anspruch auf unbezahlten Urlaub über die von ihnen ausgeübten öffentlichen Ämter während der ganzen Amtszeit haben.

Mögliche Gründe für die Entlassung eines Bürgermeisters sind der Verlust der Staatsbürgerschaft, die überkommene Unfähigkeit oder Unvereinbarkeit, die Entlassung wegen schwerer Behinderung aufgrund einer Verletzung der öffentlichen Redlichkeit oder eine erhebliche Vernachlässigung seiner Pflichten und die Kündigung. Die ersten drei Gründe sind erst dann wirksam, wenn eine endgültige Entscheidung des Gerichts dies bestätigt.

d. Stellvertretung des Bürgermeisters

In Fällen der Abwesenheit oder Verhinderung von nicht mehr als 45 Tagen vertreten die jeweiligen höchsten Beamten der Gemeindeverwaltung in hierarchischer Reihenfolge den Bürgermeister. Der Gemeinderichter (juez de policía local) wird in diesem Fall nicht berücksichtigt. Der Bürgermeister ist ermächtigt, nach Anhörung des Rates und trotz einer bestimmten Reihenfolge einen anderen Beamten zu ernennen. Die Entscheidung des Gemeinderates hat keine Wirkung und ist lediglich eine unverbindliche Meinungskundgabe, die eingeholt werden muss, wie der Allgemeine Chilenische Rechnungshof erklärte.[228]

Nur in Fällen, in denen es sich um medizinische oder gesundheitliche Gründe handelt, die eine befristete Zeit die Ausübung des Amtes verhindern, kann der Bürgermeister bis zu 130 Tage ersetzt werden. Dauert die vorübergehende Arbeitsunfähigkeit mehr als 45 Tage an und ist das Amt des Bürgermeisters frei geblieben, so wählt der Rat aus den Reihen seiner Mitglieder mit absoluter Mehrheit und in einer gesondert dafür einberufenen Sitzung einen neuen Bürgermeister. Er bleibt bis zum Ende der Amtszeit des abberufenen Bürgermeisters im Amt und kann wiedergewählt werden.

Wenn der Bürgermeister erneut als Bürgermeister oder als Gemeinderatsmitglied in der gleichen Gemeindeverwaltung kandidiert, muss er dreißig Tage vor dem Tag der Wahl bis Ablauf des nächsten Tages in der vorher erklärten Form ersetzt werden. Als Vorsitzender des Rates wird ein Ratsmitglied ernannt, das nicht wieder kandidiert. Kandidieren alle Gemeinderatsmitglieder erneut, wird die Präsidentschaft des Rates mittels einer Verlosung innerhalb der Gemeinderatsmitglieder entscheiden.

2. Gemeinderat

a. Rechtsstellung des Gemeinderates

Die Verfassungsreform von 1991 füllte eine Lücke des Kommunalrechts, die nach der Abschaffung des Gemeinderates im Jahre 1973 entstanden ist. Die Reform schuf eine deutliche Veränderung und Verbesserung des Kommunalrechts

---

228 Siehe Beschlüsse des Allgemeinen Chilenischen Rechnungshofs Nr. 38.772 vom 23. Oktober 1998 und Nr. 10.554 vom 6. März 2006.

in Bezug auf die Demokratisierung der Gemeindeverwaltung. So entstanden Organe mit mehr Befugnissen, als sie die bisher existierenden kommunalen Entwicklungsräte besaßen. Die Gemeinderatsmitglieder werden unmittelbar von den Bürgern gewählt, was einen klaren Beweis für den zunehmenden Einfluss der örtlichen Gemeinschaft in der Gemeindeverwaltung darstellt. Es ist vorgesehen, dass die Ratsmitglieder die Bürger effektiv vertreten, damit die Gemeindeverwaltung nicht ausschließlich von einer einzigen Person wahrgenommen wird.

Sowohl die Verfassung in Artikel 118 Absatz 1 als auch das Gemeindegesetz in Artikel 2 betrachten den Gemeinderat neben dem Bürgermeister als ein konstituierendes Element der Gemeindeverwaltung. Der Gemeinderat ist ein regulierendes, auflösendes und überwachendes Organ, das für die wirksame Beteiligung der Gesellschaft durch seine vom Gesetz gegebenen Befugnisse sorgt, wie es die Artikel 119 Absatz 2 der Verfassung und Artikel 71 des Gemeindegesetzes bestimmen.

Der Gemeinderat genießt Autonomie bei der Ausübung seiner Aufgaben. Dies ergibt sich nicht nur aus der Wahl seiner Mitglieder, sondern auch aus der Befugnis, sich selbst eine Geschäftsordnung zu geben. Der Rat entscheidet, wann die Sitzungen veranstaltet werden.[229]

b. Aufgaben des Gemeinderates

In der Verfassung steht, dass das Gemeindegesetz feststellen wird, für welche Angelegenheiten der Bürgermeister die notwendige Zustimmung des Gemeinderates braucht und für welche er den Rat nur befragen muss.[230] Die Fälle, in denen der Bürgermeister die Zustimmung des Rates benötigt, sind zahlreich und in Artikel 65 des Gemeindegesetzes verankert. Aufgrund der Bedeutung bestimmter Angelegenheiten sieht die Verfassung vor, dass es mindestens eine Zustimmung zum kommunalen Entwicklungsplan, zum Gemeindehaushalt und zu Investitionsvorhaben geben muss.

Die Verfassung selbst teilt die Aufgaben des Gemeinderates in regulierende, auflösende, überwachende und andere Funktionen, die in erster Linie in Artikel 79 des Gemeindegesetzes geregelt sind, ein.

Bei der Ausübung seiner regulierenden und auflösenden Aufgaben muss der Gemeinderat bei der Entscheidung von Angelegenheiten, die laut Gesetz seine Zustimmung brauchen, mitbestimmen. Darüber hinaus muss er der Beteiligung der Gemeindeverwaltung an Verbänden, Körperschaften oder Stiftungen zu-

229 Boloña Kelly, Derecho Municipal Chileno, S. 85.

230 Das Verfahren der obligatorischen Abfrage ist nur eine Formalität, die der Bürgermeister erfüllen muss. Was der Gemeinderat sagt, ist nicht verbindlich und hat keine Wirkung.

stimmen, die Wahl der Vorstandsmitglieder von Körperschaften oder Stiftungen, an denen die Gemeindeverwaltung beteiligt ist, festlegen, seine Zustimmung für die Zuordnung und Änderung des Namens der kommunalen und nationalen Güter innerhalb der Kommune abgeben, einen neuen Bürgermeister bei längerer Abwesenheit des Amtsinhabers wählen und die Reisen des Bürgermeisters und der Gemeinderatsmitglieder ins Ausland oder außerhalb der Kommune für mehr als zehn Tage genehmigen. In Artikel 30 des Gemeindegesetzes steht auch, dass der Gemeinderat auf Vorschlag des Bürgermeisters die Einstellung eines Verwaltungsmanagers für die Gemeindeverwaltung beschließen kann, der auch von ihm durch die Stimmen von zwei Dritteln der Ratsmitglieder wieder entfernt werden kann.

Der Gemeinderat bekommt vom Gemeindegesetz aufgrund seiner Überwachungsbefugnis die Aufgabe der Kontrolle über die Ausführung der Pläne und Programme von kommunalen Investitionen und der Beaufsichtigung des Gemeindehaushaltes. Der Rat muss ebenfalls das öffentliche Register der monatlichen Ausgaben und den Quartalsbericht über das monatliche Detail der angehäuften Verbindlichkeiten analysieren und die rechtzeitige Abgabe dieser Informationen kontrollieren. Der Gemeinderat kümmert sich außerdem um die Überwachung des Bürgermeisters und bekam weitere Aufgaben, um die Tätigkeit der Gemeindeverwaltung und der ihr zugehörigen Unternehmen, Körperschaften oder Stiftungen zu kontrollieren.

Schließlich verabschiedet der Rat eine interne Satzung, welche die Regeln für seine eigene Tätigkeit bestimmt. Er legt ebenfalls jährlich mit den Stimmen von zwei Dritteln seiner Mitglieder sein monatliches Gehalt innerhalb der Grenzen des Gesetzes fest.

Die oben genannte Liste gilt unbeschadet sonstiger Befugnisse und Aufgaben, die dem Rat in anderen speziellen Gesetzen übertragen werden, wie Artikel 79 letzter Absatz des Gemeindegesetzes bestimmt.

c. Zusammensetzung des Gemeinderates

Der Rat ist ein kollegiales Gremium, dessen Zusammensetzung im Gemeindegesetz festgelegt ist. Der Artikel 72 Absatz 2 des Gemeindegesetzes bestimmt die Anzahl der Ratsmitglieder jeder Gemeindeverwaltung, die sich nach der eingeschriebenen Wählerzahl der Kommune richtet. Die Anzahl der Wahlberechtigten jeder Gemeindeverwaltung wird vor jeder Wahl durch einen Beschluss des Leiters des Wahldienstes (servicio electoral) bekannt gegeben. Er achtet auf das bestehende Wahlregister sieben Monate vor dem Wahltermin. Dieser Beschluss wird im staatlichen Gesetzesblatt innerhalb von zehn Tagen nach der genannten Frist veröffentlicht. Auf diese Weise kann man aufgrund der eingeschriebenen Wählerzahl der Kommune zwischen drei Arten von Gemeindeverwaltungen unterscheiden. In den Kommunen oder Gruppen von

Kommunen mit bis zu 70.000 Wählern gibt es sechs Gemeinderatsmitglieder, acht Gemeinderatsmitglieder gibt es in Kommunen mit 70.001 bis 150.000 Wählern und schließlich zehn Gemeinderatsmitglieder in Kommunen mit mehr als 150.000 Wählern.

d. Geschäftsgang des Gemeinderates

Das Gemeindegesetz ist für die Bestimmung der Regeln der Organisation und Arbeitsweise des Gemeinderates zuständig.

Die erste Sitzung des Rates findet am 6. Dezember des Wahljahres statt. Zu dieser Sitzung sollte die absolute Mehrheit der gewählten Gemeinderatsmitglieder anwesend sein. Von diesem Zeitpunkt an beginnt die vierjährige Amtszeit des Bürgermeisters und der Gemeinderatsmitglieder, auch wenn die Sitzung an diesem Tag nicht stattfindet.

In der ersten Sitzung wird die Entscheidung des regionalen Wahlgerichtes über das Ergebnis der Wahl verlesen. Außerdem legen an diesem Tag der Bürgermeister und die Gemeinderatsmitglieder einen Eid ab und entscheiden über die Arbeitszeiten der Sitzungen. Eine Kopie des Protokolls der Sitzung muss an die jeweilige regionale Regierung gesendet werden. Die Anzahl der Sitzungen werden vom Bürgermeister und Rat gemeinsam bestimmt. Es sollen mindestens drei Sitzungen im Monat veranstaltet werden.

Der Rat arbeitet in Sitzungen und Sondersitzungen. Die Sitzungen des Rates finden an Arbeitstagen statt. Sondersitzungen können vom Bürgermeister oder von mindestens einem Drittel der Ratsmitglieder im Amt einberufen werden. Diskutiert werden ausschließlich Angelegenheiten, die auf der Einladung zur Sitzung verzeichnet sind.

Die Sitzungen des Rates sind in der Regel öffentlich. Die Öffentlichkeit darf nur mit der Zustimmung von zwei Drittel der anwesenden Gemeinderatsmitglieder ausgeschlossen werden. Eine öffentliche Sitzung bedeutet jedoch nicht, dass die Öffentlichkeit an der Diskussion teilnehmen darf. Jeder darf zuhören und hat auch Zugang zu den Protokollen der Sitzungen. Aufgrund einer ausdrücklichen Gesetzesbestimmung führt der Bürgermeister als Vorsitzender die Sitzung des Rates. In seiner Abwesenheit übernimmt das Ratsmitglied, das die meisten Stimmen in der letzten Wahl bekommen hat, die Sitzungsleitung. Die Aufgabe des Protokollführers des Rates wird vom Gemeindeschriftführer oder von seinem Stellvertreter ausgeübt.

Für die Abstimmung innerhalb einer Sitzung muss der Rat beschlussfähig sein. Der Rat ist beschlussfähig, wenn mehr als die Hälfte seiner Mitglieder im Sitzungssaal anwesend sind. Beschlüsse werden mit absoluter Mehrheit der anwesenden Ratsmitglieder gefasst, soweit im Gesetz nichts anderes vorgeschrieben ist. Bei Stimmengleichheit wird die Abstimmung wiederholt. Wenn die Stimmengleichheit bestehen bleibt, muss eine neue Sitzung spätestens am dritten Tag einberufen werden. Ist immer noch keine Mehrheit gegeben, entscheidet der Bürgermeister.

In den Fällen des Artikels 65 des Gemeindegesetzes, in denen der Bürgermeister die Zustimmung des Rates braucht, muss der Rat in Bezug auf Artikel 79 b), in der Regel innerhalb von 20 Tagen entscheiden. Wenn der Rat nicht innerhalb von 20 Tagen seine Entscheidung fällt, gilt der Vorschlag des Bürgermeisters. Die anderen Angelegenheiten, die nicht in Artikel 65 des Gemeindegesetzes bestimmt sind, die Zustimmung des Rates aber trotzdem benötigen, haben keine Frist von 20 Tagen. Wenn der Rat keine Entscheidung trifft, gilt jedoch der Vorschlag des Bürgermeisters nicht.

Die sonstigen erforderlichen Bestimmungen für die Arbeitsweise des Rates werden vom Rat selbst in einer internen Satzung festgelegt, die unter anderem die Arbeitsgruppen oder Ausschüsse regelt. Die Arbeitsgruppen können vom Rat für einen besseren Verlauf seiner Aufgaben gegründet werden. Die Gemeinderatsmitglieder müssen immer den Vorsitz der Arbeitsgruppen führen, obwohl Dritte, deren Ansichten vom Ausschuss als relevant für ihre Arbeit betrachtet werden, auch anwesend sein dürfen. Alle anderen Bestimmungen für die Arbeitsweise der Ausschüsse müssen in der internen Satzung des Rates geregelt werden.

3. Mitglieder des Gemeinderates

a. Rechtsstellung der Gemeinderatsmitglieder

Die Gemeinderatsmitglieder spielen eine wesentliche Rolle innerhalb der Gemeindeverwaltung. Sie vertreten ein bestimmtes Segment der Bevölkerung und ermöglichen es, dass ihre Forderungen, die ansonsten kein Gehör fänden, wahrgenommen werden. Die Gemeinderatsmitglieder werden alle vier Jahren gewählt und dürfen wieder gewählt werden. Sie haben Einfluss auf die Leitung der Gemeindeverwaltung und überwachen ihre Arbeit. Sie sind ein wichtiges Gegengewicht zur großen Macht des Bürgermeisters. Obwohl die Natur des Rates heute nicht mehr mit der Rolle des Bürgermeisters vergleichbar ist – anders als unter der Verfassung von 1925, wo der Rat das leitende Organ der Gemeindeverwaltung darstellte –, dienen die Gemeinderatsmitglieder unter anderem der Kontrolle der Arbeit des Bürgermeisters.

Die Gemeinderatsmitglieder sind weder Staatsbeamte noch Gemeindebeamte. Infolge ausdrücklicher Bestimmungen des Gesetzes gelten die Vorschriften für Gemeindebeamte für sie nicht, mit Ausnahme der Bestimmungen über Zivil- und Strafverfahren und in Bezug auf die Regeln der Verwaltungsredlichkeit des Verfassungsorgangesetzes Nr. 18.575 über die allgemeinen Grundlagen der staatlichen Verwaltung. Allerdings ist es nicht verboten, dass Gemeindebeamte als Gemeinderatsmitglieder gewählt werden können. Das Amt des Gemeinderatsmitgliedes ist nicht unvereinbar mit dem eines Staatsbeamten. Unvereinbarkeiten bestehen nur im Zusammenhang mit Beschäftigungen, Arbeiten oder Funktionen innerhalb der gleichen Gemeindeverwaltung. Die einzigen Ausnahmen bilden Tätigkeiten in Bildungs-, Gesundheits- oder anderen autonomen Kommunaldiensten.

Die gewählten Gemeinderatsmitglieder haben nicht nur das Recht, sondern auch die Pflicht, ihr Amt im Rahmen der Verfassung und des Gesetzes auszuüben. Sie sind zu einer wirksamen Erfüllung ihrer öffentlichen Aufgaben verpflichtet. Aus diesem Grund sind sie gewählt worden.

Sie dürfen über ihre Handlungen bei der Ausübung dieses gewählten Amtes frei entscheiden. Sie müssen den Grundsatz der Rechtmäßigkeit sowie ihre zivil- und strafrechtliche Haftung respektieren. Der Grundsatz der Rechtmäßigkeit ergibt sich auch aus der Verhältnismäßigkeit und der Rationalität des Handelns der Verwaltung, um Missbräuche oder Ausschreitungen zu verhindern, wie es in Artikel 6 und 7 der Verfassung i. V. m. Artikel 2 des Verfassungsorgangesetzes Nr. 18.575 über die allgemeinen Grundlagen der staatlichen Verwaltung steht.[231]

Ein Beispiel dieser Freiheit ist, dass die Behörden von den Gemeinderatsmitgliedern keine Begründung ihrer Abstimmung verlangen können. Es ist auch nicht möglich, die Legalität der Amtsführung des Gemeinderatsmitgliedes in den Protokollen der Sitzungen zu überprüfen, wenn ihre Begründungen dort aufgenommen wurden. Dies entspricht der Freiheit der Abstimmung, wie der Allgemeine Chilenische Rechnungshof festgestellt hat.[232]

b. Wahl der Gemeinderatsmitglieder

Der Gemeinderat besteht aus Ratsmitgliedern, die in einer allgemeinen, direkten Volkswahl in einem Verhältniswahlverfahren gewählt werden. Gemäß Artikel 119 der Verfassung bleiben die Gemeinderatsmitglieder vier Jahre im Amt und dürfen wiedergewählt werden. Die Amtszeit von vier Jahren wurde vom Verfassunggeber als zweckmäßig und vernünftig erachtet.

Die Verfassung legt in Artikel 124 die Voraussetzungen für das Amt des Gemeinderatsmitgliedes fest. Um Gemeinderatsmitglied zu werden, muss man wahlberechtigter chilenischer Bürger sein und seinen Wohnsitz, zumindest in den letzten zwei Jahren vor seiner Wahl, in der Region der Kommune haben. Die Bestimmung besagt ebenfalls, dass der Gesetzgeber andere Voraussetzungen bestimmen darf.

231 Siehe Beschluss des Allgemeinen Chilenischen Rechnungshofs Nr. 38.037 vom 13. August 2008.

232 Siehe Beschlüsse des Allgemeinen Chilenischen Rechnungshofs Nr. 21.140 vom 5. Mai 2006 und Nr. 16.241 vom 12. April 2007.

Das Gemeindegesetz bestimmt in Artikel 73 die Voraussetzungen für das Amt des Gemeinderatsmitgliedes, die gemäß Artikel 57 Absatz 2 auch auf den Bürgermeister anwendbar sind. Das Amt des Gemeinderatsmitgliedes und des Bürgermeisters steht jedem wahlberechtigten chilenischen Bürger offen. Als Bürger bezeichnet die Verfassung Chiles alle Staatsangehörigen ab dem vollendeten 18. Lebensjahr. Als Qualifikation ist vorgeschrieben, dass die Kandidaten mindestens Lesen und Schreiben können müssen. Desweiteren müssen sie ihren Wohnsitz, zumindest in den letzten zwei Jahren vor der Wahl, in der Region der Kommune haben. Außerdem müssen die männlichen Kandidaten ihren Militärdienst nachweisen. Die Kandidaten dürfen weder „Unfähigkeiten" aufweisen, welche im Gemeindegesetz geregelt sind, noch von illegalen Drogen abhängig sein, außer wenn eine medizinische Behandlung ihren Gebrauch begründen kann.

Schließlich sieht der letzte Absatz des Artikels 74 der Verfassung vor, dass man für das Amt des Bürgermeisters oder des Gemeinderatsmitgliedes nicht kandidieren kann, wenn man wegen einer schweren Straftat verurteilt wurde (schwere Straftaten bedeuten in Chile einen Freiheitsentzug von über drei Jahren). Diese Norm ist aber völlig unnötig, weil eine solche Verurteilung zum Verlust der Staatsbürgerschaft führt und man damit die Voraussetzungen für das Amt nicht mehr erfüllt.

Genauso wie für das Amt des Bürgermeisters bestimmt das Gemeindegesetz auch eine Reihe von „Unfähigkeiten" und „Unvereinbarkeiten" für die Gemeinderatsmitglieder, die aufgrund des öffentlichen Interesses oder der öffentlichen Ordnung die Amtsausübung von besonderen Personen verhindert.

Die Kommunalwahlen finden alle vier Jahre am letzten Sonntag im Oktober statt. Man darf nur für ein Amt kandidieren, entweder für das des Bürgermeisters oder das des Gemeinderatsmitgliedes und nur in einer Gemeindeverwaltung.

In Bezug auf das chilenische Kommunalwahlsystem entschied sich der Gesetzgeber für die Verhältniswahl, um die Vertretung von verschiedenen Sektoren zu berücksichtigen. Die Sitze im Rat werden nach dem D'Hondt-Verfahren verteilt.

Gründe für die Beendigung des Amtes eines Gemeinderatsmitgliedes sind geistige oder körperliche Behinderung, die die Ausübung des Amtes unmöglich macht, die Kündigung, die ungerechtfertigte Abwesenheit von mehr als fünfzig Prozent der regelmäßigen, jährlichen Sitzungen, eine auftretende Unfähigkeit oder Unvereinbarkeit, der Verlust einer der Voraussetzungen, um als Gemeinderatsmitglied gewählt zu werden, oder eine schwere Verletzung des Grundsatzes der öffentlichen Redlichkeit. Jeder dieser Gründe, abgesehen von der Kündigung, wird vom regionalen Wahlgericht auf Antrag eines Gemeinderatsmitgliedes überprüft. Wenn ein Gemeinderatsmitglied nicht klagen will, kann es niemand machen.

c. Stellvertretung der Gemeinderatsmitglieder

Im chilenischen Kommunalwahlsystem ist es nicht zulässig, zusätzliche Wahlen zu organisieren.[233] Der freie Sitz im Rat wird deshalb nicht durch eine erneute Wahl besetzt, sondern durch einen Bürger, der bei der letzten Wahl auf der Liste vertreten war und der in dieser Wahl gewählt worden wäre, wenn die Liste noch einen Sitz bekommen hätte. Wenn es nicht möglich ist, diese Regeln anzuwenden, wird der Nachfolger vom Rat mit der absoluten Mehrheit seiner Gemeinderatsmitglieder ernannt. Die Partei des ausgehenden Gemeinderatsmitgliedes muss dafür eine Liste mit drei Kandidaten aufstellen. Gemeint ist an dieser Stelle die Partei des Gemeinderatsmitgliedes der letzten Wahl. Wenn der Rat sich nicht entscheidet, wird der erste Kandidat der Liste automatisch gewählt. Wenn die Partei keine Liste aufstellt oder es sich beim ausgehenden Gemeinderatsmitglied um einen unabhängigen Kandidaten – ohne Partei – handelt, wird der Sitz nicht erneut besetzt.[234]

4. Beauftragte des Bürgermeisters (Delegado Municipal)

a. Überblick und Relevanz

Die Beauftragung ist ein Mechanismus für die Verbesserung der Effizienz und die Beschleunigung der Verwaltung, die im öffentlichen Dienst genutzt wird. Sie bezieht sich auf die ausdrückliche Übertragung der Ausübung bestimmter Befugnisse, die vom Inhaber einer öffentlichen Behörde an eine untere Stelle innerhalb einer gleichen hierarchischen Linie für eine bestimmte Zeit und grundsätzlich widerruflich übergeben werden können. Die Befugnisse der Organe der Staatsverwaltung werden an andere Organe übertragen, um das Wohl der Gemeinschaft zu sichern. Aus diesem Grund kann man nicht auf ihre Ausübung verzichten, denn sie sorgen für die Befriedigung öffentlicher Bedürfnisse. Deshalb bedeutet dies keine Übertragung der Zuständigkeit, sondern nur ei-

233 Dies wurde in der Verfassung von 1925 anders geregelt. Damals wurden die ausgeschiedenen Gemeinderatsmitglieder durch eine neue Wahl ersetzt.

234 Diese Norm erschien einige Richter des chilenischen Verfassungsgerichts verfassungswidrig, weil die Verfassung ausdrücklich besagt, dass die Gemeinderatsmitglieder nur durch eine allgemeine direkte Volkswahl gewählt werden können. Mehr dazu in der Entscheidung des chilenischen Verfassungsgerichts vom 16. März 1992, Rol Nr. 145, zusammengestellt in: Fallos del Tribunal Constitucional pronunciados entre el 23 de diciembre de 1985 y el 23 de junio de 1992, Santiago de Chile, 1993, S. 487-490.

ne gesetzliche Zustimmung zu einer befristeten Ausübung der Befugnis eines anderen Organes. Dies erfolgt durch Erlass eines Verwaltungsaktes. Die Befugnis des Beauftragten ergibt sich aus einem Verwaltungsverfahren und nicht aus dem Gesetz.[235]

Der Auftraggeber darf auf seine Befugnisse nicht verzichten. Allerdings ist der Beauftragte durch den Auftrag für die Erledigung zuständig, so dass der Auftraggeber nicht ohne Aufhebung des Auftrages die Befugnis wieder an sich reißen darf. Er bleibt trotzdem hierarchisch verantwortlich, denn er hat die Pflicht zur Wahrnehmung und Kontrolle der Aufgaben seiner zuständigen Organe.

Aufgrund der Ausübungspflicht von öffentlichen Aufgaben darf der Auftrag nur begrenzt sein und sich nur auf bestimmte Angelegenheiten beziehen. Eine wesentliche Pflicht jeder Behörde ist die Ausübung ihres Amtes und deshalb darf eine Behörde nicht alle Aufgaben übertragen. Aus diesem Grund muss der Auftrag ausdrücklich und präzise in einem Verwaltungsakt bestimmt sein.

Normalerweise erfolgt der Auftrag innerhalb der behördlichen Hierarchie. Es muss eine Abhängigkeitsbeziehung bestehen, wie Artikel 43 b) des Verfassungsorgangesetzes Nr. 18.575 über die allgemeinen Grundlagen der staatlichen Verwaltung bestimmt. Aufgrund dieser Abhängigkeitsbeziehung zwischen den Organen ergeht ein solcher Auftrag nur innerhalb der Staatsverwaltung. Ausnahmsweise und nur nach ausdrücklicher Zustimmung des Gesetzes ist es auch möglich, den Auftrag an Personen außerhalb der Staatsverwaltung zu übertragen.

b. Rechtsstellung des chilenischen Beauftragten des Bürgermeisters

Artikel 118 Absatz 3 der Verfassung erlaubt die Ernennung von Beauftragten des Bürgermeisters. Das Gemeindegesetz reguliert im Detail den Auftrag in Artikel 63 j), 64 und 68.

In der chilenischen Kommunalrechtsordnung gibt es drei Arten von Aufträgen. Gemäß Artikel 63 j) darf der Bürgermeister einen Teil seiner exklusiven Befugnisse an sein Personal oder andere Beauftragte übertragen („funktionale Delegation“). Artikels 63 j) des Gemeindegesetzes regelt zudem einen weiteren Auftrag. Er bezieht sich auf die Möglichkeit, die Befugnis zur Unterzeichnung mit den Worten „im Auftrag des Bürgermeisters“ zu übertragen. Der „Auftrag zur Unterzeichnung“ muss sich auf spezifische Angelegenheiten beziehen, die

235 Soto Kloss, La Delegación en el Derecho Administrativo Chileno. Nociones Fundamentales, S. 115-117.

der Bürgermeister genau festlegen muss.[236] Diese Aufträge dürfen nicht im Bereich der Befugnisse des Bürgermeisters als hierarchischer Leiter des Personals erteilt werden.[237] Artikel 68 des Gemeindegesetzes regelt schließlich eine weitere Beauftragungsmöglichkeit, nämlich die sog. „territoriale Delegation". Der Bürgermeister darf mit vorheriger Befragung des Rates einen Beauftragten für die Ausübung bestimmter Aufgaben in irgendeinem Ort der Kommune ernennen. Dieser vertritt den Bürgermeister an einem oder mehreren Ortsbezirken, um das gesamte Gebiet der Kommune besser verwalten zu können. Der Auftrag sollte nicht zu umfassend sein und sich auf bestimmte Angelegenheiten beziehen. Die Gründe für die Bestimmung einer solchen territorialen Delegation müssen erheblich sein, wie z. B. Schwierigkeiten bei der Kommunikation mit einem Bezirk der Kommune oder eine Naturkatastrophe.

Der Bürgermeister kann einen Beamten der Gemeindeverwaltung oder einen Bürger für den Auftrag ernennen, sofern dieser die Voraussetzungen für das Amt eines Gemeinderatsmitgliedes erfüllt. Desweiteren ist es dem Ernannten untersagt, Verträge abzuschließen oder Bürgschaften zugunsten der jeweiligen Gemeindeverwaltungen zu übernehmen, weder selbst noch als Vertreter einer anderen Person. Es ist dem Ernannten auch untersagt, ein entscheidendes Verfahren gegen die Gemeindeverwaltung als Kläger zu führen.

Bei der Ausübung eines Auftrages sind die Beauftragten verpflichtet, die Bestimmungen über Verwaltungs-, Zivil- und Strafverfahren zu respektieren und zwar unabhängig davon, ob der Beauftragte Stadtbeamter oder einfacher Bürger ist. Sogar ehrenamtliche Bürger sind dazu verpflichtet. Folglich wird eine Person außerhalb der Staatsverwaltung wie ein Stadtbeamter behandelt.

Die Ernennung des kommunalen Beauftragten liegt allein beim Bürgermeister. Sie ist eine private und exklusive Befugnis des Amtsträgers, zu der ihn niemand zwingen kann. Dafür verabschiedet er ein Gemeindedekret.

Die Dauer des Auftrags ist unbestimmt. Sie muss jedoch im Verwaltungsakt festgestellt werden. Wenn man die Dauer als unbestimmt bezeichnet, heißt dies nicht, dass sie ewig dauern darf. Der Bürgermeister kann zu jeder Zeit den Auftrag aufheben.

---

236 Siehe Beschluss des Allgemeinen Chilenischen Rechnungshofs Nr. 3.159 vom 26. Januar 2000.

237 Des Weiteren dürfen die Übertragungen sich nur auf die exklusiven Befugnisse des Bürgermeisters beziehen, die in Artikel 63 des Gemeindegesetzes geregelt sind. Siehe Beschluss des Allgemeinen Chilenischen Rechnungshofs Nr. 2.677 vom 22. Januar 2003.

VI. Verwaltungsorganisation auf kommunaler Ebene

In jeder Gemeindeverwaltung gibt eine interne Organisation, die dem Bürgermeister und dem Rat bei der Erfüllung ihrer Aufgaben hilft. Das Gemeindegesetz bestimmt diese Einheiten danach, wie hoch die Zahl der Einwohner der jeweiligen Kommunen nach der offiziellen Volkszählung des Staates ist. Die Einheiten dürfen nur Leitstellen (direcciones), Abteilungen (departamentos), Dezernate (secciones) oder Geschäftsstellen (oficinas) genannt werden, wie es das Verfassungsorgangesetz Nr. 18.575 über die allgemeinen Grundlagen der staatlichen Verwaltung besagt. Sie kümmern sich um die Verwaltung auf kommunaler Ebene, da die Gemeindeverwaltung, wie jede andere Organisation, eine notwendige Struktur braucht, um ihre Tätigkeiten und Ziele erfüllen zu können.

Der chilenische Gesetzgeber versuchte die Kommunalorganisation zu standardisieren und schuf zwei Arten von Gemeindeverwaltungen. Aus diesem Grund gibt es in Chile große und kleine Gemeindeverwaltungen, unabhängig von der Fläche der Kommune oder ihrem Vermögen. Entscheidend ist lediglich die Anzahl der Einwohner. Andere wichtige Merkmale wurden somit nicht berücksichtigt. Die Gemeindeverwaltungen mit einer Bevölkerung von über 100.000 Einwohnern besitzen die folgende interne Organisation: Gemeindesekretär (secretario municipal), Sekretariate für Kommunalplanung (secretaría comunal de planificación), Prüfungsamt, Rechtsabteilung, Straßenverkehrsamt, Bauamt, Verwaltungs- und Finanzabteilung (administración y finanzas), Kommunalentwicklungsamt (desarrollo comunitario) und Stadtreinigungsamt. Die Gemeindeverwaltungen mit einer Bevölkerung bis zu 100.000 Einwohner besitzen die folgende interne Organisation: Gemeindesekretär sowie einige oder alle der oben genannten Einheiten, je nachdem welche Bedürfnisse die Gemeindeverwaltung hat. Der Gesetzgeber wollte mit dieser Bestimmung erreichen, dass jede kleine Gemeindeverwaltung allein gemäß ihren Bedürfnissen und Ressourcen entscheiden kann. Es ist auch möglich, dass in einer Gemeindeverwaltung zwei oder mehrere dieser Funktionen in einer Einheit zusammentreffen. Trotz aller Argumente und aller besonderen Bedürfnisse darf keine Gemeindeverwaltung andere Einheiten errichten, sondern nur die Einheiten, die bereits im Gesetz bestimmt sind.

Gemeindeverwaltungen mit begrenzten Ressourcen, in denen sich die Schaffung solcher Einrichtungen nicht lohnt, dürfen eine Einrichtung gemeinsam mit einer oder mehreren Gemeindeverwaltungen durch Vereinbarung schaffen. Von einer solchen Vereinbarung sind das Amt des Gemeindesekretärs, das Prüfungsamt und das Amt des Gemeindeverwalters ausgenommen.

In allen Gemeindeverwaltungen des Landes, unabhängig von ihrer Größe oder Einwohnerzahl, kann der Rat auf Vorschlag des Bürgermeisters einen Gemeindeverwalter einstellen. Er wird als direkter Mitarbeiter des Bürgermeisters bei der Durchführung der Koordination und der dauerhaften Verwaltung der Gemeindeverwaltung arbeiten. Er kümmert sich auch um die Vorbereitung sowie Überwachung des kommunalen jährlichen Aktionsplans.

Während der Diskussion über die Gemeindegesetzreform von 1999 schuf der Gesetzgeber als Teil der internen Organisation der Gemeindeverwaltung eine neue spezielle Einheit für eine bessere Verwaltung der Bildungs- und Gesundheitsaufgaben auf kommunaler Ebene. Dies gilt auch für andere von der Regierung übertragende Aufgaben.

Schließlich bleibt zu erwähnen, dass die interne Organisation der Gemeindeverwaltung sowie die spezifischen Funktionen, Koordination und Unterabteilung ihrer Einheiten in einer internen Verordnung bestimmt werden, die vom Bürgermeister mit der Zustimmung des Gemeinderates verabschiedet wird.

VII. Beteiligung der Gesellschaft auf kommunaler Ebene

1. Überblick

Einer der wichtigsten Aspekte in den verschiedenen Kommunalrechtsordnungen bezieht sich auf den Grad der Beteiligung der Gemeinschaft. Der Grundsatz der Beteiligung spiegelt sich in erster Linie durch den Grad der Beteiligung der Bürger bei der Wahl ihrer kommunalen Behörden wider. In Systemen, in denen die Behörden direkt vom Volk gewählt werden, zeigt sich ein höherer Grad der Beteiligung der Bürger. In Systemen, in denen die Bürger nur die Versammlung wählen können oder in solchen, in denen alle Mitglieder der Kommunalverwaltung von der Zentralregierung ernannt werden, zeigt sich ein geringer Grad der Beteiligung.

2. Formen der Beteiligung gemäß der Verfassung Chiles

Der chilenische Verfassunggeber gewährleistete die Beteiligung aller Mitglieder der Gemeinschaft auf nationaler Ebene. Dazu stellte er eine Reihe von Grundsätzen und Garantien in der Verfassung auf, die das chilenische Rechtssystem prägen. Die Verfassung will das Interesse und eine effektive Mitwirkung der Bürger bei Entscheidungsprozessen des Staates gewährleisten und fördern, weil der Mensch wesentlicher Teil des nationalen Lebens ist. Es ist deshalb notwendig, dass der Mensch seine Hauptrolle und Funktion innerhalb des Staates wahrnimmt.[238]

Die Verfassung enthält eine Reihe von Regelungen, die den Wert der Beteiligung und ihre Harmonie mit den Grundsätzen der Demokratie feststellt.[239]

Artikel 1 Absatz 2 der Verfassung schützt und erkennt Zwischengruppen an. Der Staat muss sich nach dem letzten Absatz dieses Artikels dafür einsetzen, dass das Recht der Menschen auf Beteiligung am nationalen Leben durch Chancengleichheit gewährleistet wird. Außerdem enthält Artikel 4 der Verfassung die Erklärung, dass sich Chile als eine demokratische Republik versteht. Artikel 5 regelt die Wahl der Führungspersönlichkeiten. Artikel 13 bis 18 bestimmen das Wahlrecht. Artikel 19, mit dem die Grundrechte gewährleistet werden, enthält eine Reihe von Rechten, wie beispielsweise die Gleichheit vor dem Gesetz, das Recht auf friedliche Versammlung, das Antragsrecht, das Recht zur Bildung von Vereinen und Gesellschaften ohne vorherige Genehmigung und das Recht auf Versammlung ohne vorherige Genehmigung. Schließlich bestraft Artikel 23 der Verfassung den Missbrauch des Beteiligungssystems.

Auch auf kommunaler Ebene ist die Beteiligung gesichert. Artikel 118 Absatz 4 der Verfassung bestimmt die Gewährleistung der Beteiligung der örtlichen Gemeinschaft am wirtschaftlichen, sozialen und kulturellen Aufschwung der Kommune als ein Ziel der Gemeindeverwaltung. Damit verstärkt sich das Konzept der Beteiligung innerhalb der Gemeindeverwaltung. Man versteht die Gemeindeverwaltungen als Institutionen, durch die die Gemeinschaft an der lokalen Entwicklung mitwirken kann. In Artikel 118 sind einige Vorgehensweisen erwähnt, durch die eine solche Beteiligung umgesetzt werden soll. Aus Absatz 2 geht hervor, dass das Gemeindegesetz die Art und Weise der Beteiligung der Gemeinschaft an kommunalen Aktivitäten regeln soll. Die gleiche Regelung erlaubt den Gemeindeverwaltungen die Schaffung von benachbarten Einheiten zur Förderung einer ausgewogenen Entwicklung und einer angemessenen Beteiligung der Gemeinschaft. Artikel 119 der Verfassung besagt, dass sowohl der Bürgermeister als auch die Gemeinderatsmitglieder gewählte Mandatsträger sind, und womit ein grundlegendes Prinzip demokratischer Beteiligung zum Ausdruck kommt. Schließlich besagt Absatz 2 des Artikels 119, dass der Rat eine Einrichtung zur Verwirklichung der Beteiligung der lokalen Gemeinschaft

238 Diez Urzúa, Personas y Valores, S. 94.

239 In diesem Sinne ist die Entstehung von Bürgerinitiativen und anderen Gemeinschaftsorganisationen in der Verfassung gewährleistet. Entscheidung des chilenischen Verfassungsgerichts vom 14. Mai 1991, zusammengestellt in: Fallos del Tribunal Constitucional pronunciados entre el 23 de diciembre de 1985 y el 23 de junio de 1992, Santiago de Chile, 1993, S. 394.

darstellt. Dies bedeutet, dass die Gemeinderatsmitglieder die Meinungen der Bewohner der Kommune vor allen anderen Interessen vertreten sollen.[240]

3. Formen der Beteiligung im Gemeindegesetz

Die Bürgerbeteiligung ist eines der wesentlichen Merkmale der chilenischen Kommunalrechtsordnung. Man verbindet damit die Hoffnung, dass die Bevölkerung ein starkes Interesse am öffentlichen Leben zeigt. Das Gemeindegesetz betont nachdrücklich die Stärkung der Beteiligung auf kommunaler Ebene. Der Gemeinderat wird als Organ zur Durchsetzung der Interessen der lokalen Gemeinschaft definiert. Der Bürgermeister sowie der Gemeinderat müssen bei der Herstellung und Durchführung des kommunalen Entwicklungsplanes die Bürgerbeteiligung berücksichtigen. Auch das Kommunalentwicklungsamt (unidad de desarrollo comunitario) muss eine wirksame Beteiligung der Gemeinschaft in der Gemeindeverwaltung fördern. Zu den Aufgaben der Gemeindeverwaltung zählt unter anderem die Schaffung von benachbarten Einheiten, die beispielsweise für die Ordnung und Ausführung der Beteiligung der Gemeinschaft zuständig sind.

Die Beteiligung der lokalen Gemeinschaft am Gemeindeleben erfolgt beispielsweise durch Kommunalwahlen, den Bürgerentscheid, die unverbindliche Volksbefragung, den kommunalen Wirtschafts- und Sozialrat, die öffentlichen Anhörungen, das Beschwerdebüro sowie die Gemeinschaftsorganisationen. Diese Mechanismen sind weitgehend in Titel IV des Gemeindegesetzes über die „Beteiligung der Bürger" geregelt. Zu den wichtigsten Aspekten dieses Titels zählt Artikel 93 des Gemeindegesetzes, der darauf hinweist, dass jede Gemeindeverwaltung zur Verabschiedung einer Verordnung über die Beteiligung der lokalen Gemeinschaft verpflichtet ist. Bei der Vorbereitung dieser Verordnung soll die Gemeindeverwaltung ihre eigenen besonderen Merkmale berücksichtigen, um die Einbeziehung der Bevölkerung in die Entscheidungsfindung zu erleichtern.

Ein weiteres wichtiges Organ ist der kommunale Wirtschafts- und Sozialrat. Nach der Schaffung des Gemeinderates hat der kommunale Wirtschafts- und Sozialrat an Wichtigkeit verloren. Dieser Rat wurde anfangs als einzige Instanz, die sich für die Beteiligung der Bürger einsetzt, angesehen. Heutzutage beschäftigt er sich nur noch mit einem Teil der Mechanismen der Beteiligung, die im Gemeindegesetz vorgesehen sind. Dieses Organ muss in jeder Gemeindeverwaltung existieren und besteht aus Vertretern der funktionalen und territorialen Gemeinschaftsorganisationen sowie aus Vertretern der wesentlichen wirtschaftlichen, sozialen und kulturellen Institutionen der Kommune. Als Berater der Gemeindeverwaltung zielt der Rat auf die Gewährleistung der Beteiligung an

240 Mehr dazu Baeza Fernández, Manual Jurídico Municipal, S. 267-269.

derartigen Organisationen ab. Seine Integration, Organisation, Zuständigkeiten und Arbeitsweise werden von jeder Gemeindeverwaltung in einer Verordnung festgehalten, die vom Bürgermeister mit Zustimmung des Gemeinderates verabschiedet wird, völlig unabhängig von den Rechten und Pflichten, die das Gesetz selbst regelt. Die Mitglieder dieses Rates bleiben vier Jahre im Amt. Der Bürgermeister hat den Vorsitz und wird im Falle seiner Abwesenheit vom Vizepräsident vertreten. Der Vizepräsident wird vom Rat aus seiner Mitte gewählt. Der Bürgermeister kann den Rat einberufen, besitzt jedoch kein Stimmrecht.

Zu den Aufgaben des kommunalen Wirtschafts- und Sozialrates gehört seine Stellungnahme zum öffentlichen Bericht des Bürgermeisters und zur Deckung und Effizienz der kommunalen Dienstleistungen. Der Rat ist berechtigt, eine Beschwerde gegen die Gemeindeverwaltung einzulegen. Der Bürgermeister hat die Aufgabe den Rat über die Investitionen, den kommunalen Entwicklungsplan und den Bebauungsplan zu informieren. Dieser kann sich innerhalb von 15 Tagen darüber äußern. Der Rat verfasst ferner im Rahmen einer Zuordnung oder Umbenennung kommunaler oder nationaler Güter einen Bericht. Er wird vor der Schaffung von benachbarten Einheiten innerhalb der Kommune angehört.

Der Titel IV des Gemeindegesetzes bezieht sich ebenfalls auf die öffentlichen Anhörungen und die Beschwerdebüros, deren Verfahren in der Verordnung über die Beteiligung der Bürger geregelt werden sollen. Die öffentlichen Anhörungen sind Sitzungen des Bürgermeisters und der Gemeinderatsmitglieder mit Mitgliedern der Gemeinschaft, in denen über Angelegenheiten des gemeinsamen Interesses diskutiert wird. Eine Anhörung erfolgt von Amts wegen oder auf Antrag der Bürger. Dazu wird die Unterschrift von 100 Wählern der Kommune benötigt. In Kommunen mit weniger als 5.000 Einwohnern kann die Gemeindeverwaltung mittels einer Verordnung eine geringere Anzahl von Unterschriften verlangen. Der Antrag muss gemeinsam mit den Unterschriften der Bürger eingereicht werden und muss die Angelegenheiten beinhalten, die die Bürger im Rat diskutieren wollen. Desweitern müssen als Vertreter höchstens fünf Personen ernannt werden. Ein Beschwerdebüro muss in jeder Gemeindeverwaltung eingerichtet werden und sollte in der Lage sein, die Forderungen der Gemeinschaft zu befriedigen. Eine Verordnung der Gemeindeverwaltung soll das Verfahren bezüglich des Eingangs von Beschwerden und die Reaktionszeiten der Gemeindeverwaltung, die auf keinem Fall mehr als 30 Tage betragen darf, festlegen. Schließlich wurde im Gesetz das Verfahren zum Bürgerentscheid festgelegt.

Als der Verfassunggeber die Systeme zur Kontrolle der Gemeindeverwaltung diskutierte, wurde festgestellt, dass diese aufgrund ihrer Merkmale kein strengeres Überwachungssystem benötigen. Die Mitglieder der Gemeinschaft übernehmen entweder allein oder in organisierter Gemeinschaft eine wichtige

Verantwortung bei der Überwachung der Gemeindeverwaltung. Sie sind dafür zuständig, die Rechtmäßigkeit und Zweckmäßigkeit der Arbeit der Gemeindeverwaltung zu kontrollieren, da sie unmittelbar von den Beschlüssen betroffen sind. Die Mitwirkung der Gemeinschaft wurde aufgrund der Demokratisierung der Gemeindeverwaltungen erleichtert. Mittels der Volkswahl können die Bürger alle vier Jahre die Arbeit ihrer Führungspersönlichkeiten belohnen oder bestrafen. Darüber hinaus dürfen die Bürger einen Einspruch gegen die Handlung der Kommunalverwaltung einlegen. Jede geschädigte Person kann dem Bürgermeister eine schriftliche Beschwerde bezüglich der Beschlüsse oder Unterlassungen der Gemeindeverwaltung, die für sie gesetzwidrig hält, vorlegen. Dies gilt unabhängig davon, ob die illegalen Beschlüsse oder Unterlassungen vom Bürgermeister oder von einem Beamten der Gemeindeverwaltung gemacht wurden. Wenn das allgemeine Interesse der Gemeinschaft betroffen ist, darf sogar jede Person Einspruch einlegen, egal, ob sie mittel- oder unmittelbar betroffen ist. Es wichtig zu betonen, dass die Gemeindeverwaltungen für ihre Schäden, vor allem bei Schäden wegen Unterlassung, haften.

Schließlich gewährleistet das Gemeindegesetz den Grundsatz der Vereinigungsfreiheit, der in der Verfassung bestimmt ist. Artikel 96 des Gemeindegesetzes besagt, dass das Recht einer Person zur Gründung von Organisationen jederzeit gewährleistet wird. Dieses Recht kann nur durch die Rechtsordnung eingeschränkt werden.

4. Beteiligungsgruppen

a. Geschichtliche Entwicklung der Beteiligungsgruppen in Chile

Die Gemeinschaftsorganisationen entstanden in Chile Anfang des 20. Jahrhunderts, obwohl das erste Gesetz zu diesem Thema erst im Jahre 1968 verabschiedet wurde. Mit dem Erlass des Gesetzes Nr. 16.880 vom 7. August 1968 erkannte der Gesetzgeber diese Organisationen an und setzte sich für die Förderung ihrer Gründung und Entwicklung ein. Dieses Gesetz definiert die Bürgerinitiativen als territoriale Gemeinschaftsorganisationen, repräsentiert von Personen, die in einer gleichartigen benachbarten Einheit, sowohl städtischen als auch ländlichen, leben. Unter dem Begriff einer benachbarten Einheit versteht der Gesetzgeber ein Gebiet, das die natürliche Grundlage für die Gruppierung von Nachbarn bildet. Die Wirkung der Gemeinschaftsorganisationen ist umfangreicher als die der Bürgerinitiativen. Dazu gehört nämlich eine Vielzahl anderer funktionaler Einheiten, wie Mütterzentren, Jugendzentren, Kulturzentren, Sportvereine etc. In den späten 60er Jahren des letzten Jahrhunderts bis 1973 wuchsen die Gemeinschaftsorganisationen in Chile explosionsartig von rund 6.800 im Jahre 1964 auf über 20.000 in den frühen 70er Jahren.[241]

Das Gesetz Nr. 16.880 sieht die Integration der Bürgerinitiativen in der Kommunalverwaltung vor, sei es durch die Anwesenheit ihrer Vorsitzenden mit Mitspracherecht in den Sitzungen des Rates und seiner Ausschüsse oder während des Prozesses zur Festlegung der Prioritäten bei der Arbeit der Kommunalplanung. In der Praxis wurde allerdings keine dieser Bestimmungen aufgrund des Widerstandes der Gemeinderatsmitglieder verwirklicht. Für die Gemeinderatsmitglieder waren die Bürgerinitiativen vollständig politisiert und deshalb für dieses Ziel nicht geeignet.

Nach dem Militäraufstand von 1973 wurden die Gemeinschaftsorganisationen aufgrund ihres hohen Politisierungsgrades heftig kritisiert. Die Regierung empfand diese Organisationen als gefährlich und war der Meinung, dass sie als Ort für Aufstände gegen die Regierung genutzt werden könnten. Aus diesem Grund autorisierte die Militärregierung den Staat, sich in die Gemeinschaftsorganisationen einzumischen, so dass die Gemeindeverwaltungen mittels des Gesetzesdekretes Nr. 349 von 1974 befugt waren, den Vorstand der Gemeinschaftsorganisationen zu ernennen. Damit verloren diese Organisationen an Repräsentanz und Bedeutung. Diese Situation blieb bis zum 30. Dezember 1989, dem Tag, an dem das Gesetz Nr. 18.893 über die territorialen und funktionalen Gemeinschaftsorganisationen verabschiedet wurde, bestehen. Dieses Gesetz erlaubte die ersten demokratischen Wahlen innerhalb der Gemeinschaftsorganisationen seit 1973.

Die Gemeinschaftsorganisationen haben eine große Veränderung seit der Verabschiedung ihres Gesetzes im Jahre 1989 erlebt. Bereits zum Ende des Jahres 1991 gab es in Chile nach Zahlen des Staatssekretariats für regionale und administrative Entwicklung mehr als 27.000 Gemeinschaftsorganisationen im ganzen Land, die zu diesem Zeitpunkt mehr als 2.700.000 Mitglieder hatten. Dies zeigt das große Interesse der Bevölkerung an einer stärkeren Beteiligung an den öffentlichen Angelegenheiten. Der Staat nutzt dieses Interesse nicht, denn die Gemeinschaftsorganisationen spielen nach der aktuellen Rechtsordnung nach wie vor keine große Rolle bei der Verwaltung des Landes. Darüber hinaus zeigen die politischen Parteien wieder Interesse an der Ernennung des Vorstands solcher Organisationen, um die Kommunalpolitik zu beeinflussen. So verlieren die Gemeinschaftsorganisationen ihren eigentlichen Zweck, nämlich die Vertretung der Interessen der Gemeinschaft. Stattdessen vertreten sie die Interessen einer politischen Partei.

241 Molina Guaita, Derecho Constitucional, S. 123.

b. Bedeutung der Beteiligungsgruppen

Aufgrund der verfassungsrechtlichen Verankerung der Vereinigungsfreiheit und der Anerkennung der Zwischengruppen erhofft man sich eine stärkere Beteiligung an den Gemeinschaftsorganisationen. Nur so kann die Bevölkerung in einem geordneten und strukturierten Weg ihre Bedürfnisse den Behörden vorlegen, so dass eine optimale Ausrichtung der öffentlichen Politik an den tatsächlichen Interessen der Bevölkerung ermöglicht wird. Die strategische Nähe der Gemeindeverwaltungen zum Volk erlaubt eine enge Zusammenarbeit mit den Gemeinschaftsorganisationen. Die Gemeindeverwaltungen sind in der Lage, die Einrichtungen und Funktionen der Gemeinschaftsorganisationen zu fördern und einen notwendigen Raum für ihre Tätigkeit zur Verfügung zu stellen. Die Respektierung der Vorschläge zur Verbesserung der Gemeinschaftsorganisationen stärkt nicht nur das Kommunalsystem, sondern gibt auch ein klares Signal an die Gemeinschaft, die gültigen Mitwirkungsmechanismen innerhalb ihres Gebietes auszubauen.

c. Bürgerinitiativen und funktionale Gemeinschaftsorganisationen

Das Gesetz Nr. 19.418 vom 9. Oktober 1995 über Bürgerinitiativen und andere Gemeinschaftsorganisationen, das durch das Dekret Nr. 58 des Innenministeriums vom 20. März 1997 bestätigt, koordiniert und systematisiert wurde, regelt zurzeit diese Organisationen. Das neue Gesetz unterscheidet in erster Linie zwischen Bürgerinitiativen und anderen Gemeinschaftsorganisationen. Die Gemeinschaftsorganisationen bekommen die Adjektive „funktional“, um sich von den Bürgerinitiativen zu unterscheiden, die einen „territorialen“ Charakter besitzen. Die funktionalen Gemeinschaftsorganisationen widmen ihre Arbeit besonderen Interessen der Bewohner einer Kommune, wie Sportvereinen, Mütterzentren etc. Das Gesetz besagt in Artikel 2, dass die Bürgerinitiativen der Gemeinschaftsorganisationen einen territorialen Charakter haben. Der Zweck der Bürgerinitiativen ist die Förderung der kommunalen Entwicklung, der Schutz der Interessen, die Wahrnehmung der Rechte der Nachbarn und die Zusammenarbeit mit den staatlichen und kommunalen Behörden. Das Gesetz qualifiziert die funktionale Gemeinschaftsorganisation als diejenige mit Rechtspersönlichkeit ausgestattete Institution, die sich auf die Vertretung und Förderung von bestimmten Werten und Interessen der Gemeinschaft innerhalb des Gebietes einer Kommune oder einer Gruppe von Kommunen bezieht.

d. Besondere Rolle der Bürgerinitiativen

Die Bürgerinitiativen spielen eine besondere Rolle innerhalb der Gemeinschaftsorganisationen und wurden vom Gesetzgeber als aktiver Partner der Gemeindeverwaltung bei der Erfüllung ihrer Aufgaben konzipiert. Sie bekamen eine Reihe von Aufgaben und Befugnissen mit lokalem Charakter übertragen, um die Gemeindeverwaltungen in ihrem jeweiligen Hoheitsgebiet zu unterstützen. Unter anderem sind sie zuständig für die Abgabe von Vorschlägen, die als Grundlage kommunaler Entscheidungen helfen können. Sie müssen mit den kommunalen Behörden bei der Erfüllung der Bedürfnisse der lokalen Bevölkerung zusammenarbeiten. Sie haben das Recht, über alle Programme und Aktivitäten der Gemeindeverwaltung und öffentlichen Dienstleistungen informiert zu werden, sie sollen ihre Meinung im Prozess der Erteilung einer Genehmigung für Alkoholverkauf äußern, wirken beim Erlass von Maßnahmen im Rahmen der öffentlichen Sicherheit mit, helfen bei der Identifizierung von Personen und Familien, die in Armut und Not leben, beeinflussen die Ausrichtung der kommunalen Sozialpolitik und schlagen Projekte zur Verbesserung der Lebensräume vor. Außerdem werden sie bei der Vorbereitung des Jahresprogramms der Baumaßnahmen angehört, werden über die kommunalen Projekte informiert, wirken bei Katastrophen und Notfällen mit, werden bei der Bestimmung der Tage, Merkmale und Standorte der Märkte und anderer Straßenhändler angehört, arbeiten bei der Überwachung der Gesundheitsnormen mit und helfen beim Schutz der Umwelt. Zur Ausführung dieser Aufgaben sollen die Bürgerinitiativen Arbeitsprogramme über bestimmte Aktivitäten und Projekte bestimmen, so wie ein Budget von Einnahmen und Ausgaben für jeden jährlichen Zeitraum ausarbeiten.

Zur Unterstützung der finanziellen Lage der Bürgerinitiativen schuf das Gesetz den Fonds zur Entwicklung der Nachbarschaft. Dieser Fonds zielt darauf ab, spezifische Projekte der Bürgerinitiativen für die Entwicklung der Gemeinschaft zu unterstützen.

e. Andere Beteiligungsgruppen

Es ist auch möglich, Kommunalverbände von Bürgerinitiativen oder funktionalen Gemeinschaftsorganisationen (uniones comunales de juntas de vecinos o de organizaciones comunitarias funcionales) zu gründen. Ihre Ziele sind die Integration und Entwicklung ihrer Mitgliedsorganisationen, die Durchführung von Bildungs- und Qualifizierungsaktivitäten der Nachbarn und vor allem die Verteidigung der Interessen ihrer Mitgliedsorganisationen gegenüber der Regierung, dem Parlament und der jeweiligen Gemeindeverwaltung. Schließlich darf der Bürgermeister benachbarte Einheiten als administrative Einteilung seiner Kommune schaffen.

f. Schlussbetrachtung

Zurzeit hat das Gesetz ein organisiertes und komplexes System von Gemeinschaftsorganisationen konzipiert. Das System ist allerdings aufgrund der Merkmale dieser Organisationen und des Mangels an technischer Unterstützung durch die Gemeindeverwaltungen überdimensioniert. Die vielen Voraussetzungen und die Bürokratie bei der Umsetzung dieser Normen dienen nicht der Gründung solcher Institutionen, sondern behindern und erschweren ihre Tätigkeit.

5. Bürgerentscheide auf kommunaler Ebene

Der Bürgerentscheid ist ein Instrument der direkten Demokratie auf kommunaler Ebene, das die Mitwirkung der Bürger bei Angelegenheiten der örtlichen Gemeinschaft ermöglicht. Gemäß Artikel 118 Absatz 5 der Verfassung regelt das Gemeindegesetz den Bürgerentscheid. Nur der Bürgermeister mit Zustimmung des Gemeinderates oder zwei Drittel der Ratsmitglieder oder ein durch Gesetz festgelegter Teil der Bürger (10 % der im Wahlregister der Kommune eingeschriebenen Bürger) dürfen zum Bürgerentscheid aufrufen. Im Gemeindegesetz ist alles in Titel IV, Kapitel 3 über die „kommunalen Bürgerentscheide“, in den Artikel 99 bis 104 geregelt.

Der Bürgerentscheid darf sich nur auf Fragen der lokalen Verwaltung über spezifische Investitionen in der Kommunalentwicklung, auf die Zustimmung oder Veränderung des kommunalen Entwicklungsplanes, auf die Veränderung des Bebauungsplanes oder auf andere Angelegenheiten des Interesses der lokalen Gemeinschaft beziehen. Voraussetzung ist, dass diese Angelegenheiten zur Zuständigkeitssphäre der Gemeindeverwaltung gehören.

In einem Bürgerentscheid nehmen nur die Bürger teil, die im Wahlregister der Kommune eingeschrieben sind. Wenn mehr als 50 % der registrierten Wähler an dem Bürgerentscheid teilnehmen, wird das Ergebnis des Entscheids für den Bürgermeister verbindlich. Andernfalls gilt er nur als Empfehlung. Die Kosten der Bürgerentscheide werden von der Gemeindeverwaltung getragen und es ist verboten, Werbung zu machen.

VIII. Verfassungsrechtliche Zuständigkeiten der Gemeindeverwaltungen

1. Überblick

Genau wie in der Verfassung von 1925 bekamen die Gemeindeverwaltungen in der aktuellen Verfassung wichtige Aufgaben zugewiesen, die in der Regel trotz aller Anstrengungen mehrerer Gemeindeverwaltungen nicht erfüllt werden konnten. Deshalb übernehmen die Ministerien und ihre abhängigen Organen mittel- oder unmittelbar die Kontrolle über eine Vielzahl von kommunalen Aufgaben, so dass die Rolle und Bedeutung der Gemeindeverwaltung deutlich reduziert wurde.

Die größten Schwierigkeiten bei der gemeinsamen Arbeit beziehen sich auf die Abgrenzung der Zuständigkeiten zwischen Gemeindeverwaltungen und den Organen der Zentralregierung. Genau diese Zuständigkeitsfragen stellten auch das größte Problem bei der Anwendung der chilenischen Gemeindeordnung in der Vergangenheit dar. Deshalb haben Verfassungs- und Gesetzgeber versucht, die Zuständigkeiten der Gemeindeverwaltungen eindeutig und ausdrücklich zu bestimmen. Allerdings ist es aufgrund der Entwicklung der Gesellschaft oftmals nicht möglich, für die Vielzahl von Aufgaben ausdrücklich Kompetenzzuweisungen zu normieren. Darüber hinaus werden heute nicht mehr Aufgaben der Gemeindeverwaltung übertragen, da es nicht genügend Vertrauen in deren Arbeit gibt. Der Gesetzgeber möchte sich am besten alle Türen offen halten, damit die Zentralregierung Mitspracherecht hat, da sie der Ansicht ist, dass ihre Kompetenz größer als die der Gemeindeverwaltung ist.

Gleichwohl unterscheidet sich die chilenische Kommunalgesetzgebung von anderen, weil sie eine umfassende Definition der Aufgaben und Befugnisse der Gemeindeverwaltungen enthält. So bezieht sich das deutsche Grundgesetz auf alle Angelegenheiten der örtlichen Gemeinschaft, so dass alle denkbaren Aufgaben der Gemeindeverwaltungen berücksichtigt sind. Dies ermöglicht eine Anpassung der Rechtsordnung an den Wandel der Kommune.[242]

In Chile beauftragt die Verfassung den Gesetzgeber die Aufgaben und Befugnisse der Gemeindeverwaltungen zu bestimmen. Die einzige Beschränkung ist, die Aufgaben an die Natur der Institution anzupassen. Die Aufgaben der Gemeindeverwaltungen sind ausdrücklich umrissen, so dass nur die im Gesetz ausgewiesenen Stellen zuständig sind. Es wird kein eigener Wirkungsbereich gewährleistet, da keine Verfassungsnorm die Mitwirkung des Staates verbietet.

Das Gemeindegesetz unterscheidet zwischen Aufgaben – Artikel 3 und 4 – und Befugnissen – Artikel 5 – der Gemeindeverwaltungen, obwohl beide eng miteinander verbunden sind. Die Befugnisse sind die Werkzeuge, mit denen eine Aufgabe erfüllt wird. Jede Befugnis ist mit der Erfüllung von Aufgaben verbunden. Wenn eine Behörde Aufgaben bekommt, geht man davon aus, dass

242 Burgi, Kommunalrecht, S. 54. Einige Länder entschieden sich für die Abgabe an die Gemeindeverwaltungen mit einer umfassenden und gesamten Zuständigkeitskompetenz für die Befriedigung der lokalen Bedürfnisse, die in Spanien „Generalklausel" benannt wurde. Aufgrund dieser Ermächtigung dürfen die Gemeindeverwaltungen jedes Ziel verfolgen, das für die Einwohner der Kommune von Bedeutung sein kann. Im Gegenteil hat Chile sich für den Grundsatz der Spezialität entschieden, auch als „beschränkende Aufzählung" bekannt. Die Gemeindeverwaltung ist nur berechtigt, die Aufgaben, die ausdrücklich im Gesetz bestimmt sind, zu verfolgen. Fernández Richard, El municipio en relación a las estructuras administrativas, in: Gaceta Jurídica, S. 29 f.

sie auch die Befugnisse für die Erfüllung dieser Aufgaben hat.[243] In Deutschland ist hingegen der Schluss von der Befugnis auf die Aufgabe zulässig, nicht aber der Schluss von der Aufgabe auf die Befugnis.

In anderen Rechtsordnungen wird die Zuständigkeit zwischen Gemeindeverwaltungen und anderen Staatsorganen deutlich getrennt. Das ist in Chile nicht der Fall. Nur bei den exklusiven Aufgaben gibt es eine Trennung, die aber in der Praxis aufgrund der finanziellen Not der Gemeindeverwaltungen in der Regel nicht respektiert wurde.

2. Kommunale Aufgaben

Zu den Aufgaben der Gemeindeverwaltung gehören die Funktionen, die sich aus den Zielen und Zwecken der Gemeindeverwaltungen ergeben. Die vom Gesetzgeber bestimmten Aufgaben müssen das Ziel, das vom Verfassunggeber bestimmt wurde, erfüllen, nämlich der Befriedigung der Bedürfnisse der örtlichen Gemeinschaft dienen und ihre Beteiligung am wirtschaftlichen, sozialen und kulturellen Aufschwung der Kommune sichern. Die Gemeindeverwaltungen brauchen deshalb die notwendigen Fähigkeiten, um ihre Ziele zu erreichen. Sonst würden die Anforderungen der Verfassung nicht erreicht werden.

Das Gemeindegesetz unterscheidet innerhalb der Aufgaben zwischen exklusiven und obligatorischen Aufgaben – Artikel 3 – und gemeinsamen und freiwilligen Aufgaben – Artikel 4. Die exklusiven Aufgaben sind solche, die allein im Kompetenzbereich der Gemeindeverwaltungen liegen. Im Gegensatz dazu werden die gemeinsamen Aufgaben zusammen mit anderen Organen der Staatsverwaltung wahrgenommen. Beide Aufgaben müssen gemäß den geltenden Gesetzen und den allgemeinen technischen Normen, die zu diesem Zweck von den Ministerien verabschiedet wurden, ausgeführt werden.

Die Aufgaben des Artikels 3 des Gemeindegesetzes sind diejenigen, die in der Lehre als exklusive, obligatorische, besondere oder wesentliche Aufgaben bekannt sind. Solche Aufgaben müssen von den Gemeindeverwaltungen erfüllt werden. Es handelt sich um die grundlegenden Aufgaben der Kommunalverwaltung.

Die exklusiven Aufgaben des Artikels 3 des Gemeindegesetzes bestehen aus Angelegenheiten der Kommunalentwicklung, Planung der Kommune, Förderung für die Entwicklung der Gemeinschaft, Anwendung der öffentlichen Verkehrsordnung, Bau- und Bebauungsplanung und Ordnung, Sauberkeit und Verschönerung der Kommune.

Die Aufgaben des Artikels 4 des Gemeindegesetzes werden von der Lehre im Gegensatz zu den exklusiven Aufgaben als gemeinsame, fakultative, gesam-

243 Errázuriz Eguiguren, Nueva Ley de Municipalidades y Consejos de Desarrollo Comunal, S. 7.

te und gemischte Aufgaben bezeichnet. Sie sind diejenigen Aufgaben, die gleichzeitig von den Gemeindeverwaltungen und anderen Staatsorganen wahrgenommen werden können. Das Gesetz nutzt das Modalverb „können“, um den freiwilligen Charakter dieser Aufgaben zu betonen.

Diese gemeinsamen Aufgaben beziehen sich auf die Bildung und Kultur, die öffentliche Gesundheit und den Umweltschutz, die soziale und rechtliche Hilfe, die Ausbildung, die Förderung der Beschäftigung und die Förderung der Produktion, des Tourismus, des Sports und der Erholung, die Städteplanung und Stadt- und Landbefahrbarkeit, den sozialen Wohnungsbau und die Infrastruktur des Gesundheitswesens, die öffentlichen Verkehrsmittel, die Unfallverhütung und die Mithilfe in Notfällen oder Katastrophen, die Unterstützung und Förderung von Präventivmaßnahmen im Bereich der öffentlichen Sicherheit und die Unterstützung bei ihrer Umsetzung, die Förderung der Gleichberechtigung von Frauen und Männern und die Förderung von Aktivitäten die von gemeinsamen Interesse auf lokaler Ebene sind.

Trotz der Entscheidung des Verfassunggebers für den Grundsatz der Spezialität hat das Gesetz nicht deutlich und umfassend die Aufgaben der Gemeindeverwaltungen bestimmt, was zu einer Reihe von rechtlichen Schwierigkeiten führt. Genau dies wollte der Verfassunggeber aufgrund der schlechten Erfahrungen der Vergangenheit vermeiden. Das Problem ergibt sich aus den gemeinsamen Aufgaben, die aufgrund ihres großen Umfangs zu einer falschen Auslegung führen können. An welcher Stelle die Grenzen bei der Beteiligung der Organe sind, kann niemand feststellen. Aufgrund dieser Unsicherheit und des Mangels an Ressourcen müssen die Gemeindeverwaltungen die Einmischungen der Zentralregierung akzeptieren. Die Opfer dieser Unklarheit sind die Bürger, denn immer, wenn eine Aufgabe nicht erfüllt ist, beschuldigen die Gemeindeverwaltungen und die Staatsorgane sich gegenseitig.

3. Kommunale Befugnisse

Die Verleihung von Aufgaben an die Gemeindeverwaltungen hat zur Folge, dass sie für ihre Erfüllung ordnungsgemäße Befugnisse benötigen. Sie können nach ihrer Bedeutung, Art und Stellung in wesentliche und nicht wesentliche Befugnisse eingeteilt werden. Die wesentlichen Befugnisse, auf die sich der Artikel 118 Absatz 5 der Verfassung bezieht, befinden sich ausdrücklich in Artikel 5 Absatz 1 des Gemeindegesetzes und werden so exakt umschrieben, um sie von den nicht wesentlichen Befugnissen zu unterscheiden, die in allgemeinen Gesetzen aufgeführt sind. Die nicht wesentlichen Befugnisse dürfen die Existenz und Ausführung von Aufgaben und Befugnissen, die im Gemeindegesetz bestimmt sind, nicht beeinträchtigen, erschweren oder behindern, denn die Bestimmung der kommunalen Befugnisse war per se abschließend im Verfassungsorgangesetz geregelt. Weitere nicht wesentliche Kompetenzen enthielt noch das Gemeinschaftsorganisationsgesetz (ley de organizaciones comunitarias), das Alkoholgesetz (ley de alcoholes), das lokale Polizeigerichtsgesetz (ley de policía local), das kommunale Einkünfte-Gesetz, das Casinogesetz etc.[244]

Der Begriff „wesentlich" wird herangezogen, um zu betonen, dass diese Befugnisse eng mit den Gemeindeverwaltungen verbunden sind, die aufgrund ihrer Natur im Gemeindegesetz bestimmt werden müssen. Die wesentlichen Befugnisse, die ausdrücklich in Artikel 5 des Gemeindegesetzes bestimmt sind, beziehen sich auf die Planung, Finanzierung, Güterverwaltung, die Beschlussfähigkeit, die Förderung und die Beteiligung.

IX. Befugnisse der Gemeindeverwaltung nach den vom Staat übertragenen Zuständigkeiten

1. Überblick

Die Militärregierung versuchte ab 1973 die Zentral- und Staatspolitik der sozialistischen Regierung abzuschaffen. Dies geschah nicht nur in der Wirtschaft, sondern auch bei einer Reihe von Dienstleistungen, die trotz der Kontrolle des Staates von dezentralisierten Organen verwaltet wurden. In diesem Sinne wurden den Gemeindeverwaltungen zahlreiche neue Aufgaben zugeteilt, wie die Verwaltung von Friedhöfen durch das Gesetz Nr. 18.096 vom 25. Januar 1982. Den wichtigsten Punkt dieses Prozesses bildete die Übertragung der Kompetenzen im Bereich der Bildung, Gesundheit und Pflege von Kindern auf die Gemeindeverwaltungen.

Der Artikel 38 Absatz 8 ff. des Gesetzesdekrets Nr. 3.063 von 1979 über die kommunalen Einkünfte ermächtigte die Gemeindeverwaltungen zur Ausübung von Dienstleistungen, die von öffentlichen Einrichtungen bis zu diesem Zeitpunkt ausgeübt wurden. Die Ministerien bekamen damit die Erlaubnis zur Übertragung von folgenden Aufgaben an die Gemeindeverwaltungen: Primärbereich und Sekundärstufe I (Mittelstufe) des Bildungssystems, einfache Gesundheitsversorgungen und Pflege von Kindern – die vorher von Zentralagenturen des Staates verwaltet wurden. Die Regeln und das Verfahren zur Vervollkommnung der Übertragung von Leistungen wurden durch das Gesetzesdekret Nr. 1-3.063 vom 13. Juni 1980 geregelt. Im Bereich der Bildung verwirklicht es sich durch die Übertragung des Eigentums an Schulen auf die Kommune. Andererseits wurde im Bereich der Gesundheit nur eine vorübergehende Übertragung durch Leihgabeverträge erreicht.

---

244 Entscheidung des chilenischen Verfassungsgerichts vom 19. April 1988, Rol N° 54.

Die Übergabe konkretisierte sich in einem Abkommen zwischen dem Ministerium und der jeweiligen Gemeindeverwaltung. Jedes Abkommen beschrieb vollständig die Leistung, die beweglichen und unbeweglichen Vermögen, die finanziellen Mittel und das übertragende Personal. Das Abkommen musste durch ein Dekret des jeweiligen Ministeriums verabschiedet und im Amtsblatt veröffentlicht werden. Die übertragenen finanziellen Mittel dürfen aber nicht höher als die existierenden Ausgaben des Staates sein.[245]

Um die gesetzliche Auflistung des Personals der Gemeindeverwaltung nicht zu verzerren, wurde festgelegt, dass das übertragene Personal nicht als Gemeindepersonal berücksichtigt werden darf. Für sie galten entweder die Regeln des Privatsektors oder die speziellen Satzungen für das Personal der Bildung und Gesundheit.

In Bezug auf die Verwaltung solcher Angelegenheiten muss man sich klar machen, dass die Übertragung nicht bedeutet, dass der Staat durch seine Ministerien nicht mehr mitwirken darf. Der Staat führt durch seine spezialisierten Organe die Fachaufsicht über die Gemeindeverwaltungen durch, so dass er sich immer einmischen darf.

Die Verwaltungen der neu übertragenen Aufgaben wurden von neu geschaffenen speziellen Abteilungen der Gemeindeverwaltungen geführt oder von eigenständigen Körperschaften, die speziell für diesen Zweck geschaffen wurden. Diese Bildungs- und Gesundheitskörperschaft wurde nur bis zum 30. April 1988 erlaubt, da das Verfassungsgericht die Gründung von solchen Körperschaften für verfassungswidrig erklärt hat.[246]

Die beweglichen und unbeweglichen Sachen, die an die Gemeindeverwaltungen übertragen wurden, sind den für die Kommunalgüter geltenden Regeln unterworfen. Für jede übertragene Aufgabe muss die Gemeindeverwaltung getrennte Budgets haben und ihre Einnahmen dürfen nicht zur Finanzierung der Betriebskosten der Gemeindeverwaltung ausgenutzt werden.

2. Erziehungswesen

a. Geschichtliche Entwicklung des chilenischen Bildungssystems

Die Bildung ist eines der wichtigsten Mechanismen zur Überwindung der Armut. Nicht nur die Familien gewinnen mit der Ausbildung ihrer Mitglieder, sondern die gesamte Gesellschaft. Der Staat selbst profitiert von den besseren Fähigkeiten seiner Mitglieder, die dann sich aktiv und effizient in die Entschei-

245 Morales Palacios, De los Servicios Traspasados a las Municipalidades, S. 14 f.

246 Entscheidung des chilenischen Verfassungsgerichts vom 29. Februar 1988, Rol Nr. 50, zusammengestellt in: Fallo del Tribunal Constitucional pronunciados entre el 23 de diciembre de 1985 y el 23 de junio de 1992, S. 120.

dungen der Behörden einmischen können. Deshalb ist es kein Wunder, dass die Verfassung das Recht auf Bildung gewährleistet. Sie stellt fest, dass die Bildung die volle Entfaltung des Einzelnen in den verschiedenen Phasen seines Lebens als Ziel hat.

Bereits am Anfang der Republik bekam die Unabhängigkeitsbewegung in Chile aufgrund des Analphabetismus der Bevölkerung wenig Unterstützung. Es wurde nachgewiesen, je ungebildeter eine Gesellschaft ist, desto mehr versucht sie, ihre alten Gewohnheiten und Bräuche zu behalten, wie es oft in der Geschichte der Menschen geschah.[247] Viele verstanden damals nicht die Gründe der Unabhängigkeit und fanden es nicht nötig, für die Freiheit und das Wohl der Gemeinschaft zu kämpfen. Die Verständnislosigkeit und der Analphabetismus der Gesellschaft führten oft zu Missbräuchen der Regierung. Keine andere Bedeutung hatten die Worte einer der Väter der Republik Chiles, Juan Egaña, der in seiner Rede vom 10. August 1813 während der Eröffnung des Nationalinstituts (Instituto Nacional) sagte: „300 Jahre waren Sie Sklaven, weil Sie mit Ignoranz betrogen wurden, welche die starke Kette von den Tyrannen ist. Wenn Sie frei wie die Männer sein wollen, ist es notwendig, dass Sie gebildet seien. Andererseits wird Ihre Freiheit, wie die Freiheit von den Bestien sein."[248]

Seit den ersten Jahren der Republik spielten die chilenischen Gemeindeverwaltungen eine entscheidende Rolle für die Bildung des Landes. Sie waren für die Finanzierung, Organisation, Förderung, Überwachung und Kontrolle der Ausbildung zuständig. Solche Aufgaben wurden sogar ausdrücklich in einigen Verfassungen genannt, wie in Artikel 122 Nr. 5 der Verfassung von 1828, Artikel 128 Nr. 2 und 3 der Verfassung von 1833 und Artikel 105 Nr. 2 und 3 der Verfassung von 1925. Trotz des ausdrücklichen Willens des Verfassunggebers begann der Staat sich langsam in das Bildungssystem des Landes einzumischen. Die Zentralregierung wollte den großen Einfluss der privaten Schulen bekämpfen, die von religiösen Ordensgemeinschaften verwaltet wurden und eine große Konkurrenz für das freie Bildungssystem des Staates waren. Im Jahre 1860 wurde das Gesetz über die Primärbildung erlassen, die in Bezug auf unser Thema den Gemeindeverwaltungen eine ihrer alten und wichtigen Aufgaben abgenommen hat, nämlich die Bildung.[249] Seitdem wurden die Entscheidungsbefugnisse der Gemeindeverwaltungen im Bereich der Bildung abgezogen, um die Entscheidungsprozesse zu zentralisieren. Diese Neustrukturierung der Bildung wurde nur für die Dauer der Geltung des Gesetzes der kommunalen Selbstverwaltung unterbrochen. Allerdings hatte man aufgrund der Unfähigkeit und der

247 Heise González, Historia Constitucional de Chile, S. 26.

248 Egaña, Juan: *Discurso Ceremonia de Inauguración Instituto Nacional el 10 de agosto de 1813*, zitiert von Heise González, Historia Constitucional de Chile, S. 29.

249 Soto Araya, La Municipalidad, S. 23.

schwierigen finanziellen Lage der Kommunen nicht viel Vertrauen in die Gemeindeverwaltungen.

Am 26. August 1920 wurde ein neues Gesetz über obligatorische Primärbildung erlassen. Der Staat zeigt sich als großer Garant der Bildung im Land und verpflichtet sich zur Sicherstellung eines freien Zugangs zu Bildungseinrichtungen für alle. Die Verfassung von 1925 erklärte, dass die Bildung im Mittelpunkt der Aufgaben des Staates stand. Die Rolle des Staates bei der Kontrolle und die Organisation der Bildung im ganzen Land wurde mit der Errichtung des Ministeriums für Bildung im Jahre 1927 gefestigt. Zur Schaffung eines zentralisierten Bildungssystems wurde eine ausführliche Verordnung über pädagogische und administrative Aspekte erlassen.

Seit damals begann in Chile eine Periode von Bildungsreformen, die die Mitwirkung und Einmischung des Staates erweiterten. Die erste Reform kam im Jahre 1928 und bezog sich auf die Demokratisierung der Bildung, die Konstruktion eines Bildungsstaates, die Modernisierung der Erziehungsmethoden und die Anpassung des chilenischen Bildungsmodells an die Bedürfnisse des Landes. Diese Reform scheiterte aufgrund ihrer ideologischen Überzeugungen. Ab 1950 nahm die Regierung die Idee der Durchführung radikaler Bildungsreformen wieder auf. Im Jahre 1965 setzte die Regierung vom Präsident Eduardo Frei Montalva eine strebsame Reform in Bewegung, die die Bildungsbedarfsdeckung verbessern sollte. Die Regierung von Salvador Allende wollte viel weiter gehen und das gesamte Bildungssystem durch die Schaffung des Systems der „vereinten Nationalschule" (Escuela Nacional Unificada) umstrukturieren. Das Projekt wurde heftig kritisiert und nach viel Opposition und aufgeheizten Diskussionen im Parlament wurde der Entwurf im Kongress zurückgezogen.

Nach der Übernahme der Macht im Jahre 1973 versuchte die Militärjunta die starke Zentralisierung des Landes abzuschaffen. Die Einmischung des Staates war in vielen Bereichen zu hoch. Aus diesem Grund wurde das Gesetzesdekret Nr. 3.063 von 1979 über die kommunalen Einkünfte erlassen, die die Übertragung der Schulverwaltung an die Gemeindeverwaltungen und den privaten Sektor ermöglichte. Das Ministerium für Bildung blieb nur als Aufsichts- und Ordnungsorgan. Auf diese Weise versuchte die Regierung die staatlichen Ressourcen und die Effizienz des Systems besser zu steuern. Der Prozess der Übertragung der Verwaltung der Bildungsanstalten des Landes an die Gemeindeverwaltungen wurde im Januar 1987 geschlossen.

b. Besonderheiten des chilenischen Bildungssystems auf kommunaler Ebene

Nach dem alten System war das Ministerium für Bildung der Arbeitsgeber. Aufgrund der Übertragung wurde das alte Personal von den Gemeindeverwaltungen mittels eines privatrechtlichen Vertrags eingestellt. Die Lehrer wurden erst seit Erlass des Gesetzes Nr. 19.070 vom 1. Juli 1991 über die Bildungssatzung wieder als Staatsbeamte betrachtet.

Das übertragene Personal bekam die gleiche Entlohnung, so dass die Gemeindeverwaltungen die höheren Kosten der Krankenversicherung und Rentenkasse des Personals übernehmen mussten. Das Gehalt des Personals wurde über die Jahre nicht angepasst, so dass die Entlohnungen der Lehrer in öffentlichen Schulen sehr niedrig ist, was sich negativ für die Qualität der Bildung dieser Schulen ausgewirkt hat. Die Lehrer haben Anspruch auf einen Mindestlohn, der auf nationaler Ebene für jede einzelne Bildungsebene bestimmt wird. Der Mindestlohn ergibt sich aus der Multiplikation zwischen dem kleinsten Wert, der vom Gesetz für eine Stunde bestimmt wurde, und der Anzahl von Stunden, für die ein Lehrer eingestellt wurde.

Einige Schulen blieben unter dem Obhut einer Gemeindeverwaltung, andere wurden an den Privatsektor übertragen. Diese letzten Schulen bekamen eine finanzielle Unterstützung des Staates, nämlich eine Staatssubventionierung. Für die Verwaltung der Schulen durften die Gemeindeverwaltungen eine Magistratsabteilung gründen, die in die innere Struktur der Gemeindeverwaltung eingegliedert wurde. Ihre Mitarbeiter durften als Stadtbeamte oder als normale Angestellte unter den Bestimmungen des allgemeinen Arbeitsgesetzes eingestellt werden. Eine andere Möglichkeit war die Gründung einer Bildungskörperschaft. Zurzeit existieren in Chile 53 Gemeindekörperschaften.

Die Regierung versuchte durch die Übertragung der Schulen an die Gemeindeverwaltungen eine aktive Beteiligung der Bürger bei der Überwachung der Bildung zu schaffen. Die Dezentralisierung der Verwaltung von Schulen sollte einem engen Kontakt zwischen Verwalter, nämlich die Gemeindeverwaltung, und Eltern dienen. Aufgrund einer schlechten Verwaltung und geringerer Ressourcen scheiterte aber das neue System. Die Gemeindeverwaltungen sind mit so vielen Aufgaben völlig überlastet. Sie können die Schulen nicht richtig verwalten und überwachen. Die Situation hat sich wegen des Mangels an Ressourcen und der niedrigen Qualität der Lehrkräfte verschlechtert, die aufgrund besserer Löhne in großer Zahl zu den privaten Schulen gewechselt sind.

Nach Zahlen von 1998 über die Mobilität der Bildung in Chile verwalteten die Gemeindeverwaltungen 6.297 Schulen, d. h. 64,4 % der Gesamtzahl der Schulen auf nationaler Ebene. In diesen Schulen waren 1.764.854 Schüler eingeschrieben, d. h. 58,5 % der Gesamtzahl auf nationaler Ebene.[250] Nach einem Bericht des Instituts *Libertad y Desarrollo* ist die Immatrikulation von Schülern in kommunalen Schulen kontinuierlich zurückgegangen und wurde sogar im Laufe der Jahre 2007 mit 45,2 % zum ersten Mal von den privaten Schulen mit Subventionierung des Staates mit 46,5 % überholt. Der Rest der Schüler, d. h.

250 Molina Guaita, Derecho Constitucional, S. 108.

6,8 %, entschied sich für Privatschulen.[251] Dies beweist, dass die Qualität des Kommunalbildungssystems niedrig ist, wie in internen Schulleistungsuntersuchungen bestätigt wurde.[252]

In Chile sind Primär- und Sekundärschulen obligatorisch. Dafür bestimmt die Verfassung von 1980, dass der Staat ein kostenloses Bildungssystem für diese zwei Stufen anbieten muss, um den freien Zugang der Bevölkerung zu gewährleisten. So bildete sich in Chile ein System freier Bildung, eines mit gemeinsamer Finanzierung vom Staat und Eltern und eines mit privater Finanzierung. Die Schulen mit gemeinsamer Finanzierung sind als Ersatzschulen anerkannt und ihre Kosten werden großenteils vom Staat erstattet. Die Privatschulen finanzieren sich mit dem Schulgeld. Diese Gebühr, die die Erziehungsberechtigten für den Schulbesuch des Kindes bezahlen müssen, ist in den chilenischen Privatschulen sehr hoch, was ein Hindernis für den Schulbesuch armer Kinder darstellt. Die Gemeindeverwaltungen sind für die kostenlose Bildung der Kinder zuständig und müssen die Schulen für die Kinder, deren Eltern das erforderliche Geld für die Bezahlung anderer Schulen nicht aufbringen können, verwalten. Leider ist die Qualität solcher kostenloser staatlicher Schulen sehr gering und die Kinder bekommen in der Regel eine nicht ausreichende Erziehung. Der Staat übernimmt die Aufsicht über das gesamte Schulwesen, so dass alle Schulen in Chile unter der gleichen Kontrolle stehen.

Die Finanzierung von staatlichen Schulen und privaten Ersatzschulen ist im Gesetzesdekret Nr. 2 von 1998 des Ministeriums für Bildung bestimmt. Die Träger einer Schule bekommen einen monatlichen Zuschuss, je nachdem wie hoch die durchschnittliche Anwesenheit seiner Schüler ist. Zusätzlich können die Gemeindeverwaltungen Zuschüsse oder eigene Beiträge an ihre Schulen zahlen, die die Grenze der vom Gemeindegesetz festgelegten 7 % für Beiträge anderer Organisationen überschreiten dürfen.

In den letzten Jahren versuchte die Regierung die Abdeckung und Qualität der Schulen zu verbessern. Die Regierung glaubt an die Bildung in den Händen der Gemeindeverwaltung. Trotz der schlechten Ergebnisse ist sie überzeugt, dass diese Art der Organisation die beste zur Strukturierung eines dezentralisierten Bildungssystems ist. Mit einer guten Organisation und einer ausreichenden Finanzierung können die Bedürfnisse der Bevölkerung besser befriedigt werden. Die Gemeindeverwaltungen sind zurzeit stark überfördert und können eine effiziente Verwaltung der staatlichen Schulen nicht gewährleisten. Das Bildungssystem in Chile befindet sich seit Jahren in der Krise. Der gesamte Bildungsprozess benötigt eine Umstrukturierung. Die Gemeinschaft verlangt nach

---

251 Das übrige 1,5 % bezieht sich auf andere Körperschaften.

252 Libertad y Desarrollo, Serie Temas Públicos N° 883, Educación Municipal: Cuatro Ideas Sencillas para Mejorarla, 2008, S. 1.

einem starken Anstieg der Qualität der Bildung, was die Gemeindeverwaltungen unter den aktuellen Umständen nicht gewährleisten können.

Das Bildungssystem muss trotz der schlechten Ergebnisse ein Dezentralisiertes bleiben. Wegen der unmittelbaren Nähe zur Bevölkerung haben die Gemeindeverwaltungen gewisse Vorteile gegenüber anderen öffentlichen Einrichtungen.[253] Es ist jedoch erforderlich, die Organisation der Verwaltung dieser Aufgaben zu verbessern. Viele Gemeindeverwaltungen können sogar aufgrund ihrer finanziellen Schwäche ihre Schulen nicht hinreichend unterstützen. Eine bessere Verwaltung des Bildungssystems wird dazu beitragen, dass der Staat die Finanzierung des Bildungssystems gewährleisten kann.

3. Gesundheitswesen

a. Geschichtliche Entwicklung des chilenischen Gesundheitssystems

Für die Gemeindeverwaltungen ist diese Aufgabe nicht neu. Sie war ursprünglich eine ihrer wichtigsten Aufgaben. Mit der Weiterentwicklung der Staatsverwaltung wurden andere Institutionen geschaffen, die diese Aufgabe aufgrund der Spezialisierung des Gesundheitswesens besser kontrollieren und verwalten konnten. Im Zuge der Aufgabenverteilung setzten die Verfassungen fest, dass die Gemeindeverwaltungen, ähnlich wie im Falle der Bildung, für die Kontrolle der Krankenhäuser und die Ausübung anderer Gesundheitsmaßnahmen zuständig waren (Artikel 122 Nr. 2 und 6 der Verfassung von 1828 und Artikel 128 Nr. 1 und 4 der Verfassung von 1833). Mit der Verfassung von 1925 wurde die Aufgabe der Verwaltung von Krankenhäusern verlagert und an das Ministerium für Gesundheit weitergegeben. Somit fand die große Beteiligung der Gemeindeverwaltungen in solchen Angelegenheiten ihr Ende. Die Gemeindeverwaltungen verloren an Wichtigkeit in Bezug auf das Gesundheitswesen und der Nationalgesundheitsdienst (Servicio Nacional de Salud) übernahm die Kontrolle der Gesundheit in Chile.

Nach der Übernahme der Macht legte die Militärjunta im Jahre 1973 eine Reihe von Änderungen zur Dezentralisierung der Verwaltung der Gesundheit fest. Wie bei der Bildung übertrug das Gesetzesdekret Nr. 3.063 von 1979 über die kommunalen Einkünfte die primäre Gesundheitsversorgung auf die Gemeindeverwaltungen. Auf diese Weise wurde versucht, ihre Kenntnis über die Probleme der Bevölkerung auszunutzen, um eine bessere Verwaltung der knappen Ressourcen zu gewährleisten. Die Regierung wollte die vielfältigen ge-

253 Die Bewohner einer Kommune sind diejenigen, die an besten in der Lage sind, ihre eigenen Bedürfnisse zu erkennen und zu befriedigen. Mehr dazu Bajos, Municipio Autónomo. Antesala del Federalismo, 1. Edición, Buenos Aires, Argentina, 1985, S. 60.

sundheitlichen Bedürfnisse der Bevölkerung besser befriedigen und die langen bürokratischen Wege, wie beispielsweise die lange Dauer der Lieferung von Medikamenten und medizinischen Geräten, vereinfachen.

Auf kommunaler Ebene begann der Prozess der Wandlung im Jahre 1981. In einer ersten Phase wurden etwa 35 % der Gesundheitsanstalten auf die Gemeindeverwaltungen übertragen. Der gesamte Prozess endete im Jahre 1987, nachdem die kleinen Praxen und die allgemeinen Ambulanzkliniken auf die Gemeindeverwaltungen übertragen wurden.

b. Besonderheiten des chilenischen Gesundheitssystems auf kommunaler Ebene

In Bezug auf das Gesundheitswesen ist der Staat dazu verpflichtet, die öffentliche Gesundheit und die Hygiene des Landes zu schützen, wobei die Gemeindeverwaltungen ihn in einigen Angelegenheiten unterstützen. Die meisten Gesundheitsaufgaben liegen in den Händen nationaler und regionaler Staatsorgane. Es wurde nachgewiesen, dass die Gemeindeverwaltungen aufgrund ihrer unmittelbaren Nähe zu der Bevölkerung wertvolle Arbeit in diesem Bereich leisten können. Sie sind in der Lage, schneller als der Staat auf die Gesundheitsanforderungen der Einwohner zu reagieren.

Der Staat hat die Aufsicht über das ganze Gesundheitswesen, so dass alle übertragenen Gesundheitszentren unter der technischen Beaufsichtigung der regionalen Vertretungen des Ministeriums für Gesundheit stehen. Das Ministerium für Gesundheit sorgt für die Finanzierung dieser Einrichtungen nach der Anzahl der erbrachten Leistungen im vorangegangenen Monat. Jede Gemeindeverwaltung hat trotzdem eine Obergrenze, die nicht überschritten werden soll. Diese Grenze wird vom Intendanten für jede Kommune der Region bestimmt.

Von den drei Ebenen des Gesundheitswesens wurde nur die erste weitgehend an die Gemeindeverwaltungen übertragen. Die Gemeindeverwaltungen verwalten kleine Praxen auf dem Land und allgemeine Ambulanzkliniken auf dem Land und in der Stadt. Die Primärstufe der Gesundheitsvorsorge umfasst eine Reihe von Maßnahmen, die in erster Linie, aber nicht ausschließlich, sich auf die Förderung, die Prävention und den Schutz der menschlichen Gesundheit und der Umwelt bezieht. Im Bereich der Erholung bezieht sich die Arbeit solcher Einrichtungen auf die stationäre und ambulante Versorgung und die Hausbesuche für leichte und oft gefragte Gesundheitsprobleme, die mit einfachen Techniken und Diagnosen behandelt werden können.[254]

Die primäre Gesundheitsversorgung ist in erster Linie durch das Gesetz Nr. 19.378 vom 13. April 1995 geregelt. In Bezug auf die Finanzierung der primären Gesundheitsversorgung bekommt jeder Träger vom Ministerium für Ge-

254 Molina Guaita, Derecho Constitucional, S. 113.

sundheit einen monatlichen Beitrag des Staates je nach den Bedürfnissen der Kommune.

Diese kommunalen Gesundheitseinrichtungen bleiben den technischen Normen, Plänen und Programmen, die vom Ministerium für Gesundheit geschaffen worden sind, unterworfen, was natürlich einer Selbstverwaltung entgegensteht. Die Träger dieser Einrichtungen dürfen untereinander Vereinbarungen abschließen, um eine gemeinsame Verwaltung zu schaffen. Darüber hinaus dürfen die Gemeindeverwaltungen eigene Ressourcen übertragen, um den großen Bedarf an Finanzierung zurückzusetzen, die sogar die Grenze des Gemeindegesetzes von 7 % für Beiträge anderer Organisationen überschreiten dürfen.

Aufgrund der Entwicklung der Art und Weise der Gesundheitsvorsorge sollen diese komplexen Aufgaben vom Staat ausgeübt werden. Darüber hinaus haben die meisten Gemeindeverwaltungen nicht die Ressourcen und logistische Kapazität, um solche Aufgaben durchzuführen. Jedoch gibt es viele Argumente zur Begründung einer Mitwirkung der Gemeindeverwaltungen in diesem Bereich. Die primäre Gesundheitsversorgung ist das Tor zum gesamten Gesundheitssystem und spielt eine Schlüsselrolle, um zu vermeiden, dass die höheren Ebenen eine große Anzahl von Patienten bekommen. Nur die Menschen, die unbedingt eine spezielle Behandlung brauchen, sollen in die höheren Ebenen der Gesundheitsversorgung verwiesen werden. Es wurde nachgewiesen, dass die primäre Gesundheitsversorgung die Einsparung von Ressourcen ermöglicht und die gesamte Effizienz des Systems verbessert. Und niemand ist besser dafür geeignet als die Gemeindeverwaltungen. Sie kennen die Bedürfnisse ihrer Bevölkerung und die Ressourcen können effizienter eingesetzt werden. Dafür muss man aber eine gewisse Organisation schaffen, die zurzeit fehlt, um Ergebnisse zu erreichen. Die Gemeindeverwaltungen sind nicht nur mit den vielen Aufgaben überfordert, sondern dürfen ihre Organisation nicht an ihre eigenen Bedürfnisse mit Selbstverwaltung anpassen. Die Einmischung des Staates verhindert eine wichtige Mitwirkung der Gemeindeverwaltungen und damit eine effiziente Erfüllung dieser Aufgabe.

4. Kinderbetreuung

Die Gemeindeverwaltungen nahmen auch die öffentliche Aufgabe der Pflege von Kindern an und helfen damit dem Nationaldienst für Minderjährige *(Servicio Nacional de Menores*, abgekürzt *SENAME)*. Der Nationaldienst für Minderjährige ist eine Agentur des Justizministeriums, die für die Durchführung der erforderlichen Maßnahmen zur Unterstützung oder zum Schutz von Minderjährigen und für die Anregung, Anleitung, Koordination und technische Überwachung der Arbeit von zuständigen öffentlichen oder privaten Einrichtungen, die in diesem Bereich mithelfen, zuständig ist.

Aufgrund des Artikels 4 c) des Gemeindegesetzes dürfen die Gemeindeverwaltungen sich in diesen Bereich einmischen. Die Gemeindeverwaltungen dürfen unmittelbar oder zusammen mit anderen Organen der Staatsverwaltung Aufgaben ausüben, die sich auf das Sozialwesen beziehen. Das Gesetzesdekret Nr. 1-3.063 von 1980 ermächtigt ausdrücklich die Gemeindeverwaltungen, Institutionen zur Pflege von Kindern zu verwalten. Dafür übertrug der Nationaldienst für Minderjährige ein paar ihrer Einrichtungen an die Gemeindeverwaltungen. Sie verwalten diese Einrichtungen entweder unmittelbar oder durch eine Körperschaft.

Die Finanzierung dieser Einrichtungen verwirklicht sich durch staatliche Subventionen, die im Gesetzesdekret Nr. 1.385 von 1980 bestimmt wurden. Unter anderen besagt diese Norm, dass der Zuschuss des Staates in den öffentlichen Organen nicht für die Bezahlung des Personals verwendet werden darf.

Genauso wie die anderen übertragenen Dienstleistungen befinden sich die Einrichtungen für Pflege von Kindern unter der Fachaufsicht einer Zentralverwaltungsbehörde, in diesem Fall dem Nationaldienst für Minderjährige. Er darf wegen der Verwendung öffentlicher Ressourcen Betriebs- und Buchprüfungen in diesen Einrichtungen durchführen, administrative Sanktionen erteilen, schwere Verletzungen des Gesetzes anzeigen und als Partei in solchen Verfahren ihre Meinung mitteilen.

5. Schlussbetrachtung

Die Übertragung von neuen Zuständigkeiten bedeutet keine Vermehrung der kommunalen Selbstverwaltung aufgrund der begrenzten Befugnisse. Die Gemeindeverwaltungen wurden nur als durchführende Organe der Zentralverwaltung betrachtet, um die Beschlüsse der Regierung effizienter umsetzen zu können. Die Gemeindeverwaltungen bekamen damit keine Befugnisse, sondern fast nur die Aufgabe der Umsetzung einer zentralkontrollierten Funktion. Deshalb ist dieser Prozess keine echte administrative Dezentralisierung der Verwaltung.

X. Kommunale Einnahmen

1. Überblick

Einer der wichtigsten Instrumente zur Förderung der Dezentralisierung des Landes ist die Schaffung eines wirksamen Gesetzes über die kommunalen Einkünfte. Nur so können die Gemeindeverwaltungen die von der Verfassung gewährleistete Autonomie ausüben. Die begrenzte Verfügbarkeit von finanziellen Mitteln für die Lösung von lokalen Problemen fordert von den Behörden Effizienz und Optimierung. Die Optimierung kann nur erreicht werden, wenn die Ressourcen von den zuständigen Einheiten direkt verwaltet werden.

Die einzige Möglichkeit, damit die Gemeindeverwaltungen ihre eigenen Zwecke erfüllen können, ist die Schaffung einer definierten und angemessenen Finanzierung. Ohne eine klare Finanzierung ihrer Tätigkeit kann man keine Planung schaffen. Eine ausreichende finanzielle Unterstützung hängt in vielen Fällen von den guten Beziehungen mit der Zentralregierung oder ihrer Großherzigkeit ab.

2. Besonderheiten der Finanzstruktur der Kommunen

Die chilenische Regierung erkennt an, dass die Gemeindeverwaltung zurzeit die einzige öffentliche Einrichtung im Land ist, die in den 346 Kommunen vertreten ist. Sie kümmern sich um die rund 60 % der Bildung der chilenischen Kinder und um die rund 50 % der primären Gesundheitsversorgung, so dass viele wichtige soziale staatliche Subventionen über sie fließen. Nach Meinung der Regierung haben die Gemeindeverwaltungen eine wachsende Reihe von komplexen Aufgaben und Verantwortungen in den letzten Jahren bekommen, die ihre aktuelle Finanzstruktur überschreitet. Aus diesem Grund wurden in den letzten Jahren in diesem Bereich zwei wichtige Gesetzänderungen zur Erhöhung der kommunalen Ressourcen und zur Verbesserung des Mechanismus des kommunalen Finanzausgleichsfonds verabschiedet (Gesetz Nr. 19.704 von 2000 und Nr. 20.033 von 2005).[255]

Der kommunale Finanzausgleichsfonds ist ein wichtiges Instrument zur Finanzierung der Gemeindeverwaltungen. Er wurde als ein solidarischer Mechanismus der Umverteilung von den finanziellen Ressourcen der Gemeindeverwaltungen des Landes geschaffen, um die Einnahmen von finanzschwachen und finanzstarken Gemeindeverwaltungen zu vergleichen. Damit können kleine und arme Gemeindeverwaltungen zusätzliche Ressourcen bekommen, die für die Finanzierung ihrer Funktionsfähigkeit wesentlich sind. Ohne diese Unterstützung würden viele Gemeindeverwaltungen nicht existieren können. Das Innenministerium verwaltet den kommunalen Finanzausgleichsfonds durch den Staatssekretär für regionale und administrative Entwicklung. Das allgemeine Schatzamt der Republik (Tesorería General de la República) ist für die Einkünfte und spätere Verteilung der Ressourcen zuständig.

Nach Meinung der Regierung ist der kommunale Finanzausgleichsfonds seit seiner Gründung wesentlich gestiegen. Seine aktuelle Zusammensetzung ist viel mehr wert als in den ersten Jahren. In der Zeit zwischen 1990 und 2004

---

255 Siehe Gesetzentwurf des Präsidenten der Republik, der das Gesetz Nr. 17.235 über die Grundsteuer, das Gesetzesdekret Nr. 3.063 über die kommunalen Einkünfte, das Gemeindegesetz und die Befugnis der Gemeindeverwaltungen zur Erteilung von angezeigten Schuldenerlassungen verändert hat, Gesetzentwurf Nr. 232-345, Formular Nr. 2.892-06 vom 21. Februar 2002.

sind die Einnahmen des Fonds um mehr als 270 % gestiegen, von 115 Milliarden Pesos im Jahre 1990 auf fast 430 Milliarden Pesos im Jahre 2004. Die Zahlen des Jahres 2005 zeigen eine starke Abhängigkeit der Gemeindeverwaltungen von diesem Fonds. Die 77 % der chilenischen Gemeindeverwaltungen hatten im Jahre 2005 eine Abhängigkeit von über 50 % ihres Einkommens, in den 44 Gemeindeverwaltungen mit weniger als 5.000 Einwohnern war die Abhängigkeit mehr als 80 %.[256]

Die Gemeindeverwaltungen haben gemäß Artikel 122 der Verfassung die Autonomie für die Verwaltung ihrer Finanzen, was in Artikel 14 des Gemeindegesetzes festgelegt wurde. Allerdings gewährleistet diese Autonomie keine absolute Unabhängigkeit, denn die Gemeindeverwaltungen richten sich in diesem Bereich nach den Vorschriften der staatlichen Finanzverwaltung. Ihre Buchführung muss mit den nationalen Rechnungslegungsstandards nach den Anweisungen des Allgemeinen Chilenischen Rechnungshofs übereinstimmen.

Der Grundsatz der Finanzautonomie soll umgesetzt werden, damit er wirklich wirkt. Es ist nicht nur notwendig einen Mindestanteil der öffentlichen Mittel für die Gemeindeverwaltungen sicherzustellen, sondern die Verfassung soll gewährleisten, dass keine Aufgabe an die Gemeindeverwaltungen übertragen wird, bevor ausreichende Mittel für ihre ordnungsgemäße Durchführung zur Verfügung stehen. In diesem Sinne regelte die Gemeindegesetzreform von 1999 in Artikel 5 Absatz 4, dass jede neue Aufgabe, die auf die Gemeindeverwaltungen übertragen wird, die jeweilige Finanzierung bestimmen muss. Allerdings haben spätere Gesetze sie aufgrund der Unanwendbarkeit dieser Norm nicht befolgt. Diese Vorschrift muss in der Verfassung geregelt werden und nicht im Gesetz. Aus diesem Grund wurde ein Entwurf im Jahre 2006 im Parlament zur Reform der Verfassung vorgelegt, der bis jetzt keinen Fortschritt machte.

Da es keine Selbstverwaltung ohne finanzielle Unabhängigkeit gibt, war es sehr wichtig in der Verfassung und im Gemeindegesetz auszudrücken, welche Finanzierungsquelle die Gemeindeverwaltungen haben. Gemäß Artikel 122 der Verfassung sind Gemeindeeinnahmen die Ressourcen, die im Staatshaushaltsplan für ihre Kosten vorgesehen sind, ferner diejenigen, die unmittelbar durch ein Gesetz für sie bestimmt sind, und schließlich diejenigen, die die jeweiligen Regionalregierungen für die Finanzierung der Kommunalprojekte bekommen. Die verfassungsrechtliche und gesetzliche Definition der Gemeindeverwaltungen besagt sogar ausdrücklich, dass die Gemeindeverwaltungen eigenes Vermögen besitzen. Das Vermögen einer Gemeindeverwaltung besteht gemäß Artikel 13 des Gemeindegesetzes aus Gütern und Rechten verschiedener Art, wie

---

256 Siehe Gesetzentwurf des Präsidenten der Republik, der das Gesetzesdekret Nr. 3.063 über die kommunalen Einkünfte, das Gemeindegesetz und andere Gesetze in Bezug auf den kommunalen Finanzausgleichsfonds und andere Gemeindeangelegenheiten verändert hat, Gesetzentwurf Nr. 203-353, Formular Nr. 4.040-06 vom 11. Oktober 2005.

materiellen und immateriellen Gütern, die aus verschiedenen Gründen von der Gemeindeverwaltung besessen und erworben werden, dem Beitrag der jeweiligen Regionalregierung, den Einkommen aufgrund ihrer Beteiligung im kommunalen Finanzausgleichsfonds, den Gebühren für ihre Dienstleistungen und für die Erteilung von Generalgenehmigungen und Genehmigungen, den Einkommen aufgrund ihrer Tätigkeit oder der Tätigkeit ihrer Einrichtungen, den Einkommen von Steuern, die die Gemeindeverwaltungen laut Gesetzes einsammeln dürfen, den Geldbußen und Zinsen zum Vorteil der Staatskasse und anderen Einkünften, die zu den Gemeindeverwaltungen im Rahmen bestehender Gesetze gehören.

In Bezug auf die Einsammlung von Steuern gibt es für die Gemeindeverwaltungen gemäß Artikel 19 Nr. 20 Absatz 4 der Verfassung eine besondere Regelung. Trotz des Verbots zur Nutzung von Steuern auf ein bestimmtes Ziel nennt die Verfassung unter den Ausnahmen die Steuern, die eine klare regionale oder lokale Identität haben. Sie dürfen von den Regionalregierungen oder Gemeindeverwaltungen zur Finanzierung von Entwicklungsarbeiten angewendet werden. Im Gemeindegesetz stand in seiner ursprünglichen Fassung, dass die Gemeindeverwaltungen solche Einnahmen auch für ihre eigenen Zwecke verwenden dürfen. Das chilenische Verfassungsgericht erklärte jedoch diese Bestimmung für verfassungswidrig, denn laut Verfassung dürfen diese Ressourcen nur zur Finanzierung von Entwicklungsarbeiten verwendet werden.

Grundsteuer, Gebühren auf die Berufserlaubnis, gewerbliche Patente auf die Erlaubnis für den Verkauf und den Konsum von alkoholischen Getränken in Gaststätten und andere Gebühren für die Durchführung von Aktivitäten mit klarem lokalen Bezug, die hauptsächlich zur Finanzierung der Betriebskosten der Gemeindeverwaltungen benutzt werden, verstoßen gegen die Bestimmung des Artikels 19 Nr. 20 der Verfassung. Allerdings sagt der Verfassunggeber ausdrücklich in der Übergangsvorschrift Nr. 6 der Verfassung, dass die bestehenden Gesetze, die vor dem Tag der Verabschiedung dieser Verfassung Steuern für die Finanzierung solcher Aktivitäten festgelegt haben, rechtswirksam bleiben, sofern sie nicht aufgehoben werden. Obwohl es nicht mehr möglich ist, solche Steuern zu erheben, ist es immer noch möglich die bereits vorhandenen Steuern zu erheben, die in der Tat zurzeit die wichtigste Quelle für die Finanzierung der Gemeindeverwaltungen sind. Die Regierung versuchte mit einem Verfassungsreformentwurf im Jahre 1991 durchzusetzen, dass die regionalen Regierungen und die Gemeindeverwaltungen alle von ihnen erhobenen Steuern für die Finanzierung ihrer Betriebskosten nutzen dürfen, aber das Parlament lehnte ihn ab.

Die wichtigste Bestimmung über kommunale Einnahmen ist das Gesetzesdekret Nr. 3.063 von 1979 über die kommunalen Einkünfte, das durch das Dekret Nr. 2.385 von 1996 des Innenministeriums bestätigt und systematisiert wurde. Allerdings gibt es noch eine Reihe von besonderen Gesetzen, die Ressourcen für die Gemeindeverwaltungen bestimmen, wie zum Beispiel das allgemeine Bau- und Planungsgesetz (ley general de urbanismo y construcciones), das Wahl- und Abstimmungsgesetz (ley orgánica constitucional sobre votaciones populares y escrutinios), das Alkoholgesetz (ley sobre expendio y consumo de bebidas alcohólicas), das Markengesetz (ley sobre registro de marcas) und weitere Gesetze, die nur einige Gemeindeverwaltungen begünstigen, wie das Casinogesetz.

Schließlich sei noch Artikel 32 des Gemeindegesetzes erwähnt, der besagt, dass die Gemeindegüter unpfändbar sind. Der Gesetzgeber wollte damit die öffentliche Tätigkeit der Gemeindeverwaltungen bewahren, um die Erfüllung ihrer Aufgaben nicht in Gefahr zu bringen.

G. Schlussbetrachtung und Ausblick

Die Verfassung von 1980 schreibt das Modell des Einheitsstaates fest und sieht eine einheitliche Verwaltungsorganisation vor. Ein wichtiges Merkmal der chilenischen Verwaltungsorganisation ist daher der hohe Grad der Abhängigkeit der Gemeindeverwaltungen von der Zentralregierung. Artikel 24 der chilenischen Verfassung stellt fest, dass die politische und administrative Staatsverwaltung dem Präsidenten der Republik obliegt. Dies ist ein Merkmal des Präsidialsystems Chiles, in welchem der Präsident der Republik als Machtzentrum des politischen Systems gilt. Er genießt eine einflussreiche Stellung und die gesamte Organisation der Staatsverwaltung steht unter seiner Kontrolle. Auf regionaler oder provinzialer Ebene übt er seine Macht durch seine Vertreter aus. Sowohl die Intendanten an der Spitze der Regionen als auch die Gouverneure an der Spitze der Provinzen sind von ihm ernannt und können von ihm jederzeit entlassen werden.

Die Verfassung erkennt den Regionen als Gebietseinheiten keine autonome Rechtspersönlichkeit zu. Sie genießen auch keine Legislativbefugnisse. Die aktuellen 54 Provinzen in Chile wurden hinsichtlich ihrer Funktionen durch die Regionen ersetzt. Das politische und administrative Verwaltungsorgan der Provinz, die Provinzregierung (Gobernación), ist ein territoriales, dekonzentriertes Organ des Intendanten, das für die Erleichterung seiner Arbeit und für die Verwaltung des gesamten Gebietes der Region geschaffen wurde.

Die Verfassung und das Gemeindegesetz stellen fest, dass die Gemeindeverwaltungen keine politischen Organe sind. Sie kümmern sich nur um die administrative Verwaltung. Die Gemeindeverwaltungen besitzen also keine politischen Befugnisse. Diese sind ausschließlich nur den von der Verfassung genannten Organen vorbehalten, wie dem Präsidenten der Republik, den Ministerien und eingeschränkt den Intendanten und Gouverneuren. Dies hat zur Folge, dass es in Chile keine echte kommunale Selbstverwaltung gibt, weil zur Selbstverwaltung auch politische Befugnisse gehören. Die Gemeindeverwaltungen sind als Teil der Staatsverwaltung nur Organe, die sich um die Verwaltung der jeweiligen Kommunen sorgen und damit die unterste Stufe im staatlichen Verwaltungsbau darstellen. Als Teil der Verwaltungsorganisation des Staates sind die Gemeindeverwaltungen in hohem Maße von der Zentralregierung abhängig. Sie sind nicht in der Lage, selbstständig die Angelegenheiten der örtlichen Gemeinschaft zu bearbeiten, so dass sie immer auf Hilfe der Zentralregierung angewiesen sind. Sie können lediglich die Zentralregierung bei der Umsetzung ihrer Programme auf dem jeweiligen Gebiet der Kommune unterstützen. Um die Ordnung aufrechtzuerhalten, benötigt die Zentralregierung zudem die finanzielle Kontrolle über die Gemeindeverwaltungen, um koordiniert und effizient handeln zu können. Insgesamt ist also die Stellung der Gemeindeverwaltungen als Instanz für die Verwirklichung der politischen Beteiligung der örtlichen Gemeinschaft stark eingeschränkt. Das chilenische Rechtssystem versteht die Gemeindeverwaltung nur als ein beratendes oder ausführendes Organ der Zentralregierung mit wenig Macht, was der Beteiligung der örtlichen Gemeinschaft nicht zugute kommt. Die chilenische Verfassung überließ allerdings dem Gesetzgeber die Festlegung der kommunalen Zuständigkeiten. Das Gemeindegesetz legt die Aufgaben ausdrücklich fest, für deren Bewältigung die Gemeindeverwaltungen ohne Einmischung anderer Organe zuständig sind. Es existiert in Chile allerdings keine verfassungsrechtliche Bestimmung, die den Gemeindeverwaltungen das Recht auf einen Kompetenzbereich einräumte. Weder die Verfassung noch das Gemeindegesetz enthalten die Garantie, dass Gemeindeverwaltungen die Angelegenheiten der örtlichen Gemeinschaft selbst regeln können. Die Gemeindeverwaltungen spielen nur eine sekundäre Rolle in der Lokalpolitik. Sie sind keine Entscheidungsorgane, sondern nur ausführende Organe der Zentralregierung.

Gleichwohl statuiert die chilenische Verfassung in Artikel 3 den Grundsatz des Einheitsstaates und ordnet etwas widersprüchlich klingend eine administrative Dezentralisierung und Dekonzentration an, die der Gesetzgeber zu respektieren hat. Der Wunsch des Verfassunggebers zur Gestaltung einer funktionalen und geografischen Dezentralisierung oder Dekonzentration des Landes ist unter diesen Voraussetzungen allerdings nur schwer umsetzbar.

Trotz der weitgehenden Übertragung von Aufgaben und Ressourcen von der Zentralregierung auf lokale Behörden kann von Dezentralisierung infolge des Mangels an Übertragung politischer Macht keine Rede sein. Die chilenische Dezentralisierung bezieht sich lediglich auf die Zuweisung von „administrativen" Aufgaben. Politische Entscheidungen dürfen die dezentralisierten und dekonzentrierten Organe nicht treffen. Deshalb erfolgt statt einer Dezentralisierung der politischen Macht nur eine territoriale Dekonzentration der Aufgaben.

Der Mangel an politischen Befugnissen bei dezentralisierten Organen und damit die Unfähigkeit, politische Entscheidungen zu treffen, verhindern bislang die Umsetzung einer echten Dezentralisierung. Im Gegenteil ist eher eine starke Tendenz zur Zentralisierung seiner politischen Institutionen festzustellen. In den letzten Jahren ist die administrative Zentralisierung des Staates durch die Schaffung neuer Organe, die unmittelbar von der Zentralregierung abhängig sind, gewachsen. Dies führt zu einer unstrukturierten Kompetenzverteilung in der öffentlichen Verwaltung. Zudem ist sie ein Beleg für den fehlenden Respekt vor der verfassungsrechtlichen Ordnung. Auf der einen Seite fordern nämlich die Verfassung und die Gesetze die Dezentralisierung im Land, auf der anderen Seite zentralisiert die Zentralregierung die Staatsverwaltung. Chile bleibt daher ein stark zentralisiertes Land, sowohl in der Politik als auch in der Verwaltung.

Um das Ziel einer effektiven öffentlichen Verwaltung zu erreichen, müsste die Staatsorganisation Chiles zielstrebig dezentralisiert werden. Die Vorschriften der Verfassung müssen umgesetzt und die Aufgaben und Befugnisse jedes Organs konkretisiert werden. Nur dann können sich die Organe effektiv um ihre eigenen Angelegenheiten kümmern. Wenn sich der Staat hingegen permanent einmischt und damit die Selbstverwaltung behindert, kann nicht die Gemeindeverwaltung für die kommunale Entwicklung verantwortlich gemacht werden, vielmehr hat der Staat die komplette Verantwortung für jede kommunale Maßnahme zu übernehmen. Wenn die einzelnen lokalen Verwaltungsträger ohne Verantwortung handeln, hält sich die Bevölkerung vom kommunalen öffentlichen Leben fern. Schon der Preußische Staatsminister Freiherr vom und zum Stein konstatierte, dass eine größere Beteiligung der Bevölkerung an der öffentlichen Verwaltung die Distanz zwischen Bürger und Staat verringern und damit den Staat stärken werde. Die Dezentralisierung ist also nicht als eine Bedrohung des Einheitsstaates zu sehen, sondern dient vielmehr der Stärkung des Staates. Der Prozess der Dezentralisierung in Chile ist bislang aber nicht in der Lage, die Beteiligung und Demokratisierung des Landes zu fördern, die der Staatsverwaltung zugute käme.

Die Zentralisierung kann nicht allein durch Erlass von Rechtsnormen abgeschafft werden. Vielmehr müssen die Führungskräfte, die Angestellten und die Bevölkerung überzeugt werden, dass eine Dezentralisierung für die Verbesserung der Staatsverwaltung und des öffentlichen Wohls zwingend erforderlich ist. Bürger und Staatsbeamte müssen also die Vorteile der Dezentralisierung kennenlernen, um sie aus eigener Überzeugung und damit erfolgreich zu realisieren. Allerdings behindert auch die regionale und kommunale Heterogenität des Landes die Entwicklung hin zur Dezentralisierung. Viele Gebiete besitzen nicht ausreichende Ressourcen und haben nicht die Fähigkeiten, sich selbst zu organisieren. Daher müssen sie wirtschaftlich und politisch unterstützt werden.

Die Verfassung und das Gemeindegesetz in Chile enthalten keine Anerkennung oder Gewährleistung des Subsidiaritätsprinzips auf kommunaler Ebene. Weder die verfassungsrechtliche Definition der Gemeindeverwaltungen, die nach der Reform von 1991 Gemeindeverwaltungen als „selbstverwaltete" Körperschaften anerkennt, noch die Tatsache, dass die Gemeindeverwaltungen Rechtspersönlichkeiten des öffentlichen Rechts sind und eigenes Vermögen besitzen, reichen, um diesen verfassungsrechtlichen Grundsatz zu gewährleisten. Infolge der permanenten Einmischung des Staates existiert in Chile auch faktisch kein Subsidiaritätsprinzip. Die Gemeindeverwaltungen sind somit letztendlich zu einer Unterbehörde der Zentralregierung degradiert. Der Zentralstaat versucht auf diese Weise, das ganze Land zu kontrollieren und verhindert dadurch die Mitwirkung der örtlichen Gemeinschaft bei der Verwaltung ihrer eigenen Interessen. In der chilenischen Verfassung sollte daher das Subsidiaritätsprinzip verankert werden, um den Vorrang der Gemeindeverwaltungen bei der Entscheidung aller Angelegenheiten der örtlichen Gemeinschaft sicherzustellen. Das Subsidiaritätsprinzip sollte jeder Norm entgegenstehen, die versuchte, die Befugnisse der Gemeindeverwaltungen zu begrenzen.

Es hat sich also gezeigt, dass der chilenische Verfassunggeber bislang keine effizienten Normen für die Selbstorganisation und Tätigkeit der Gemeindeverwaltungen geschaffen hat. Die chilenische kommunale Selbstverwaltung – anders als in anderen Ländern – bezieht sich nur auf administrative Kompetenzen, so dass die Gemeindeverwaltungen die Kommunen ohne Entscheidungsmöglichkeiten verwalten müssen. Weiterhin sollte sich der chilenische Gesetzgeber bei der Umsetzung verfassungsrechtlicher Vorschriften mehr Mühe geben, um ihre anspruchsvollen Ziele zu erreichen. Die nächsten Reformen des chilenischen Kommunalrechts sollten sich vom Gedanken der Stärkung der kommunalen Selbstverwaltung, der Festigung der Demokratie und der Verwirklichung einer effizienten Verwaltungsorganisation leiten lassen.

Die Ergebnisse dieser Untersuchung zeigen mithin ein stark zentralisiertes Land, das die Garantie der kommunalen Selbstverwaltung nur auf dem Papier kennt, sie aber nicht umsetzt. Die gewünschte administrative Dezentralisierung des Landes konnte ebenfalls nicht verwirklicht werden. Die starke Einmischung des Zentralstaates in die lokalen Angelegenheiten belastet die Funktionsfähigkeit der Kommunen und wirkt einer effizienten Staatsverwaltung entgegen.

Die Politik eines Landes sollte von unten nach oben organisiert werden. Die Gemeindeverwaltungen sind die Grundorganisationen einer Gesellschaft, daher spielen sie eine besondere Rolle. Es besteht kein Unterordnungsverhältnis zwischen dem Staat und den Kommunen, sondern die Verpflichtung zur Zusammenarbeit und Koordination, weil es sich um einen Bereich mit Selbstverwaltung handelt. Die Schaffung von Kommunen ist eine Entscheidung zugunsten der Erweiterung der Entscheidungs- und Machtzentren innerhalb des Staates und in diese Richtung sollte Chile weiterarbeiten.

Die kommunale Selbstverwaltung ermöglicht, dass jeder Gemeindebewohner in wichtigen Angelegenheiten der Kommune mitbestimmen kann. Nur dann entwickelt sich der Einzelne vom Zuschauer bei der Staatspolitik zum Mitgestalter der Politik. Nur so können die Anliegen und Ansprüche der Gemeindeverwaltungen und deren Einwohner verwirklicht werden. Es bleibt freilich abzuwarten, ob die Reden und Versprechen der Politiker hinsichtlich einer Dezentralisierung der Staatsorganisation umgesetzt werden. Es zeigt sich hier im Ergebnis, dass trotz des entgegengesetzten politischen Willens sich eine zentrale Staatsorganisation in der chilenischen Geschichte durchgesetzt hat. Chile ist unter einem strengen Zentralismus gewachsen und es ist eine außergewöhnliche Anstrengung erforderlich und das überwiegende Einverständnis der Gesellschaft, um die Basis der Staatsorganisation zu ändern.

Literaturverzeichnis

Acuña Ramos, Rolando, La Constitución de 1925 ante la Comisión de Constitución, Legislación, Justicia y Reglamento del Senado. Informes emitidos entre 1926 y 1968, 1. Aufl., Editorial Jurídica de Chile, Santiago de Chile, 1973. (zit.: Acuña Ramos, La Constitución de 1925 ante la Comisión de Constitución, Legislación, Justicia y Reglamento del Senado, S.)

Andrade Geywitz, Carlos, Elementos de Derecho Constitucional Chileno, 2. Aufl., Editorial Jurídica de Chile, Santiago de Chile, 1971. (zit.: Andrade Geywitz, Elementos de Derecho Constitucional Chileno, S.)

Aylwin A., Arturo/ Alfonso I., Hugo/ Oyadener V., Patricio, Análisis Crítico del Régimen Municipal y Proposiciones para una Nueva Legislación, 1. Aufl., Editorial Jurídica de Chile, Santiago de Chile, 1971. (zit.: Aylwin/Alfonso/Oyadener, Análisis Crítico del Régimen Municipal y Proposiciones para una Nueva Legislación, S.)

Aylwin Azócar, Arturo, Minuta sobre algunos aspectos políticos institucionales del proceso de descentralización, in: Reflexión y análisis del proceso de descentralización en Chile, Subsecretaria de Desarollo Regional y Administrativo (Hrsg.), 1.Aufl., Programa de las Naciones Unidades para el desarollo, Santiago de Chile, 1998, S. 36-44. (zit.: Aylwin Azócar, Minuta sobre algunos aspectos políticos institucionales del proceso de descentralización, S.)

Baeza Fernández, Rodrigo, Manual Jurídico Municipal, Corporación de Promoción Universitaria (CPU), Centro para el Desarrollo Comunal y Regional, Serie Estudios Municipales N° 13, Santiago de Chile, 2004. (zit.: Baeza Fernández, Manual Jurídico Municipal, S.)

Bajos, Fernando, Municipio Autónomo: Antesala del Federalismo, 1. Aufl., Buenos Aires, Argentina, 1985. (zit.: Bajos, Municipio Autónomo: Antesala del Federalismo, S.)

Bernaschina González, Mario, Derecho Municipal Chileno, 1. Aufl., Tomo I, Editorial Jurídica de Chile, Santiago de Chile, 1952. (zit.: Bernaschina González, Derecho Municipal Chileno, S.)

Bogumil, Jörg/ Holtkamp, Lars, Kommunalpolitik und Kommunalverwaltung: Eine policyorientierte Einführung, in: Grundwissen Politik, Arthur Benz, Susanne Lütz und Georg Simonis (Hrsg.), Band 42, 1. Aufl., Wiesbaden, 2006. (zit.: Bogumil/ Holtkamp, Kommunalpolitik und Kommunalverwaltung: Eine policyorientierte Einführung, S.)

Boloña Kelly, Germán, Derecho Municipal Chileno, 1.Aufl., LexisNexis, Santiago de Chile, 2001. (zit.: Boloña Kelly, Derecho Municipal Chileno, S.)

Bravo Lira, Bernardino, Historia de las Instituciones Políticas de Chile e Hispanoamérica, 2. neubearbeitete und erweiterte Aufl., Editorial Andrés Bello, Santiago de Chile, 1993. (zit.: Bravo Lira, Historia de las Instituciones Políticas de Chile e Hispanoamérica, S.)

Bruna Contreras, Guillermo, Constitución y visión prospectiva, in: La Constitución Reformada de 2005, Humberto Nogueira Alcalá (Hrsg.), 1. Aufl., Centro de Estudios Constitucionales de Chile, Universidad de Talca, Librotecnia, Santiago de Chile, 2005, S. 543-555. (zit.: Bruna Contreras, Constitución y visión prospectiva, S.)

Bull, Hans Peter, Kommunale Selbstverwaltung heute: Idee, Ideologie und Wirklichkeit, in: Deutsches Verwaltungsblatt: DVBl. (2008), 1, S. 1-11. (zit.: Bull, DVBl. 2008, S.)

Burgi, Martin, Kommunalrecht, 1. Aufl., Verlag C.H. Beck, München, 2006. (zit.: Burgi, Kommunalrecht, S.)

Campos Harriet, Fernando, Historia Constitucional de Chile. Las Instituciones Políticas y Sociales, 7. Aufl., Editorial Jurídica de Chile, Santiago de Chile, 1992. (zit.: Campos Harriet, Historia Constitucional de Chile. Las Instituciones Políticas y Sociales, S.)

Carrasco Albano, Manuel, Comentarios sobre la Constitución Política de 1833, 2. Aufl., Imprenta de la Librería del Mercurio, Santiago de Chile, 1874. (zit.: Carrasco Albano, Comentarios sobre la Constitución Política de 1833, S.)

Cea Egaña, José Luis, Derecho Constitucional Chileno, Band 1, 1. Aufl., Ediciones Universidad Católica de Chile, Santiago de Chile, 2002. (zit.: Cea Egaña, Derecho Constitucional Chileno, Band 1, S.)

Claß, Hans, Die gelenkte Selbstverwaltung: Das Verhältnis des Deutschen Reiches zur materiellen (echten) Selbstverwaltung, Staats- und Verwaltungsrecht, Friedrich Giese (Hrsg.), 62. Heft, Breslau, 1941. (zit.: Claß, Die gelenkte Selbstverwaltung: Das Verhältnis des Deutschen Reiches zur materiellen (echten) Selbstverwaltung, S.)

Cuevas Farren, Gustavo, Lecciones de Derecho Constitucional Chileno, 1. Aufl., Tomo I, Ediciones Universidad Mayor, Santiago de Chile, 2003. (zit.: Cuevas Farren, Lecciones de Derecho Constitucional Chileno, S.)

Diez Urzúa, Sergio, Personas y Valores. Su protección constitucional. 1. Aufl., Editorial Jurídica de Chile, Santiago de Chile, 1999. (zit.: Diez Urzúa, Personas y Valores, S.)

Errázuriz Eguiguren, Maximiano, Nueva Ley de Municipalidades y Consejos de Desarrollo Comunal. Leyes 18.695 y 18.702, 1. Aufl., Editorial Jurídica de Chile, Santiago de Chile, 1988. (zit.: Errázuriz Eguiguren, Nueva Ley de Municipalidades y Consejos de Desarrollo Comunal, S.)

Espinoza, José/ Marcel, Mario, Descentralización Fiscal: El caso de Chile, Serie Política Fiscal, N° 57, Proyecto Regional de Descentralización Fiscal, Cepal-GTZ, Naciones Unidas, Comisión Económica para América Latina y el Caribe, Santiago de Chile, 1994. (zit.: Espinoza/Marcel, Descentralización Fiscal: El caso de Chile, S.)

Estévez Gazmuri, Carlos, Elementos de Derecho Constitucional, Editorial Jurídica de Chile, Santiago de Chile, 1949. (zit.: Estévez Gazmuri, Elementos de Derecho Constitucional, S.)

Evans de la Cuadra, Enrique, Chile, Hacia una Constitución Contemporánea. Tres reformas constitucionales, 1. Aufl., Editorial Jurídica de Chile, Santiago de Chile, 1973. (zit.: Evans de la Cuadra, Chile, Hacia una Constitución Contemporánea. Tres reformas constitucionales, S.)

Eyzaguirre, Jaime, Historia Constitucional de Chile, 1. Aufl., Editorial Universitaria, Santiago de Chile, 1966. (zit.: Eyzaguirre, Historia Constitucional de Chile, S.)

Faya Viesca, Jacinto, Visión Histórica del Municipio como Institución Política, in: Municipio, Rodolfo A. Vega Hernández und José A. Rodríguez Obregón (Hrsg.), 1. Aufl., Santiago de Querétano, México, 1997, S. 69-96. (zit.: Faya Viesca, Visión Histórica del Municipio como Institución Política, S.)

Fernández Richard, José, Derecho Municipal Chileno, 2. Aufl., Editorial Jurídica de Chile, Santiago de Chile, 2007. (zit.: Fernández Richard, Derecho Municipal Chileno, S.)

Fernández Richard, José, La Municipalidad, Órganos que la componen y sus atribuciones, in: Gaceta Jurídica, N° 182, LexisNexis, Santiago de Chile, 1995, S. 26-29. (zit.: Fernández Richard, La municipalidad, órganos que la componen y sus atribuciones, in: Gaceta Jurídica, S.)

Fernández Richard, José, El Municipio en relación a las Estructuras Administrativas, in: Gaceta Jurídica, N° 266, Agosto, LexisNexis, Santiago de Chile, 2002, S. 28-30. (zit.: Fernández Richard, El municipio en relación a las estructuras administrativas, in: Gaceta Jurídica, S.)

Gabaldón Márquez, Joaquín, El Municipio, Raíz de la República, 1. Aufl., Instituto Panamericano de Geografía e Historia, Comisión de Historia, Comité de Orígenes de la Emancipación, Publicación N° 12, Ediciones Guadarrama, Caracas, Venezuela, 1961. (zit.: Gabaldón Márquez, El Municipio, Raíz de la República, S.)

Gabriel, Oscar W., Kommunale Selbstverwaltung in Deutschland, in: 50 Jahre Bundesrepublik Deutschland, Deutsche Vereinigung für politische Wissenschaft, Thomas Ellwein und Everhard Holtmann (Hrsg.),

Opladen/Wiesbaden, 1999, S. 154-167. (zit.: Oscar W, Kommunale Selbstverwaltung in Deutschland, S.)

Gern, Alfons, Deutsches Kommunalrecht, 3. Aufl., Baden-Baden, 2003. (zit.: Gern, Deutsches Kommunalrecht, Rdnr.)

Gönnenwein, Otto, Gemeinderecht, Tübingen, 1963. (zit.: Gönnenwein, Gemeinderecht, S.)

González Torres, Rodrigo, Reflexión y análisis del proceso de descentralización en Chile, in: Reflexión y análisis del proceso de descentralización en Chile, Subsecretaria de Desarollo Regional y Administrativo (Hrsg.), 1.Aufl., Programa de las Naciones Unidades para el desarollo, Santiago de Chile, 1998, S. 57-64. (zit.: González Torres, Reflexión y análisis del proceso de descentralización en Chile, S.)

Groh, Christian, Neuanfänge der kommunalen Selbstverwaltung nach 1945, in: Handbuch der kommunalen Wissenschaft und Praxis, Günter Püttner (Hrsg.), §1, Band 1, Grundlagen und Kommunalverfassung, 3. völlig neu bearbeitete Aufl., Berlin-Heidelberg, 2007, S. 133-144. (zit.: Groh, Neuanfänge der kommunalen Selbstverwaltung nach 1945, S.)

Guerra, José Guillermo, La Constitución de 1925, 1. Aufl., Anales de la Universidad de Chile, Establecimientos Gráficos Balcells & Co., Santiago de Chile, 1929. (zit.: Guerra, La Constitución de 1925, S.)

Guzmán A., Eugenio, El Gobierno Local: Fundamentos Conceptuales, Libertad y Desarrollo, Serie Informe Político N° 58, Santiago de Chile, 1999. (zit.: Guzmán A., El Gobierno Local: Fundamentos Conceptuales, S.)

Guzmán S., Manuel Alberto, El Municipio Autónomo. Discursos pronunciados sobre tan importante asunto en las sesiones del Senado de 1889 por don Manuel José Irarrázabal, 2. Aufl., Imprenta Chile, Santiago de Chile, 1916. (zit.: Guzmán S., El Municipio Autónomo, S.)

Heise González, Julio, Historia Constitucional de Chile, 3. Aufl., Colección de Apuntes de Clases N° 3, Editorial Jurídica de Chile, Santiago de Chile, 1959. (zit.: Heise González, Historia Constitucional de Chile, S.)

Hendler, Reinhard, Grundbegriffe der Selbstverwaltung, in: Handbuch der kommunalen Wissenschaft und Praxis, Günter Püttner (Hrsg.), §1, Band 1, Grundlagen und Kommunalverfassung, 3. völlig neu bearbeitete Aufl., Berlin-Heidelberg, 2007, S. 3-22. (zit.: Hendler, Grundbegriffe der Selbstverwaltung, S.)

Henneke, Hans-Günter, Aktivierung bürgerschaftlicher Selbst-Verwaltung in Städten, Kreisen und Gemeinden – zur Bedeutung der Lehren des Freiherrn vom Stein für die kommunale Selbstverwaltung der Gegenwart, in: Deutsches Verwaltungsblatt: DVBl. (2007), 20, S. 1253-1266. (zit.: Henneke, DVBl. 2007, S.)

Heras de Pablo, Guillermo de las, La suspensión y revocación de los actos administrativos municipales. El artículo 31 del D.L. 575 y algunas consideraciones sobre la descentralización territorial del municipio, in: XVIII Jornadas Chilenas de Derecho Público, 1. Aufl., Universidad de Concepción, Concepción, Chile, 1987, S. 203-211. (zit.: Heras de Pablo, La suspensión y revocación de los actos administrativos municipales, S.)

Hernández Emparanza, Domingo, Notas sobre algunos aspectos de la reforma a las bases de la institucionalidad, en la reforma constitucional de 2005: Regionalización, probidad y publicidad de actos, in: La Constitución Reformada de 2005, Humberto Nogueira Alcalá (Hrsg.), 1. Aufl., Centro de Estudios Constitucionales de Chile, Universidad de Talca, Librotecnia, Santiago de Chile, 2005, S. 19-37. (zit.: Hernández Emparanza, Notas sobre algunos aspectos de la reforma a las bases de la institucionalidad, en la reforma constitucional de 2005: Regionalización, probidad y publicidad de actos, S.)

Hernández, Antonio María, Derecho Municipal. Parte General, Serie Doctrina Jurídica, N° 159, Instituto de Investigaciones Jurídicas, 1. Aufl., Universidad Nacional Autónoma de México, México, 2003. (zit.: Hernández, Derecho Municipal. Parte General, S.)

Huneeus Gana, Antonio, La Constitución de 1833. Ensayo sobre nuestra historia constitucional de un siglo, Estudios Chilenos, Editorial Splendid, Santiago de Chile, 1933. (zit.: Huneeus Gana, La Constitución de 1833. Ensayo sobre nuestra historia constitucional de un siglo, S.)

Huneeus, Jorge, La Constitución ante el Congreso: Comentario Positivo de la Constitución Chilena, 1. Aufl., Segunda y última parte.- Arts. 59 al 164 y transitorios, Imprenta de los Tiempos, Santiago de Chile, 1880. (zit.: Huneeus, La Constitución ante el Congreso, S.)

Knemeyer, Franz-Ludwig, Kommunale Selbstverwaltung neu denken, in: Deutsches Verwaltungsblatt: DVBl. (2000), 12, S. 876-882. (zit.: Knemeyer, DVBl. 2000, S.)

Lastarria, José Victorino, Estudios Políticos i Constitucionales, Volumen I, Imprenta, Litografía i Encuadernación Barcelona, Santiago de Chile, 1906. (zit.: Lastarria, Estudios Políticos i Constitucionales, S.)

Lenz, Carl Otto, Entwicklungstendenzen und Anforderungen an die kommunale Selbstverwaltung, in: Kommunale Selbstverwaltung und europäische Integration, Werner Hoppe und Alexander Schink (Hrsg.), Schriftenreihe des Freiherr-vom-Stein-Institutes, Band 16, Köln, 1990, S. 6-22. (zit.: Lenz, Entwicklungstendenzen und Anforderungen an die kommunale Selbstverwaltung, S.)

Libertad y Desarrollo, Educación Municipal: Cuatro Ideas Sencillas para Mejorarla, Serie Temas Públicos N° 883, Santiago de Chile, 22. August

2008. (zit.: Libertad y Desarrollo, Serie Temas Públicos N° 883, Educación Municipal: Cuatro Ideas Sencillas para Mejorarla, 2008, S.)

Marazuela Bermejo, Almudena, El Principio de Autonomía Local en el Ordenamiento Español, in: La Administración Pública Española, Jaime Rodríguez-Arana Muñoz und María Calvo Charro (Hrsg.), 1. Aufl., Instituto Nacional de Administración Pública, Madrid, 2002, S. 341-393. (zit.: Marazuela Bermejo, El Principio de Autonomía Local en el Ordenamiento Español, S.)

Ministerio del Interior, Actas Oficiales de las Sesiones celebradas por la Comisión y Subcomisiones encargadas del estudio del Proyecto de Nueva Constitución Política de la República, 1. Aufl., Imprenta Universitaria, Santiago de Chile, 1925. (zit.: Actas Oficiales de la Constitución de 1925, S.)

Molina Guaita, Hernán, Derecho Constitucional, 4. erweiterte und neubearbeitete Aufl., Universidad de Concepción, Ministerio de Educación, Concepción, Chile, 1998. (zit.: Molina Guaita, Derecho Constitucional, S.)

Morales Palacios, Luis Elías, De los Servicios Traspasados a las Municipalidades (DFL N° 1-3063 de 1980), 1. Aufl., Editorial Jurídica Congreso, Santiago de Chile, 1998. (zit.: Morales Palacios, De los Servicios Traspasados a las Municipalidades, S.)

Nogueira Alcalá, Humberto, Análisis de la Reforma Constitucional y la Reforma de la Ley Orgánica Constitucional de Municipalidades, 2. Aufl., Editorial Corporación Participa, Santiago de Chile, 1992. (zit.: Nogueira Alcalá, Análisis de la Reforma Constitucional y la Reforma de la Ley Orgánica Constitucional de Municipalidades, S.)

Núñez, Manuel A., Estado Unitario: Unidad del Estado y Unidad de Constitución, in: Reforma Constitucional, Francisco Zúñiga Urbina (Hrsg.), 1. Aufl., LexisNexis, Santiago de Chile, 2005, S. 149-165. (zit.: Núñez, Estado Unitario: Unidad del Estado y Unidad de Constitución, S.)

Oebbecke, Janbernd, Kommunale Selbstverwaltung am Ende dieses Jahrhunderts. Ist das politische Konzept noch tragfähig?, in: Kommunale Selbstverwaltung am Ende dieses Jahrhunderts. Ist das Politische Konzept noch tragfähig, ein Cappenberger Gespräch, veranstaltet am 2. Oktober 1997 in Dortmund, Cappenberger Gespräche des Freiherr-vom-Stein-Gesellschaft (Hrsg.), Band 29, Köln, 1998, S. 39-65. (zit.: Oebbecke, Kommunale Selbstverwaltung am Ende dieses Jahrhunderts, S.)

Petzold, Siegfried, Der Übergang zur kommunalen Selbstverwaltung: Bestandteil des demokratischen Erneuerungsprozesses in der DDR, in: Aufbau kommunaler Selbstverwaltung in der DDR: Grundsatzfragen und Dokumentation zur Entstehung einer Kommunalverfassung, Franz-Ludwig

Knemeyer (Hrsg.), Kommunalrecht-Kommunalverwaltung, Band 4, 1. Aufl., Baden-Baden, 1990, S. 27-32. (zit.: Petzold, Der Übergang zur kommunalen Selbstverwaltung: Bestandteil des demokratischen Erneuerungsprozesses in der DDR, S.)

Pfeffer Urquiaga, Emilio, Constitución Política de la República de Chile. Concordancias, Antecedentes y Jurisprudencia, 1. Aufl., Editorial Jurídica Conosur, Santiago de Chile, 1999. (zit.: Pfeffer Urquiaga, Constitución Política de la República de Chile, S.)

Ponce Jorquera, Manuel, Gobierno y Autonomía Municipal, 1. Aufl., Valparaiso, Chile, 1946. (zit.: Ponce Jorquera, Gobierno y Autonomía Municipal, S.)

Posada, Adolfo, El Régimen Municipal de la Ciudad Moderna, 3. überarbeitete Aufl., Librería General de Victoriano Suárez, Madrid, 1927. (zit.: Posada, El Régimen Municipal de la Ciudad Moderna, S.)

Pozo, Hernán, La situación actual del Municipio Chileno y el problema de la "Municipalización", Programa Flacso, N° 7, Santiago de Chile, 1981. (zit.: Pozo, La situación actual del Municipio Chileno y el problema de la "Municipalización", S.)

Püttner, Günter, Handbuch der kommunalen Wissenschaft und Praxis, Band 2, 2. völlig neu bearbeitete Aufl., Kommunalverfassung, Berlin-Heidelberg-New York, 1982. (zit.: Püttner, Handbuch der kommunalen Wissenschaft und Praxis, S.)

Püttner, Günter, Kommunale Selbstverwaltung, in: Handbuch des Staatsrechts der Bundesrepublik Deutschland, Josef Isensee und Paul Kirchhof (Hrsg.), Band IV, Finanzverfassung-Bundesstaatliche Ordnung, III. Selbstverwaltung, § 107, Heidelberg, 1990, S. 1171-1194. (zit.: Püttner, Kommunale Selbstverwaltung, S.)

Quinzio Figueiredo, Jorge Mario, La Municipalidad: Su perspectiva histórica constitucional, 1. Aufl., Editorial Universidad Nacional Andrés Bello, Santiago de Chile, 1996. (zit.: Quinzio Figueiredo, La Municipalidad: Su perspectiva histórica constitucional, S.)

Quinzio Figueiredo, Jorge Mario, Manual de Derecho Constitucional, Manuales Jurídicos N° 62, Editorial Jurídica de Chile, Santiago de Chile, 1969. (zit.: Quinzio Figueiredo, Manual de Derecho Constitucional, S.)

Roldán, Alcibiades, Elementos del Derecho Constitucional de Chile, 2. neubearbeitete und erweiterte Aufl., Soc. Imprenta-Litografía Barcelona, Santiago-Valparaiso, Chile, 1917. (zit.: Roldán, Elementos del Derecho Constitucional de Chile, S.)

Rufián L., Dolores M., Gestión Municipal Descentralizada, 1.Aufl., Texto Especializado N° 3/93, Programa en Gestión Directiva Municipal, Programa de Políticas Públicas, Corporación de Promoción Universitaria,

Santiago de Chile, 1993. (zit.: Rufián L., Gestión Municipal Descentralizada, S.)

Sauberzweig, Dieter, Entwicklungstendenzen und Anforderungen an die kommunale Selbstverwaltung, in: Die Zukunft der Selbstverwaltung: Vorträge und Diskussionsbeiträge der 58. Staatswissenschaften Fortbildungstagung 1990 der Hochschule für Verwaltungswissenschaften Speyer, Willi Blümel und Hermann Hill (Hrsg.), Schriftenreihe der Hochschule Speyer, Band 107, Berlin, 1991, S. 51-57. (zit.: Sauberzweig, Entwicklungstendenzen und Anforderungen an die kommunale Selbstverwaltung, S.)

Schilling Rodríguez, Marcelo, Balance y perspectiva de la descentralización chilena, in: Reflexión y análisis del proceso de descentralización en Chile, Subsecretaria de Desarollo Regional y Administrativo (Hrsg.), 1. Aufl., Programa de las Naciones Unidades para el desarollo, Santiago de Chile, 1998, S. 30-35. (zit.: Schilling Rodríguez, Balance y perspectiva de la descentralización, S.)

Schmidt, Walter, Die „institutionelle Garantie" der kommunalen Selbstverwaltung und das Grundgesetz. Zur Kritik der tradierten Auslegung des Art. 28 Abs. 2 GG, in: Die Gemeinde: Verfassung, Planung, Wirtschaft und das kommunale Selbstverwaltungsrecht; Festschrift zum 70. Geburtstag von Heiko Faber, Götz Frank und Heinrich-Wilhelm Langrehr. (Hrsg.), Tübingen, 2007, S. 17-34. (zit.: Schmidt, Die institutionelle Garantie der kommunalen Selbstverwaltung und das Grundgesetz, S.)

Scholler, Heinrich, Grundzüge des Kommunalrechts in der Bundesrepublik Deutschland, 4. neubearbeitete und erweiterte Aufl., Heidelberg, 1990. (zit.: Scholler, Grundzüge des Kommunalrechts in der Bundesrepublik Deutschland, S.)

Schwab, Siegfried, Kommunale Selbstverwaltung heute: Neubestimmung der Angelegenheit der örtlichen Gemeinschaft?, Reihe Rechtswissenschaft, Band 65, Pfaffenweiler, 1988. (zit.: Schwab, Kommunale Selbstverwaltung heute: Neubestimmung der Angelegenheit der örtlichen Gemeinschaft?, S.)

Silva Bascuñán, Alejandro, Tratado de Derecho Constitucional, 1. Aufl., Tomo III, La Constitución de 1925, N° II, Editorial Jurídica de Chile, Santiago de Chile, 1963. (zit.: Silva Bascuñán, Tratado de Derecho Constitucional, Tomo III, La Constitución de 1925, S.)

Soto Araya, Alejandro, La Municipalidad, 1. Aufl., Editorial Jurídica de Chile, Santiago de Chile, 1992. (zit.: Soto Araya, La Municipalidad, S.)

Soto Kloss, Eduardo, La Delegación en el Derecho Administrativo Chileno. Nociones Fundamentales, Revista de Derecho Público N° 45-46, Santiago de Chile, volumen del año 1989. (zit.: Soto Kloss, La Delegación en el Derecho Administrativo Chileno. Nociones Fundamentales, S.)

Stern, Klaus, Das Staatsrecht der Bundesrepublik Deutschland, Zweite, völlig neubearbeitete Aufl., Band I, Grundbegriffe und Grundlagen des Staatsrechts, Strukturprinzipien der Verfassung, München, 1984. (zit.: Stern, Das Staatsrecht der Bundesrepublik Deutschland, S.)

Stober, Rolf, Kommunalrecht in der Bundesrepublik Deutschland, 3. Aufl., Stuttgart, 1996. (zit.: Stober, Kommunalrecht in der Bundesrepublik Deutschland, S.)

Subsecretaría de Desarrollo Regional y Administrativo, Manual de Gestión Municipal, Serie Descentralización, Ministerio del Interior, Subsecretaría de Desarrollo Regional y Administrativo, Santiago de Chile, 1992. (zit.: Subsecretaría de Desarrollo Regional y Administrativo, Manual de Gestión Municipal, S.)

Tapia Valdés, Jorge, Descentralización, Regionalización y Neosubsidiariedad, in: Reforma Constitucional, Francisco Zúñiga Urbina (Hrsg.), 1. Aufl., LexisNexis, Santiago de Chile, 2005, S. 167-187. (zit.: Tapia Valdés, Descentralización, Regionalización y Neosubsidiariedad, S.)

Urschlechter, Andreas, Kommunale Selbstverwaltung in unserer Zeit, in: Die Demokratische Gemeinde: Monatsschrift für Kommunalpolitik in Stadt und Land, 14 (1962), 11, S. 950-955. (zit.: Urschlechter, Kommunale Selbstverwaltung in unserer Zeit, S.)

Valdeavellano, Luis G. de, Curso de Historia de las Instituciones Españolas. De los orígenes al final de la Edad Media, 1. Aufl., Ediciones de la Revista de Occidente, Madrid, 1968. (zit.: Valdeavellano, Curso de Historia de las Instituciones Españolas. De los orígenes al final de la Edad Media, S.)

Valdebenito Infante, Alfonso, Evolución Jurídica del Régimen Municipal en Chile (1541-1971), 1. Aufl., Editorial Jurídica de Chile, Santiago de Chile, 1973. (zit.: Valdebenito Infante, Evolución Jurídica del Régimen Municipal en Chile (1541-1971), S.)

Varas Alfonso, Paulino/ Mohor Abuauad, Salvador, Reforma Regional, Provincial y Municipal, 1. Aufl., Editorial Jurídica de Chile, Santiago de Chile, 1992. (zit.: Varas Alfonso/ Mohor Abuauad, Reforma Regional, Provincial y Municipal, S.)

Vargas Delgado, Iris, La Administración Comunal en la Constitución Política de la República y sus Reformas Constitucionales, in: Revista Chilena del Derecho, Número Especial, Facultad de Derecho de la Pontificia Universidad Católica de Chile, Santiago de Chile, 1998, S. 301-309. (zit.: Vargas Delgado, La Administración Comunal en la Constitución Política de la República y sus Reformas Constitucionales, in: Revista Chilena del Derecho, S.)

Verdugo Marinkovic, Mario/ Pfeffer Urquiaga, Emilio, Constitución Política de la República de Chile 1980, 1. Aufl., Editorial Jurídica de Chile, Santiago de Chile, 1993. (zit.: Verdugo Marinkovic/ Pfeffer Urquiaga, Constitución Política de la República de Chile 1980, S.)

Vío Valdivieso, Rodolfo, Manual de la Constitución 1980, 1. Aufl., Ediciones Colchagua, Santiago de Chile, 1988. (zit.: Vío Valdivieso, Manual de la Constitución 1980, S.)

Vogelgesang, Klaus/Lübking, Uwe/ Jahn, Helga, Kommunale Selbstverwaltung, 2. Auf., Berlin, 1997. (zit.: Vogelgesang/Lübking/Jahn, Kommunale Selbstverwaltung, Rdnr.)

Weber, Wolf, Selbstverwaltung und Demokratie in den Gemeinden nach der Gebietsreform, Schriften zum deutschen Kommunalrecht, Band 24, Siegburg, 1982. (zit.: Weber, Selbstverwaltung und Demokratie in den Gemeinden nach der Gebietsreform, S.)

Zuhorn, Karl/ Hoppe, Werner, Gemeinde-Verfassung, 2. Völlig neubearbeitete und erweiterte Aufl., Band I, Siegburg, 1962. (zit.: Zuhorn/ Hoppe, Gemeinde-Verfassung, S.)

Schriften zum internationalen und zum öffentlichen Recht

Herausgegeben von Gilbert Gornig

Band 1 Michael Waldstein: Das Asylgrundrecht im europäischen Kontext. Wege einer europäischen Harmonisierung des Asyl- und Flüchtlingsrechts. 1993.

Band 2 Axel Linneweber: Einführung in das US-amerikanische Verwaltungsrecht. Kompetenzen, Funktionen und Strukturen der „Agencies" im US-amerikanischen Verwaltungsrecht. 1994.

Band 3 Tai-Nam Chi: Das Herrschaftssystem Nordkoreas unter besonderer Berücksichtigung der Wiedervereinigungsproblematik. 1994.

Band 4 Jörg Rösing: Beamtenstatut und Europäische Gemeinschaften. Eine Untersuchung zu den gemeinschaftsrechtlichen Anforderungen an die Freizügigkeit der Arbeitnehmer im Bereich des öffentlichen Dienstes. 1994.

Band 5 Wolfgang Wegel: Presse und Rundfunk im Datenschutzrecht. Zur Regelung des journalistischen Umgangs mit personenbezogenen Daten. 1994.

Band 6 Sven Brandt: Eigentumsschutz in europäischen Völkerrechtsvereinbarungen. EMRK, Europäisches Gemeinschaftsrecht, KSZE – unter Berücksichtigung der historischen Entwicklung. 1995.

Band 7 Alejandro Alvarez: Die verfassunggebende Gewalt des Volkes unter besonderer Berücksichtigung des deutschen und chilenischen Grundgesetzes. 1995.

Band 8 Martin Thies: Zur Situation der gemeindlichen Selbstverwaltung im europäischen Einigungsprozeß. Unter besonderer Berücksichtigung der Vorschriften des EG-Vertrages über staatliche Beihilfen und der EG-Umweltpolitik. 1995.

Band 9 Rolf-Oliver Schwemer: Die Bindung des Gemeinschaftsgesetzgebers an die Grundfreiheiten. 1995.

Band 10 Holger Kremser: „Soft Law" der UNESCO und Grundgesetz. Dargestellt am Beispiel der Mediendeklaration. 1996.

Band 11 Michael Silagi: Staatsuntergang und Staatennachfolge: mit besonderer Berücksichtigung des Endes der DDR. 1996.

Band 12 Reinhard Franke: Der gerichtliche Vergleich im Verwaltungsprozeß. Auch ein Beitrag zum verwaltungsrechtlichen Vertrag. 1996.

Band 13 Christoph Eichhorn: Altlasten im Konkurs. 1996.

Band 14 Dietrich Ostertun: Gewohnheitsrecht in der Europäischen Union. Eine Untersuchung der normativen Geltung und der Funktion von Gewohnheitsrecht im Recht der Europäischen Union. 1996.

Band 15 Ulrike Pieper: Neutralität von Staaten. 1997.

Band 16 Harald Endemann: Kollektive Zwangsmaßnahmen zur Durchsetzung humanitärer Normen. Ein Beitrag zum Recht der humanitären Intervention. 1997.

Band 17 Jochen Anweiler: Die Auslegungsmethoden des Gerichtshofs der Europäischen Gemeinschaften. 1997.

Band 18 Henrik Ahlers: Grenzbereich zwischen Gefahrenabwehr und Strafverfolgung. 1998.

Band 19 Heinrich Hahn: Der italienische Verwaltungsakt im Lichte des Verwaltungsverfahrensgesetzes vom 7. August 1990 (Nr. 241/90). Eine rechtsvergleichende Darstellung. 1998.

Band 20 Christoph Deutsch: Elektromagnetische Strahlung und Öffentliches Recht. 1998.

Band 21 Cordula Fitzpatrick: Künstliche Inseln und Anlagen auf See. Der völkerrechtliche Rahmen für die Errichtung und den Betrieb künstlicher Inseln und Anlagen. 1998.

Band 22 Hans-Tjabert Conring: Korporative Religionsfreiheit in Europa. Eine rechtsvergleichende Betrachtung. Zugleich ein Beitrag zu Art. 9 EMRK. 1998.

Band 23 Jörg Karenfort: Die Hilfsorganisation im bewaffneten Konflikt. Rolle und Status unparteiischer humanitärer Organisationen im humanitären Völkerrecht. 1999.

Band 24 Matthias Schote: Die Rundfunkkompetenz des Bundes als Beispiel bundesstaatlicher Kulturkompetenz in der Bundesrepublik Deutschland. Eine Untersuchung unter besonderer Berücksichtigung natürlicher Kompetenzen und der neueren Entwicklung im Recht der Europäischen Union. 1999.

Band 25 Hermann Rothfuchs: Die traditionellen Personenverkehrsfreiheiten des EG-Vertrages und das Aufenthaltsrecht der Unionsbürger. Eine Gegenüberstellung der vertraglichen Gewährleistungen. 1999.

Band 26 Frank Alpert: Zur Beteiligung am Verwaltungsverfahren nach dem Verwaltungsverfahrensgesetz des Bundes. Die Beteiligtenstellung des § 13 Abs. 1 VwVfG. 1999.

Band 27 Matthias Reichart: Umweltschutz durch völkerrechtliches Strafrecht. 1999.

Band 28 Nikolas von Wrangell: Globalisierungstendenzen im internationalen Luftverkehr. Entwicklung der Regulierung und Liberalisierung unter Berücksichtigung strategischer Allianzen und des Code-Sharing. 1999.

Band 29 Marietta Hovehne: Ein demokratisches Verfahren für die Wahlen zum Europäischen Parlament. Legitimation gemeinschaftlicher Entscheidungsstrukturen im europäischen Integrationsprozeß. 1999.

Band 30 Nina Kaden: Der amerikanische Clean Air Act und das deutsche Luftreinhalterecht. Eine rechtsvergleichende Untersuchung. 1999.

Band 31 Brigitte Daum: Grenzverletzungen und Völkerrecht. Eine Untersuchung der Rechtsfolgen von Grenzverletzungen in der Staatenpraxis und Folgerungen für das Projekt der International Law Commission zur Kodifizierung des Rechts der Staatenverantwortlichkeit. 1999.

Band 32 Andreas Fürst: Die bildungspolitischen Kompetenzen der Europäischen Gemeinschaft. Umfang und Entwicklungsmöglichkeiten. 1999.

Band 33 Gilles Despeux: Die Anwendung des völkerrechtlichen Minderheitenrechts in Frankreich. 1999.

Band 34 Michael Reckhard: Die rechtlichen Rahmenbedingungen der Sanktionierung von Beitragsverweigerung im System der Vereinten Nationen. 1999.

Band 35 Carsten Pagels: Schutz- und förderpflichtrechtliche Aspekte der Religionsfreiheit. Zugleich ein Beitrag zur Auslegung eines speziellen Freiheitsrechts. 1999.

Band 36 Bernhard Mehner: Die grenzüberschreitende Wirkung direktempfangbaren Satellitenfernsehens aus völkerrechtlicher Sicht. 2000.

Band 37 Karl-Josef Ulmen: Pharmakologische Manipulationen (Doping) im Leistungssport der DDR. Eine juristische Untersuchung. 2000.

Band 38 Jochen Starke: Die verfassungsgerichtliche Normenkontrolle durch den Conseil constitutionnel. Zum Kompetenztitel des Art. 61 der französischen Verfassung. 2000.

Band 39 Marco Herzog: Rechtliche Probleme einer Inhaltsbeschränkung im Internet. 2000.

Band 40 Gilles Despeux: Droit de la délimitation maritime. Commentaire de quelques décisions plutoniennes. 2000.

Band 41 Christina Hackel: Der Untergang des Landes Braunschweig und der Anspruch auf Restitution nach der Wiedervereinigung Deutschlands. 2000.

Band 42 Peter Aertker: Europäisches Zulassungsrecht für Industrieanlagen. Die Richtlinie über die integrierte Vermeidung und Verminderung der Umweltverschmutzung und ihre Auswirkungen auf das Anlagenzulassungsrecht der Bundesrepublik Deutschland. 2000.

Band 43 Karsten Bertram: Die Gesetzgebung zur Neuregelung des Grundeigentums in der ersten Phase der Französischen Revolution (bis 1793) und deren Bedeutung für die deutsche Eigentumsdogmatik der Gegenwart. 2000.

Band 44 Ulrike Hartmann: Die Entwicklung im internationalen Umwelthaftungsrecht unter besonderer Berücksichtigung von *erga omnes*-Normen. 2000.

Band 45 Thomas Jesch: Die Wirtschaftsverfassung der Sonderverwaltungsregion Hongkong. Eine Darstellung vor dem Hintergrund der Wiedereingliederung in die Souveränität der Volksrepublik China. 2001.

Band 46 Sven Gottschalkson: Der Ausschluß des Zivilrechtsweges bei Eigentumsverlusten an Immobilien in der ehemaligen DDR. 2002.

Band 47 Gilbert Hanno Gornig/Gilles Despeux: Seeabgrenzungsrecht in der Ostsee. Eine Darstellung des völkerrechtlichen Seeabgrenzungsrechts unter besonderer Berücksichtigung der Praxis der Ostseestaaten. 2002.

Band 48 Andreas Zühlsdorff: Rechtsverordnungsersetzende Verträge unter besonderer Berücksichtigung des Umweltrechts. 2003.

Band 49 Katja Schmitz: Durchgriffswirkung von Maßnahmen der UN und ihrer Sonderorganisationen unter besonderer Berücksichtigung von Resolutionen des UN-Sicherheitsrates – Die Entwicklung supranationaler Strukturen. 2003.

Band 50 Stefanie Rothenberger: Die angemessene Nutzung gemeinschaftlicher Ressourcen am Beispiel von Flüssen und speziellen Ökosystemen. Eine vergleichende Betrachtung zum modernen Verständnis eines klassischen völkerrechtlichen Nutzungsprinzips. 2003.

Band 51 Christoph von Burgsdorff: Die Umsetzung der EG-Datenschutzrichtlinie im nicht-öffentlichen Bereich. Möglichkeit einer zukunftsorientierten Konzeption des Datenschutzes in der Privatwirtschaft unter besonderer Berücksichtigung des BDSG. 2003.

Band 52 Frank Reinhardt: Powerline. Verfassungs-, verwaltungs- und telekommunikationsrechtliche Probleme. 2003.

Band 53 Chie Sato: Immunität Internationaler Organisationen. 2004.

Band 54 Johannes Thoma: EU-Recht und Schranken hoheitlicher Staatstätigkeit. 2004.

Band 55 Wolf Peterhoff: Rechtsansprüche enteigneter Volksgruppen und ihre Durchsetzbarkeit. 2004.

Band 56 Do-Hyub Kim: Das deutsche parlamentarische Regierungssystem als mögliches Modell für Korea. 2004.

Band 57 Alexander Koberg: Die Exilregierung im Völkerrecht. Eine Untersuchung ihrer rechtlichen Klassifikation. 2005.

Band 58 Nils Christian Carstensen: Das Verhältnis des Seerechtsübereinkommens der Vereinten Nationen von 1982 zu fischereirechtlichen Übereinkommen und deren Streitbeilegungsvorschriften. 2005.

Band 59 Oliver Franz: Osttimor und das Recht auf Selbstbestimmung. Eine Untersuchung zur Anwendung des Selbstbestimmungsrechts der Völker am Beispiel Osttimors. 2005.

Band 60 Michael Kadgien: Das Habsburgergesetz. 2005.

Band 61 Felix Wolf: Terrorversicherungen und europäisches Wettbewerbsrecht. Verschiedene Modelle staatlicher Beteiligung an einer Terrorversicherung für Wirtschaftsbetriebe und ihre Vereinbarkeit mit dem europäischen Wettbewerbsrecht. 2005.

Band 62 Heiko Bertelmann: Die Europäisierung des Staatshaftungsrechts. Eine Untersuchung zum Einfluss des Europäischen Gemeinschaftsrechts auf das deutsche Staatshaftungsrecht unter besonderer Berücksichtigung der Haftung für judikatives Unrecht. 2005.

Band 63 Cedric Christian Meyer: Konkretisierung unbestimmter Rechtsbegriffe im deutschen und französischen Anlagenzulassungsrecht. 2005.

Band 64 Philippe Gréciano: Die Gerichtsbarkeit der Europäischen Gemeinschaften. Rechtsprechung und Rechtssprache Europas aus französischer Perspektive. Mit einem Vorwort von Theodor Öhlinger. 2007.

Band 65 Anne-Louise Schümer: Die Stellung des Ministerpräsidenten in den Bundesländern im Vergleich. 2006.

Band 66 Helen Ghebrewebet: Identifying Units of Statehood and Determining International Boundaries. A Revised Look at the Doctrine of *Uti Possidetis* and the Principle of Self-Determination. 2006.

Band 67 Arne Hertel: Beihilfen an kleine und mittlere Unternehmen. 2006.

Band 68 Markus Günther: Europol. Rechtsschutzmöglichkeiten und deren Vereinbarkeit mit nationalen und internationalen Anforderungen. 2006.

Band 69 Christian Wicker: The Concepts of Proportionality and State Crimes in International Law. An Analysis of the Scope of Proportionality in the Right of Self-Defence and in the Regime of International Countermeasures and an Evaluation of the Concept of State Crimes. 2006.

Band 70 Hauke Stöwsand: Zyperns Beitritt zur Europäischen Union. Vom Antrag auf Mitgliedschaft bis zum Protokoll der Beitrittsakte. 2007.

Band 71 Natalie Rowohl: Weltbank und Internationaler Währungsfonds: Ihre Mandate und deren Abgrenzung. Stand und Reformvorschläge. 2007.

Band 72 Ru-Huei Liu: Europäisierung des deutschen Umweltrechts. 2008.

Band 73 Katja Lange: Der Status der Aufständischen im modernen humanitären Völkerrecht. 2007.

Band 74 Tarik El-Shabassy: Die Durchsetzung finanzieller Sanktionen der Europäischen Gemeinschaften gegen ihre Mitgliedstaaten. 2008.

Band 75 Karsten Seifert: Das interamerikanische System zum Schutz der Menschenrechte und seine Reformierung. 2008.

Band 76 Nora Graaff: Staatenverantwortlichkeit. Vom „völkerrechtlichen Verbrechen" zur „schwerwiegenden Verletzung einer zwingenden Völkerrechtsnorm" anhand der ILC-Kodifikationsarbeit. 2008.

Band 77 Aldona Szczeponek: Die Umsetzung des Völkerrechts und des europäischen Gemeinschaftsrechts in Polen. Unter Berücksichtigung verfassungsrechtlicher Lösungen anderer europäischer Staaten. 2008.

Band 78 Christian Friedrich Fonk: Europäische Luftqualitätsziele und nationale Erfüllungsverantwortung. 2009.

Band 79 Christina Prinzhorn: Der Grundsatz des öffentlichen Zugangs zu amtlichen Dokumenten aus der Perspektive des internationalen Rechts. Materiell-rechtliche Vorgaben durch das internationale Recht für Informationszugangsrechte in den nationalen Rechtsordnungen Europas. 2009.

Band 80 Steffen Eicker: Der Deutsch-Herero-Krieg und das Völkerrecht. Die völkerrechtliche Haftung der Bundesrepublik Deutschland für das Vorgehen des Deutschen Reiches gegen die Herero in Deutsch-Südwestafrika im Jahre 1904 und ihre Durchsetzung vor einem nationalen Gericht. 2009.

Band 81 Niels Beisinghoff: Corporations and Human Rights. An Analysis of ATCA Litigation against Corporations. 2009.

Band 82 Gesine Wolf-Zimper: Zielgerichtete Sanktionen des Sicherheitsrates der Vereinten Nationen und effektiver Rechtsschutz. 2009.

Band 83 David Bergius: Die offene Frage des Privateigentums der Vertriebenen im deutsch-polnischen Verhältnis. 2009.

Band 84 Axel Rolf Schneider: Petitionen zum Europäischen Parlament mit Berücksichtigung des Bürgerbeauftragten. 2009.

Band 85 Tobias Nord: Rechtsnachfolge bei zwischenstaatlichen Organisationen. 2010.

Band 86 Marcel Bongard: Emissionshandel und effektiver Rechtsschutz: Ein unvereinbarer Gegensatz? Eine Untersuchung zu den Auswirkungen marktwirtschaftlicher Umweltschutzinstrumente auf den Individualrechtsschutz am Beispiel des Emissionshandelssystems. 2010.

Band 87 Armin Huhn: Amtshaftung im bewaffneten Auslandseinsatz. Anwendbarkeit und Leistungsfähigkeit des Amtshaftungsrechts bei Verletzung des *ius in bello*. 2010.

Band 88 Johannes Mosters: Ethische Beschaffung. Sekundärzwecke im Zeitalter der Globalisierung. 2010.

Band 89 Thomas Herntrich: Thüringen. Von den thüringischen Kleinstaaten nach Zerfall des Alten Reiches bis zum Freistaat Thüringen. Eine völkerrechtliche und verfassungsrechtliche Betrachtung. 2010.

Band 90 Marcelo Antonio Villagrán Abarzúa: Verfassungsrechtliche Grundlagen der Gemeindeverwaltung in Chile. Auch ein Beitrag zur Dezentralisierung und Dekonzentration.

www.peterlang.de